HANDBUCH DER NEUROLOGIE

HERAUSGEGEBEN
VON

O. BUMKE UND O. FOERSTER
MÜNCHEN BRESLAU

ERGÄNZUNGSSERIE

I

MORPHOGENIE DER HIRNRINDE

VON

EDUARD BECK

BERLIN
VERLAG VON JULIUS SPRINGER
1940

MONOGRAPHIEN AUS DEM GESAMTGEBIETE DER NEUROLOGIE UND PSYCHIATRIE
HERAUSGEGEBEN VON
O. BUMKE · O. FOERSTER · E. RÜDIN · H. SPATZ
HEFT 69

MORPHOGENIE DER HIRNRINDE

VON

PROFESSOR DR. EDUARD BECK
PSYCHIATRISCHE UND NERVENKLINIK
DER UNIVERSITÄT MÜNCHEN

MIT 74 ABBILDUNGEN IM TEXT

BERLIN
VERLAG VON JULIUS SPRINGER
1940

ISBN 978-3-642-98850-9 ISBN 978-3-642-99665-8 (eBook)
DOI 10.1007/978-3-642-99665-8

Einführung
zum Teil I der Ergänzungsserie zum Handbuch der Neurologie.

Nachdem seit dem Erscheinen des von uns herausgegebenen 17bändigen Handbuches der Neurologie 3 Jahre verstrichen sind, haben Herausgeber und Verlag beschlossen, eine Neubearbeitung oder Ergänzung derjenigen Handbuch-Beiträge vornehmen zu lassen, die heute nach der einen oder anderen Richtung veraltet oder ergänzungsbedürftig erscheinen. Auf diese Weise soll das große Handbuch der Neurologie auf der Höhe der Wissenschaft erhalten und in seinem Wert für den Besitzer und Benutzer gesichert werden.

Ergänzung und Neubearbeitung sollen auf zwei verschiedene Weisen vorgenommen werden:

Soweit Beiträge sich durch Zusammenstellungen und kritische Beurteilung der seit Abschluß des Handbuches erschienenen Literatur auf die Höhe bringen lassen oder soweit es sich um kleinere neu zu beschreibende Kapitel handelt, soll die Form des *Ergänzungsbandes* gewählt werden. Ein solcher Ergänzungsband ist vorbereitet, seine Herausgabe, die von dem Eintreffen der Beiträge zahlreicher Mitarbeiter abhängig ist, wird durch die äußeren Umstände verzögert.

Der zweite Weg besteht in der Herausgabe von *Monographien,* die größere Kapitel des Handbuches neu zur Darstellung bringen. Diese Monographien werden im Rahmen der Sammlung ,,*Monographien aus dem Gesamtgebiete der Neurologie und Psychiatrie*" erscheinen, und zwar besonders gekennzeichnet als ,,Ergänzungsserie des Handbuches der Neurologie". Als erste dieser Monographien erscheint der Beitrag von Professor E. Beck ,,Die Morphogenie der Hirnrinde". Sie stellt eine wesentliche Ergänzung zu dem Beitrag M. Roses im Handbuch der Neurologie, Bd. 1 ,,Cyto- und Myeloarchitektonik der Großhirnrinde" dar, der dringend einer Neubearbeitung bedürftig erscheint.

Es lag nicht in der Absicht des Verfassers, die gesamte Cyto- und Myeloarchitektonik in allen Einzelheiten neu darzustellen. Er hat sich vielmehr darauf beschränkt, die Roseschen Theorien einer eingehenden gründlichen Kritik zu unterwerfen, außerdem aber auch gewisse Lücken und Fehler der ursprünglichen Brodmannschen Lehre vom tektogenetischen Grundtypus aufzuzeigen. Die Becksche Darstellung, die sich sowohl auf den Heterocortex als auch auf den Isocortex erstreckt, stützt sich auf langjährige eigene Forschungen und ein reiches, eigenes, vorwiegend *menschliches* Material. Sie gipfelt in dem Entwurf einer neuen Morphogenie der Hirnrinden-Schichten.

Herausgeber und Verlag begrüßen das Erscheinen dieses wertvollen Beitrages auf das wärmste und geben der Hoffnung Ausdruck, daß ihm bald weitere gleichwertige Monographien folgen werden.

München und Breslau, im März 1940.

O. Bumke. O. Foerster.

Vorwort.

Die vorliegende Arbeit ist das Ergebnis langjähriger Forschungen. Schon in der allerersten Zeit meiner zehnjährigen Tätigkeit an der Frankfurter Universitäts-Nervenklinik habe ich mich davon überzeugt, daß die geltenden Lehren über die Entstehung der Hirnrindenschichten nicht richtig sind, teilweise zum mindesten einer Korrektur bedürfen. Dadurch wurde ich zwangsweise auf das Studium der Morphogenie der Hirnrinde hingewiesen. So habe ich zunächst damit begonnen, mir eine embryologische Sammlung anzulegen. Eine ausgedehnte, ständig an Umfang zunehmende klinische Tätigkeit, die in den letzten Jahren meine ganze Arbeitskraft mit Beschlag belegte, machte es mir leider unmöglich, meine Befunde systematisch auszubauen, oder gar zu veröffentlichen. Ganz allmählich traten dadurch automatisch die so interessanten morphologischen Gesichtspunkte in den Hintergrund, so sehr, daß sie auch nach meiner Übersiedlung in das Laboratorium der Münchener Universitätsklinik am 1. November 1937 mich nicht wesentlich mehr quälten. Erst anläßlich einer intensiven Beschäftigung mit einem arhinencephalen balkenlosen Gehirn, von dem sich S. 103 eine Abbildung befindet und von dem BANNWARTH[1] weitere Abbildungen gebracht hat, wurde ich, diesmal mit aller Macht, auf die Entwicklungsgeschichte gedrängt. Um mir eine breite Basis zu schaffen, habe ich zunächst meine embryologische Sammlung erweitert, habe jugendliche Gehirne von Hunden, Katzen, Ratten, Kaninchen und Meerschweinchen verarbeitet. Vor allem habe ich darnach getrachtet, weitere menschliche fetale Gehirne zu bekommen. Herr Prof. EYMER, der Direktor der I. Gynäkologischen Universitätsklinik in München, hat mich dabei weitestgehend unterstützt und mir zahlreiche Feten aller Stadien überlassen. Herr Prof. SCHOLZ, der Direktor der histopathologischen Abteilung des Kaiser Wilhelm-Instituts für Psychiatrie, hat mir sehr wertvolle, teils sogar schon geschnittene und gefärbte menschliche Embryonen zur Verfügung gestellt. Von ihm habe ich die Feten der Abb. 5, 6, 7—18 und 71 bekommen. Beiden Herren möchte ich dafür meinen verbindlichsten Dank aussprechen. Nicht minderer Dank gebührt meinen Mitarbeitern, Herrn DEISLER, Fräulein EVERSBUSCH und Fräulein REBENTISCH, ohne deren aufopfernde Tätigkeit im Laboratorium die Arbeit nicht möglich gewesen wäre. Schließlich bin ich noch Herrn Geheimrat BUMKE für die Übernahme der Veröffentlichung, sowie dem Verlag Julius Springer für die vorzügliche Ausstattung des Buches Dank schuldig.

Die Arbeit, soweit sie auch in unser heutiges Wissen um die Entwicklung der Hirnrindenschichten eingreift, bringt nichts Vollständiges. Ursprünglich hatte sie überhaupt nur zum Ziele, die ROSEsche Irrlehre als solche zu kennzeichnen und zurückzuweisen. Aber unversehens wuchs sie da und dort und ich sah ein, daß ich nicht auf halbem Wege stehen bleiben dürfe. Trotzdem

[1] BANNWARTH: Über den Nachweis von Gehirnmißbildungen durch das Röntgenbild und über seine klinische Bedeutung. Arch. f. Psychiatr. **109**, H. 5.

habe ich mich nur auf das Notwendigste beschränkt, so daß wesentliche und wichtige Fragen kaum gestreift, andere nicht einmal berührt wurden. So bedarf die Morphogenie des sog. Isocortex einer umfassenden Bearbeitung, die anatomische Verwandtschaft der Regio entorhinalis, retrosplenialis und striata muß noch genauer erforscht werden, insbesondere bedarf die Frage der allen Rindenteilen gemeinsamen Aufhellungen und Abspaltungen näherer Untersuchung. Ich habe da und dort auf diese Probleme bereits hingewiesen. Auch der Übergang der entorhinalen Rinde in den Isocortex kann noch weiter aufgeklärt werden. Auf die Frage der Rückbildung einzelner Schichten, ihrer Verschmelzung usw. bin ich überhaupt nicht näher eingegangen. Ich kann hier auf die grundlegenden, sehr klaren und vorbildlichen Ausführungen BRODMANNs in seiner „Vergleichende Lokalisationslehre“ verweisen, ein Buch, das voller Probleme steckt und dessen Studium ich jedem nur anraten kann, der sich mit entwicklungsgeschichtlichen Fragen beschäftigt. Vieles darin ist heute noch so aktuell wie vor 30 Jahren. Ganz besonders verweise ich auf die sehr kritischen Auslassungen über die Funktion, die leider so gut wie keine Beachtung gefunden haben, sehr zum Leidwesen der Hirnanatomie und der ihr zukommenden Bedeutung.

München, Mai 1939.

EDUARD BECK.

Inhaltsverzeichnis.

Anmerkung zu den Abbildungen.

Bei den Textabbildungen handelt es sich durchweg um eigene unretuschierte Originalaufnahmen. Die Abb. 1—12, 14—18, 20, 24, 31—42, 46—49, 51—66 und 68—71 sind 60mal vergrößert. Die Abb. 13, 19, 21, 23, 25—30, 43—45, 67 und 72—74 sind 40mal vergrößert. Die Abb. 22 ist 100mal vergrößert. Die Verkleinerung der Originale auf das jetzige Format hat der Verlag bewerkstelligt. Sie ist jeweils in der Textierung der Abbildungen angegeben. Die Abbildungen sind bei der Betrachtung so zu stellen, daß die Beschriftung aufrecht steht. Die Orientierung zur Lage im Gehirn ist vielfach nicht mit der Stellung der Abbildung im Buch identisch, auch ist oft nicht angegeben, ob es sich um die rechte oder linke Hemisphäre handelt. Es wird aber dem Leser keine besonderen Schwierigkeiten machen, sich hier richtig zu orientieren.

A. Einleitung.

Seit um die Jahrhundertwende die architektonische Forschung in Deutschland systematisch in Angriff genommen wurde, war es in erster Linie der so bedeutende und leider viel zu früh verstorbene Korbinian Brodmann, der sich neben rein lokalisatorischen Fragen den Problemen der Entwicklungsgeschichte der Hirnrindenschichten zuwandte. Während His an embryonalen Gehirnen feststellen konnte, daß sich in den ersten Monaten der Entwicklung aus der Matrix der Wand des sekundären Hirnbläschens allmählich unter Durchwanderung der Zwischenschicht eine Rindenplatte bildet, vermochte Brodmann den Beweis zu liefern, daß diese Rindenplatte in späteren Stadien wesentliche Veränderungen dadurch erleidet, daß im Verlauf des 5. Monats und von diesem ab eine Gruppierung der embryonalen Rindenzellen in der bis dahin einheitlichen Rindenplatte zu eigentlichen Schichten eintritt. Darüber hinaus aber kam schließlich Brodmann zur Prägung des fundamentalen Satzes vom 6schichtigen[1] tektogenetischen Grundtypus, der besagt, daß die Hirnrinde in der aufsteigenden Säugetierreihe (von gewissen Ausnahmen, die uns noch besonders beschäftigen werden, abgesehen) ursprünglich eine 6/7-Schichtung durchmacht und erst sekundär (nach dem 7. Monat) eine Schichtenvermehrung bzw. Schichtenverminderung erfährt. Die Ausnahmen haben im Gegensatz dazu nie eine solche 6/7-Schichtung aufzuweisen. Brodmann bezeichnet demzufolge die Rinde mit einer ursprünglichen 6/7-Schichtung als homogenetische, die Ausnahmen davon als heterogenetische Rinde.

Seine homogenetische Rinde teilt Brodmann ein in eine homotypische, wenn sie im späteren Verlauf keinerlei Veränderung mehr erfährt, so daß also im Endzustand der 6/7-Schichtentypus beibehalten wird. Die Rinde hingegen, bei der es zu einer Schichtenvermehrung bzw. -verminderung kommt, so daß also im Endzustand der 6/7-Schichtentypus verlassen ist, bezeichnet er als heterotypische Rinde.

Als Beispiele einer homotypischen Rinde seien genannt: Die Rinde des Hauptteils des Schläfenlappens, insbesondere der Querwindungsfelder, die granulären Frontalfelder, die Parietalfelder und die extrastriatalen Occipitalfelder; als Beispiele einer heterotypischen Rinde: Die agranuläre Präzentralregion (die Felder 4 und 6 Brodmanns), in denen es zu einer Rückbildung der Körnerschicht, also zu einem Schichtverlust, und die Area striata (Feld 17 Brodmanns), in der es zu einer 3-Teilung der Körnerschicht in eine IVa, IVb und IVc, also zu einer Schichtenvermehrung gekommen ist.

Als heterogenetische Rindenformation faßt Brodmann alle jenen Rindengebiete zusammen, welche bereits in ihrer ersten Anlage, also schon in frühen

[1] Da wir heute nicht mehr 6 Rindenschichten, sondern 7 annehmen, müßte man folgerichtig von einem 7schichtigen tektogenetischen Grundtypus sprechen. Um aber den historischen Werdegang zu berücksichtigen, werden wir im Verlauf dieser Arbeit stets von einem 6/7-Schichtentypus sprechen.

fetalen Stadien einen von dem 6/7schichtigen Grundtypus abweichenden Bau haben. Hierbei unterscheidet BRODMANN: 1. Den Cortex primitivus, 2. den Cortex rudimentarius und 3. den Cortex (heterogeneticus) striatus.

Als Cortex primitivus definiert BRODMANN eine Rinde, welche eine der übrigen Rinde vergleichbare celluläre Schichtung überhaupt nicht, weder während der ontogenetischen Entwicklung noch in der Stammesgeschichte nachweisen läßt, sondern von Anfang an einen abweichenden, äußerst primitiven, nur aus mehr oder weniger regellosen Anhäufungen von Ganglienzellen bestehenden Bau besitzt. Zumeist fehlt diesen Bildungen auch die Anlage eines deutlichen subcorticalen Marklagers. Die Zugehörigkeit zur Rinde ist namentlich, wenn es sich, wie bei manchen Tieren, um sekundär stark atrophierte Teile handelt, nur auf entwicklungsgeschichtlichem Wege zu erweisen. Als zu dieser Gruppe gehörige Gebilde gibt BRODMANN an: Den Bulbus olfactorius, das Tuberculum olfactorium, die Substantia perforata anterior und den Nucleus amygdalae.

Der Cortex rudimentarius zeichnet sich nach BRODMANN durch die erste Anlage einer gewissen Schichtung aus, indem einzelne von den Grundschichten (die I. und VI.) der phylogenetisch jüngeren homogenetischen Rinde in allerdings nur rudimentärer Ausbildung bereits vorhanden sind, während die übrigen Grundschichten dauernd ganz fehlen. Man kann hierzu, sagt BRODMANN, den Hippocampus mit der Fascia dentata, das Subiculum, das Induseum griseum, das Septum pellucidum und die Area praeterminalis rechnen.

Der Cortex striatus (heterogeneticus) setzt sich nach BRODMANN im Gegensatz zu dem Cortex rudimentarius aus mehreren deutlich ausgebildeten Schichten des tektogenetischen Grundtypus zusammen, welche ihrerseits durch sekundäre Weiterdifferenzierung teilweise eine sehr mächtige Entwicklung und durch Abspaltung von Unterschichten vielfach eine reichere Gliederung erfahren haben als in vielen homogenetischen Formationen. Meist sind die I., V. und VI. Grundschicht in dieser Weise angelegt, während die übrigen Grundschichten gar nicht zur Entwicklung kamen. Hierher gehören nach BRODMANN die Area entorhinalis, die Area perirhinalis, die Area praepyriformis, die Area praesubicularis und die Area retrosubicularis (vielleicht auch die Area ectosplenialis).

Die heterogenetische Rinde umfaßt also vorwiegend oder fast ausschließlich jene Hemisphärenabschnitte, welche die Morphologen als Rhinencephalon oder auch als Archipallium bezeichnet haben, während die homogenetische Rinde im wesentlichen dem Neopallium angehört.

In einer Veröffentlichung aus dem Jahre 1926 hat dann ROSE das Problem der Entwicklung der Hirnrindenschichten aufgegriffen. Er hat da eingesetzt, wo BRODMANN stehen geblieben war. Insbesondere hat er die sog. heterogenetische Rinde BRODMANNs einer näheren Analyse unterworfen, wie er überhaupt zu allen atypischen Rindenbildungen Stellung genommen hat, also zur entorhinalen (28 von BRODMANN), zur limbischen (24 von BRODMANN) und zur retrosplenialen Region (26, 29 und 30 von BRODMANN), zur sog. striatalen Rinde und zum Ammonshorn. Schließlich hat dann ROSE noch eine eigene Arbeit der Entstehung der Inselrinde gewidmet, wobei er die letztere als Cortex palliostriatalis sive bigenitus definiert hat. Den Begriff der homogenetischen Rinde läßt ROSE unberührt, ebenso anerkennt er den BRODMANNschen Satz vom tektogenetischen Grundtypus. Die heterogenetische Rinde hingegen betrachtet er auf Grund embryologischer Untersuchungen von ganz neuen Gesichtspunkten aus. Er sagt, Brodmann habe die heterogenetische Rinde rein negativ definiert. Die Feststellung, daß ein Typ weder gegenwärtig noch während der ontogenetischen Entwicklung eine 6/7-Schichtung durchgemacht habe, hebe nur eine negative Eigenschaft dieses Typus hervor. Die positiven Kennzeichen einer solchen Rinde seien daraus ebensowenig zu erkennen, wie ihre cytologischen, embryologischen und vergleichend anatomischen Kriterien. Brodmann habe die funktionell so wichtigen Rindengebiete, wie die limbische, die insuläre und die retrospleniale Region nicht genug beweiskräftig zur homogenetischen Rinde eingereiht, C. und O. Vogt hätten dagegen die limbische Region in toto zur heterogenetischen Rinde hinzugerechnet.

Rose geht bei seiner Neueinteilung der Entstehung der Hirnrinde von der ihm vorschwebenden Grundtatsache aus, daß es Stellen im Gehirn gibt, bei denen sich aus demselben Abschnitte der Wand des sekundären Hirnbläschens gleichzeitig sowohl das Striatum als auch die seine Oberfläche begleitende Rinde entwickelt haben. Striatum und Rinde haben also dieselbe Mutterschicht (Matrix). Diese Rinde bezeichnet Rose als Cortex semiparietinus oder kurz Semicortex. Dazu rechnet er die Regio praepyriformis, die Regio periamygdalaris, das Tuberculum olfactorium, das Septum pellucidum und die Area diagonalis. Der nahe Zusammenhang, so führt Rose aus, der Rinde des Semicortex und der Regio periamygdalaris mit dem Striatum ist sowohl beim Tier als auch beim Menschen (auch im definitiven Zustande) sehr deutlich. Diese Rinde liegt direkt dem Striatum an und ihre Entwicklung ist nicht anders denkbar, als daß eine Anzahl von Elementen an der Striatumoberfläche eine zusammenhängende Zellschicht bilden, über welcher sich die Zonalschicht als äußere leitende Schicht differenziert.

Im Gegensatz zum Semicortex stellt Rose den Cortex totoparietinus, kurz Totocortex genannt, bei dem die Matrix als alleiniges Produkt die Hemisphärenwandschichten zustande bringt, also gleichzeitig nicht auch noch Striatum bildet wie im Semicortex. Der Totocortex umfaßt damit mit Ausnahme der Insel die ganze übrige Rinde, so daß also Rose zunächst die Rinde in einen Semi- und einen Totocortex einteilt.

Der Totocortex zerfällt nach Rose wieder in Untergruppen, je nachdem, ob er eine mehr oder minder weitgehende Schichtung aufweist.

Dem Totocortex kommt aber auch noch eine Besonderheit insofern zu, als er neben der ursprünglichen Rindenplatte (der Protoptyx nach Rose) eine zweite, akzessorische Rindenplatte bilden kann, die später als die eigentliche Rindenplatte zur Entwicklung kommt. Sie ist von der ursprünglichen Rindenplatte durch eine mehr minder zellarme bzw. zellose Schicht getrennt. Die zweite oder sog. akzessorische Rindenplatte, die ihr Zellmaterial ebenso wie die ursprüngliche Rindenplatte aus der Matrix bezieht, geht stellenweise kontinuierlich in die VI. Schicht der homogenetischen Rinde über. Während aber die homogenetische VI. Schicht ein Teilungsprodukt der ganzen ursprünglichen Rindenplatte (Protoptyx) darstellt, entsteht die akzessorische Rindenplatte nicht durch die Teilung der ursprünglichen Rindenplatte, sondern dadurch, daß sich die Zellen der Mutterschicht, bevor sie die äußere Rindenplatte erreichen, zu einer eigenen Schicht formen.

Diese so zustande gekommene Rinde bezeichnet Rose als schizoprotoptyche Rinde, kurz als Schizocortex. Die äußere Rindenplatte, die der eigentlichen Rindenplatte entspricht, bezeichnet er als Lamina principalis externa, die innere Rindenplatte, also die zweite, akzessorische, als Lamina prinzipalis interna, während er für den zwischen beiden Rindenplatten liegenden hellen, zellarmen bzw. zellosen Streifen den Terminus Lamina dissecans gebraucht.

Dieser so gebaute Typus ist für Rose der tektogenetische Grundtypus für die ganze schizoprotoptyche Rinde. Von ihren Schichten entstammen also nur die oberflächlichen der eigentlichen Rindenplatte, während die unteren Schichten sich aus der akzessorischen Rindenplatte entwickelt haben, oder noch präziser ausgedrückt, die unteren Schichten haben sich aus Zellelementen gebildet, die überhaupt nicht die ursprüngliche Rindenplatte erreichten, sondern in der Tiefe eine zweite Rindenplatte gebildet haben.

Zu diesem Schizocortex rechnet Rose die Area entorhinalis (28 nach Brodmann) und die Area praesubicularis (27 nach Brodmann). Rose knüpft daran die bemerkenswerte Feststellung, daß diese zwei Areae wohl homolog, aber anatomisch nicht äquivalent seien. Homolog deshalb, weil sie die gleiche ontogenetische Entwicklung, anatomisch *nicht* äquivalent, weil sie im endgültigen Zustand einen differenten Bau aufweisen.

Eine andere Unterart der totoparietinen Rinde beschreibt Rose in der Regio limbica (24 nach Brodmann) und Regio retrosplenialis (26, 29 und 30 nach Brodmann), die der homogenetischen Rinde sehr nahe stehe, eine gewisse Vorstufe zu ihr bilde, aber auch der ammonalen genetisch verwandt sei.

Der Entwicklungsmodus, so führt Rose aus, sei hier wieder ein ganz anderer. Sämtliche Schichten entstünden wohl aus der ursprünglichen Rindenplatte. Während sich nun die V., VI. und VII. Schicht genau so wie in der homogenetischen Rinde entwickle, bestehe eine Differenz in der Bildung der äußeren Schichten (der II., III. und IV. Schicht). Im Gegensatz zum Isocortex bleibe nämlich die ursprüngliche Granularschicht (von Rose als Lamina granularis primaria bezeichnet) ungegliedert. Es komme also nicht zur Differenzierung in die II., III. und IV. Schicht. Zwischen der limbischen und der retrosplenialen Rinde bestehe bei sonst einheitlichem Entwicklungsmodus nur insofern ein Unterschied, als sich in der ersteren die Lamina granularis primaria durchwegs zu mittelgroßen, polymorphen Nervenzellen differenziere, während sie in der retrosplenialen Region fast ausschließlich granuläre Elemente aufweise. Mit anderen Worten, in der Regio limbica anterior und der Regio retrosplenialis agranularis und granularis gliedere sich die Rindenplatte in vier Hauptschichten, mit der Lamina zonalis (I) zusammen in 5. Diese sind: 1. Die Lamina zonalis (I), 2. die Lamina granularis primaria (die undifferenziert bleibende II. bis IV. Schicht), 3. die Lamina ganglionaris (V), 4. die Lamina multiformis (VI) und 5. die Lamina infima (VII). Von diesen Schichten seien also nur die V, VI und VII den gleichnamigen Schichten des Isocortex homolog.

Wir sehen also bisher, daß es im Bereich des Totocortex neben einer 7schichtigen Rinde (Homocortex) auch zu einer 5schichtigen kommen kann, außerdem, wie wir weiter oben schon ausgeführt haben, zu einem Schizocortex. Mit Ausnahme des Schizocortex entstammen alle Zellschichten der Rindenplatte, d. h. sie wandern zunächst von der Matrix in die Rindenplatte, um sich dort erst zu differenzieren und zu Schichten zu formieren, während im Schizocortex, das sei nochmals wiederholt, nicht alle Zellen erst in die Rindenplatte wandern, sondern nur ein gewisser Teil. Der andere Teil bildet die sog. akzessorische Rindenplatte. Die 5schichtige Rinde hat Rose anfangs, da sie seiner Meinung nach ein Vorstadium der am höchsten entwickelten 7schichtigen Rinde bildet, aber höher steht als der sog. Allocortex, als Mesocortex bezeichnet. Später hat er diese Bezeichnung fallen lassen und nur noch von Cortex quinquestratificatus gesprochen.

Wieder eine andere Art der Schichtenbildung liegt nach Rose in der Ammonshornformation vor. In ihr entwickeln sich nur zwei Schichten: 1. Die Lamina zonalis und 2. die Rindenplatte, deren Zellmaterial aus der Matrix eingewandert ist. In der Rindenplatte kommt es schon sehr bald während der embryonalen Entwicklung zur Differenzierung von Pyramidenzellen. Die unterhalb der dichtgefügten Zellschicht (Pyramiden) liegenden Elemente entsprechen der Zwischenschicht. Die Pyramidenzellen stellen somit die ganze Rindenplatte dar. Es ist daher nicht möglich, diese mit irgendeiner Schicht der übrigen Hirnrinde zu identifizieren, da sie ja der Summe sämtlicher Rindenschichten entspricht. Hierher gehören nach Rose das Subiculum, die Felder h_1 bis h_5 und die Fascia dentata.

Endlich hat Rose noch einen wesentlich anderen Entwicklungsmodus herausgearbeitet, den der Inselrinde. Die Elemente, die zur Bildung der Inselrinde dienen, stammen sowohl aus der Mutterschicht des Streifenhügels (Striatum) als auch aus der des Totocortex der homogenetischen Rinde oder des Holocortex wie Rose ihn nennt. Rose gibt hier in seinen einschlägigen Arbeiten einen Zellstreifen *X* an, bei dem die Neuroblasten lateral von der Capsula externa in ventraler Richtung der Oberfläche des Striatums zuwandern. Dort verlassen die Neuroblasten sukzessive den genannten Zellstreifen *X* und bilden die Rindenplatte der späteren Inselrinde. Der Zellstreifen *X* bedeutet demnach eine Art Mutterschicht für die Inselrinde, ist jedoch weder der Matrix der totoparietinen Rinde noch der Matrix des Striatums homolog, weil er Elemente beider Mutterschichten enthält. Da die Rindenplatte der Inselrinde auf diese Weise einerseits aus den Elementen der Mutterschicht des Striatums, andererseits aus den Elementen der Mutterschicht der totoparietinen Rinde aufgebaut ist, kann sie weder als Homologon der Rindenplatte der totoparietinen, noch als Homologon der semiparietinen Rinde aufgefaßt werden. Sie stellt demnach ein Gebilde sui generis dar. Rose nennt sie deshalb auch Cortex bigenitus (Cortex pallio-striatalis, kurz Bicortex).

Die Insel bekommt ihr charakteristisches Gepräge durch das Claustrum, das von Rose als ein Teil der Rinde aufgefaßt wird. Die unteren Zellschichten (Capsula extrema und Claustrum) sind für die Inselrinde spezifisch und kommen sonst in keinem anderen Rindengebiet vor. Die oberen Zellschichten (die I. bis IV.), dazu die V., VI. und VII. entwickeln sich ähnlich wie im Holocortex. In der 4schichtigen Inselrinde blieb nach der Bildung der Capsula extrema und des Claustrums die übrige Rindenplatte unstratifiziert. In der 7schichtigen gliedert sie sich in die Lamina granularis primaria (II—IV), in die V, VI und VII. Die Lamina granularis primaria teilt sich in der agranulären Inselrinde in eine Lamina corpuscularis (II) und in eine darunter liegende, aus Pyramidenzellen bestehende Schicht, welche als III—IV bezeichnet werden muß. Es kommt also auf diese Weise zu einer 8-Schichtung. Die 9schichtige Inselrinde kam schließlich dadurch zustande, daß es in ihrer Lamina granularis primaria, ähnlich wie in der 7schichtigen holoprotoptychen Rinde zur Differenzierung der Lamina corpuscularis (II), der Lamina pyramidalis (III) und der Lamina granularis (IV) gekommen ist. So wurde die 9schichtige Rinde zu einem granulären Cortex. Die Entwicklung der oberen Schichten erfolgt somit in der Inselrinde nach einem ähnlichen Modus wie im Holocortex (homogenetische Rinde Brodmanns). Im definitiven Zustande ist im Holocortex und in der Inselrinde auch der innere Bau dieser Schichten im allgemeinen gleichartig. Rose faßt deshalb die oberen Zellschichten der Inselrinde als anatomisch äquivalent mit den Zellschichten der 7—5schichtigen holoprototychen Rinde auf, obwohl die Elemente der Inselrinde sowohl der striatalen als auch der pallialen Matrix entstammen und somit zwischen der Inselrinde und dem Holocortex keine Homologie besteht.

Das Claustrum entwickelt sich beim Menschen nach Rose noch vor der Bildung der übrigen Schichten der Rindenplatte. Bei einem 6 Monate alten Menschenembryo tritt an Stelle der mittleren lockeren Schicht der Rindenplatte schon eine deutliche Capsula extrema auf. Das Claustrum wird gleichzeitig zu einem selbständigen Gebilde. Demnach wurde das Claustrum weder vom Striatum noch von der VI. Rindenschicht abgespalten. Es entstammt dem inneren (ventralen) Teile der Rindenplatte und kann mit keiner Rindenschicht des Holocortex homologisiert werden.

Zur Inselrinde gehört übrigens nach Rose beim Menschen auch noch die Area praepyriformis 1, in deren Bereich das Claustrum auch im definitiven Zustande im innigsten Zusammenhang mit der übrigen Inselrinde bleibt. „Demnach können wir", sagt Rose, „als Inselrinde nicht einfach eine Rinde auffassen, welche ein abgespaltenes Claustrum aufweist."

In seinem Kaninchenatlas hat Rose noch eine Area praeinsularis abgegrenzt, die mit der Area praecentralis granularis, besonders aber mit der Regio insularis gewisse gemeinsame Merkmale aufweist. Man könne sie auch, so führt er aus, zwanglos zur letzteren zählen, obwohl sie kein Claustrum besitzt. Es handelt sich zweifellos um einen Mischtypus, welcher hier im Grenzgebiet auftritt. Infolge seiner Größe und typischen Ausprägung faßte Rose diesen Typus als Area sui generis auf und zählte ihn zur Regio insularis.

Schließlich hat Rose in diesem Kaninchenatlas auch noch eine Regio orbitalis abgegrenzt, die nach ihm einen 5schichtigen Typus (Holocortex quinquestratificatus) darstellt, in welchem es zu keiner Stratifikation der ursprünglichen Granularschicht gekommen ist.

In Zusammenfassung seiner Lehre über die Entwicklung der Hinrinde kommt Rose[1] zuletzt zu folgender Einteilung:

I. Cortex semiparietinus sive striatalis (Semicortex). Er umfaßt die Regio praepyriformis, das Tuberculum olfactorium, die Regio periamygdalaris, die Regio diagonalis und das Septum pellucidum.

II. Cortex totoparietinus sive pallialis (Totocortex).

a) Cortex schizoprotoptychos (Schizocortex).
   1. Cortex parumstratificatus (Regio praesubicularis, Area perirhinalis).
   2. Cortex multistratificatus (Regio entorhinalis).

b) Cortex holoprotoptychos (Holocortex).

---

[1] Rose: Handbuch der Neurologie, Bd. 1, S. 601.

1. Cortex bistratificatus (Cornu Ammonis, Subiculum, Taenia tecta, Fascia dentata, Regio retrobulbaris).
2. Cortex quinquestratificatus (Regio infraradiata, Regio subgenualis, Regio retrosplenialis granularis, Regio retrosplenialis agranularis). Die Regio orbitalis hat ROSE hier nicht erwähnt.
3. Cortex septemstratificatus (Regio frontalis, Regio parietalis, Regio temporalis, Regio occipitalis).

III. Cortex pallio-striatalis sive bigenitus (Bicortex).

1. Cortex quattuorstratificatus (Area praepyriformis 1).
2. Cortex septem-(octo)stratificatus (Regio insularis agranularis).
3. Cortex novemstratificatus (Regio insularis granularis und propeagranularis).

Die BRODMANNsche Lehre war in den letzten Jahrzehnten Allgemeingut geworden. Auch VON ECONOMO und KOSKINAS hatten sie, wenigstens in den Grundzügen übernommen, wenngleich sie hervorhoben, daß die Trennung von homogenetischer und heterogenetischer Rinde viel früher stattfinde, als man bisher dachte (im 3. Fetalmonat und nicht erst im 6.—8.), man mithin die isocorticale Rinde nicht erst auf die spätere Bildung der 6 Schichten zurückzuführen brauche (VON ECONOMO und KOSKINAS haben den BRODMANNschen 6-Schichtentyp beibehalten).

Die ROSEsche Lehre hat eine geteilte Auffassung erfahren. Namhafte Forscher, wie SPATZ, haben sich gegen ihre Annahme gesträubt, andere haben sie übernommen. KUHLENBECK hat gegenüber ROSE sogar Prioritätsrechte geltend gemacht, O. VOGT hat sie 1926 in Düsseldorf anläßlich eines Referates auf der Jahresversammlung des Deutschen Vereins für Psychiatrie vorgetragen[1]. LORENTE DE NÓ hat sich in den letzten Jahren sowohl gegen den Begriff des ROSEschen Schizocortex gewandt (er hat behauptet, daß von der Anlage einer zweiten oder akzessorischen Rindenplatte nicht die Rede sein könne) als auch gegen den BRODMANNschen tektogenetischen Grundtypus, wobei er in seiner Polemik gegen den letzteren auf Grund eigener Forschungen dieselben Einwände bringt wie VON ECONOMO und KOSKINAS.

Vergleichen wir jetzt kurz die Einteilung BRODMANNS mit der ROSES, so sieht es so aus, als ob ROSE in der Tat weiter gekommen wäre als BRODMANN, der im Prinzip nur eine homogenetische von einer heterogenetischen Rinde unterschieden hatte, letztere dabei nur nach ihren negativen Merkmalen als eine Rinde, die eben nie einen 6/7-Schichtentypus durchgemacht habe, bezeichnen konnte. ROSE hingegen hat die heterogenetische Rinde BRODMANNS nicht nur histo- sondern vor allem morphogenetisch definiert, er hat aus der homogenetischen Rinde BRODMANNS die Inselrinde, die Rinde der limbischen und retrosplenialen Region herausgenommen und für diese einen eigenen Entwicklungsmodus herausgearbeitet, er hat außerdem den tektogenetischen Grundtypus der schizoprotoptychen Rinde beschrieben. Darüber hinaus hat er dann aber auch noch in einer gemeinsam mit BIELSCHOWSKY verfaßten Arbeit[2] über die Pathoarchitektonik der mikro- und pachygyralen Rinde und ihre Beziehungen zur Morphogenie normaler Rindengebiete die pathologische Rindenschichtung als einen Typ angesprochen, der der entorhinalen Rinde eigen ist, also einen Schizocortex darstellt. Die Übereinstimmung der entorhinalen, der pachygyren und mikrogyren Rinde komme ferner nicht nur in derselben

[1] O. VOGT: Z. Psychiatr. **86** (1927).
[2] BIELSCHOWSKY: J. Psychol. u. Neur. 38, H. 1.

Schichtenzahl, sondern auch in einer ähnlichen inneren Differenzierung der einzelnen Schichten und ihrer Zellelemente zum Ausdruck.

Damit schien es also, als ob ROSE die Morphogenie der Hirnrinde, wenn sie auch noch zum Verständnis krankhafter Rindenbildung beitragen konnte, einer weitgehenden Lösung zugeführt hätte. Zudem leuchtete die Deutung ROSEs ein, da man sich gut vorstellen konnte, daß der Entwicklungsmodus des Schizocortex ein ganz anderer sein müsse als der des Isocortex, da letzterer als höchstes Differenzierungsprodukt das ganze Zellmaterial aus der Matrix beanspruche, während eine so alte Rinde wie der Schizocortex eine zweite Rindenplatte bilde. Allerdings konnte man wieder schwer verstehen, was ins Physiologische übersetzt, die zweite Rindenplatte funktionell zu bedeuten habe.

Aber diese so weitgehende Lösung ROSEs ist in Wirklichkeit nur eine scheinbare. Betrachten wir nämlich die Ergebnisse ROSEs vom kritischen Standpunkt aus, so muß von vorneherein vieles höchst problematisch bleiben. Am ehesten könnte man sich mit dem Typus seiner striatalen Rinde (Semicortex) einverstanden erklären; denn, daß die striatale Rinde an der Oberfläche des Striatums sich bildet, ist ja wohl einleuchtend. Aber, ob es sich wirklich hier um eine semiparietine handelt, bei der nur ein Teil des Hemisphärenbläschens zur Bildung der Rindenplatte verwendet wird, muß schon, wie wir später noch sehen werden, höchst fraglich erscheinen, wenn man die an der Oberfläche des Striatums sich bildende Rinde unter anderen Gesichtspunkten betrachtet.

Darüber hinaus muß es aber Bedenken erwecken, wenn ROSE unter dem Begriff des Totocortex so völlig differente Gebilde wie die Area entorhinalis, perirhinalis, das Praesubiculum, das Ammonshorn, die Fascia dentata, die limbische Region usw. zusammenfaßt. Noch bedenklicher muß uns aber die selbst ROSE überraschende Tatsache stimmen, daß zwei im fertigen Zustand so verschieden gebaute Felder wie die Area praesubicularis und die Regio entorhinalis den gleichen Entwicklungsmodus aufweisen sollen, daß die Rindenschichten verschiedener Felder homolog aber anatomisch nicht äquivalent und umgekehrt seien, ja, daß sogar *einzelne Schichten* ein solches Verhalten aufzeigen sollen, oder daß zwei in ihren Hauptschichten völlig übereinstimmende Gegenden wie die granuläre Inselrinde und die homogenetische Rinde einen ganz differenten Entwicklungsgang durchmachen sollen.

Ist denn die Behauptung, daß bei der Bildung des Totocortex *alle* Elemente der ursprünglichen Rindenplatte entstammen, überhaupt richtig? Den Beweis dafür hat ROSE nirgends erbracht, er hat es nur a limine angenommen; wie wir später sehen werden, ist das aber auch gar nicht der Fall, da zu einem Zeitpunkt, in dem die Rindenschichten bereits unverkennbar ausgeprägt sind, die Matrix noch umfangreiches Material enthält, das rindenwärts wandert und wandern muß.

Kann man von einer akzessorischen Rindenplatte überhaupt sprechen? Was ist überhaupt eine Rindenplatte? Gehört nicht zu ihr als ein wesentliches Charakteristicum die Lamina zonalis (der frühere Randschleier)? Hat die akzessorische Rindenplatte einen solchen? Nein. Nirgends hat zudem ROSE den Beweis erbracht, daß in seiner schizoprotoptychen Rinde im Moment des Auftretens der Lamina dissecans und der Bildung seiner sog. akzessorischen Rindenplatte keine Elemente mehr aus der Matrix in die äußere Rindenplatte gelangen und die jetzt noch aus der Matrix auswandernden Neuroblasten *nur* in die akzessorische Rindenplatte wandern. Wir werden wiederholt die Gelegenheit haben, auf das Gegenteil hinzuweisen. Woher soll denn der ursprünglich ganz schmale Außenteil der entorhinalen Rinde (ROSEs Lamina principalis externa), der später immer breiter und umfangreicher wird, sein Zellmaterial nehmen, wenn nicht aus der Matrix?

Schon vor mehr als 10 Jahren sind mir erhebliche Zweifel an der Richtigkeit der ROSEschen Lehre aufgetaucht. Die von mir beobachteten Bilder haben zu den ROSEschen Ergebnissen nicht gestimmt, sie standen sogar dazu in direktem Gegensatz. Aber von Einzelbeobachtungen zu neuem, umfassendem Gegenbeweis ist ein langer Weg. Und so blieb mir zunächst nichts anderes übrig, als da und dort mich auf die ROSEsche Lehre zu beziehen. Leider war ich auch nicht in der Lage, meine Studien systematisch durchzuführen oder gar zu veröffentlichen. Als ich mich dann Ende 1937 wieder ganz der Forschung widmen konnte, habe ich mein Material gesichtet und grundlegend erweitert. Die Maus habe ich, weil ihr Gehirn zu klein und zu wenig übersichtlich ist, nur in beschränktem Umfang verwertet. Weitestgehend habe ich die Gehirne von ausgewachsenen Tieren (Hund, Katze, Kaninchen), von Affen niederer und höherer Ordnung (Nyctipithecus, Macacus und Mantelpavian) und endlich vom Menschen zum Vergleich herangezogen. Es hatte sich nämlich zu meiner größten Überraschung herausgestellt, daß gerade solche Gehirne häufig am beweiskräftigsten waren und zur Lösung fast aller Probleme, genau so wie die embryonalen Gehirne, geeignet erschienen. Die Richtigkeit dieser Behauptung werden wir im einzelnen erweisen können.

B. Eigene Untersuchungen.

I. Der Cortex heterogeneticus BRODMANNS. Gibt es einen Schizocortex?

Wir haben eingangs ausgeführt, daß BRODMANN als heterogenetische Rinde eine solche bezeichnet, die von Anfang an nie eine 6-Schichtung, wie sie die homogenetische Rinde aufweist, durchgemacht hat. Dieser so negativ definierte Cortex findet seine hauptsächlichen Vertreter nach BRODMANN in der entorhinalen (Feld 28), präsubikularen (Feld 27), dorsalen entorhinalen (Feld 34), perirhinalen (Feld 35) und retrosubikularen (Feld 48) Gegend.

ROSE hat, wie ebenfalls bereits ausgeführt wurde, diesen Heterocortex positiv definiert und ihn als Schizocortex bezeichnet. Zwar hat der Schizocortex anfänglich mit dem Isocortex die eigentliche Rindenplatte gemein, von einem gewissen Stadium ab tritt aber eine zweite, eine akzessorische Rindenplatte, die Lamina principalis interna, auf. Ihre Bildung kommt dadurch zustande, daß von jetzt ab die Neuroblasten aus der Matrix in einer tieferen Schicht sich sammeln, die äußere Rindenplatte (Lamina principalis externa) infolgedessen keine Zellen mehr, wenigstens nicht mehr in größerem Umfang, aus der Mutterschicht bezieht. Die zweite Rindenplatte entsteht mithin später als die erste. Beide sind durch die zellarme oder sogar zellose Lamina dissecans getrennt. Zu dem Schizocortex rechnet ROSE die Regio entorhinalis und praesubicularis.

Abb. 1. M.B. 92, Schnitt 235. Menschlicher Embryo von 30 mm SSL. Vergr. 45mal.

Den Beweis führt ROSE an Hand embryonaler und postembryonaler Gehirne der Maus und des Kaninchens. Später hat er auch vereinzelt menschliche Embryonen zum Vergleich herangezogen. Dabei geht ROSE von der Annahme aus, daß die Maus erst nach ihrer Geburt in die Histogenese ihrer Hirnrinde eintritt.

Ich habe zur Beantwortung der mir in diesem Abschnitt gestellten Frage ursprünglich Rattengehirne benützt, da diese größer und infolgedessen übersichtlicher sind als die der Maus und man das Rattengehirn bis zu einem gewissen Grade als ein großes Mausgehirn auffassen kann. Später bin ich aber dann zu menschlichen fetalen Gehirnen übergegangen, weil diese von größter Klarheit und Eindringlichkeit sind und letzten Endes als Beweismittel durch kein anderes Gehirn übertroffen werden können. Ich werde infolgedessen meine Beweisführung in diesem Kapitel nur auf menschliche fetale Gehirne stützen.

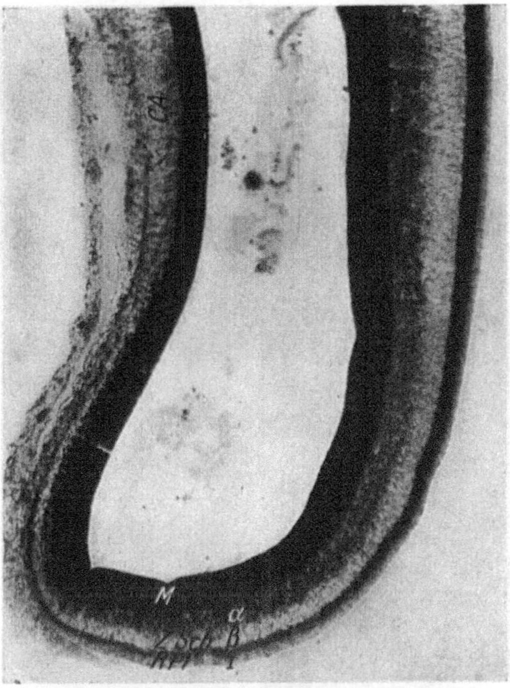

Abb. 2. M.B. 92. Schnitt 151. Menschlicher Embryo von 30 mm SSL. Vergr. 45mal.

Bekanntlich besteht die Hirnrinde in frühen embryonalen Stadien, wie wir das von HIS gelernt haben, aus Mutterschicht (Matrix), Zwischenschicht, Rindenplatte und Randschleier. Je jünger der Fet ist, desto primitiver und dünner ist die Rindenplatte. Bei einem 6 mm Embryo, den ich dank der Liebenswürdigkeit von Prof. ROMEIS zu untersuchen Gelegenheit hatte, war die Wanderung der Neuroblasten gerade im Beginn. Von einer Rindenplatte konnte da überhaupt noch nicht die Rede sein. In späteren Stadien kann man aber dann das Wachstum der Rindenplatte gut verfolgen.

Abb. 1 zeigt uns die Entwicklung des sekundären Hirnbläschens bei einem 30 mm (SSL.) langen menschlichen Embryo[1] (M.B. 92 meiner Sammlung, Schnitt 235). Uns interessiert hier nur die um das Unterhorn herum gelegene Wand des sekundären Hirnbläschens. Der Nucleus amygdalae springt mächtig in den Ventrikel vor. In der ventral davon gelegenen Wand unterscheiden wir hier ganz einwandfrei die dunkle und dichte einheitliche Matrix (*M*), die in eine hellere, aber immer noch sehr dunkle Zwischenschicht (*Z.Sch.*) α und eine ganze helle β übergeht. Es folgt dann die Rindenplatte (*R.Pl.*), die medialwärts sich

[1] Die Beurteilung des Alters bei Embryonen ist häufig sehr schwer, sicherlich auch wegen der individuellen Variante, als deren Folge der eine Fet dem anderen in der Entwicklung voraus ist.

immer mehr verjüngt und schließlich aufhört. Der Rindenplatte liegt der Randschleier auf. Von der Bildung einer zweiten oder akzessorischen Rinden-

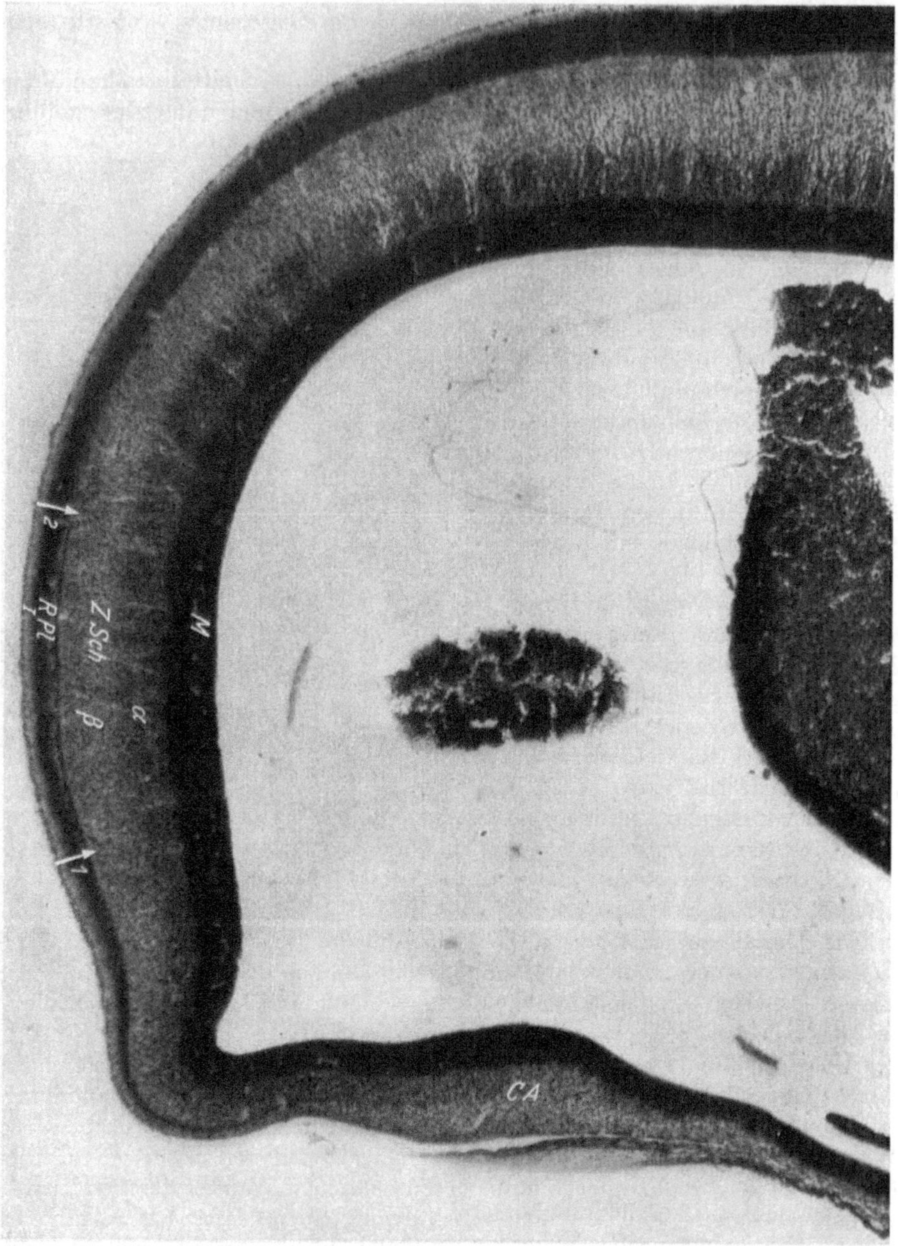

Abb. 3. M.B. 78, Schnitt 436. Menschlicher Embryo von 55 mm SSL. Vergr. 45mal. (Die Abbildung liegt richtig, wenn sie um 90° gedreht wird, so daß die Beschriftung zwischen Pfeil 1 und 2 aufrecht steht.)

platte ist nirgends etwas zu sehen. Es handelt sich hier um ein frühes Stadium, in dem die Rindenplatte, wie das ROSE immer behauptet hat, für den Isocortex und den Schizocortex einheitlich gebaut ist. Ob sie das auch in Wirklichkeit ist, kann man bezweifeln, denn der Dickenunterschied hat schon seine Bedeutung. Ihre stetige Verschmälerung ist besonders auffällig. Daß wir uns in der Gegend der Regio entorhinalis befinden, ist ganz sicher.

Abb. 2 (Schnitt 151) stellt das caudalere Gebiet derselben Gegend beim gleichen Fet dar. Hier sehen wir an der Medianseite (in der Abbildung links) die Rindenplatte (*R.Pl.*) in das allerdings noch gar nicht differenzierte Ammonshorn übergehen. In der Ammonshorngegend wird die vorher schon ganz dünn gewordene Rindenplatte völlig vermißt. Die Zwischenschicht ist viel heller als in Abb. 1, ist also bedeutend mehr aufgelockert. Wir können daraus schon die Tatsache entnehmen, daß diese Gegend in der Entfaltung ihrer Elemente trotz der Schmalheit der *R.Pl.* dem übrigen Gehirn vorauseilt, ein Befund, auf den ROSE wiederholt hingewiesen hat. Matrix, Zwischenschicht und Randschleier sind sonst genau so wie in Abb. 1. Von einer zweiten oder akzessorischen Rindenplatte ist auch hier nichts festzustellen.

Abb. 3 bringt ebenfalls die entorhinale Gegend (Schnitt 436) bei einem Embryo von etwa 55 mm SSL (M.B. 78 meiner Sammlung) zur Abbildung. Im Vergleich zu dem 30 mm Embryo ist hier die Wand des sekundären Hirnbläschens bereits mächtig in die Breite gewachsen. Die Neuroblastenwanderung ist sehr lebhaft, was in der viel dunkleren Zwischenschicht, bei der wir wieder eine dichte, als schwarzes Band erscheinende α von einer hellen, gelichteten β unterscheiden können, zum Ausdruck kommt. Die Matrix ist völlig undurchsichtig, ebenfalls die bedeutend schmälere *R.Pl.*, die nach medial zu sich wesentlich verjüngt. An der medialen Wand sehen wir die Bildung des Ammonshorns (*C.A.*) merklich weiter fortgeschritten als in Abb. 2. Die *R.Pl.* stellt hier ein aufgelockertes und ziemlich breites Band dar, das sich gut heraushebt.

Ein Punkt muß hervorgehoben werden: In der Gegend, an der Basis des Gehirns, die ich mit zwei Pfeilen (zwischen Pfeil 1 und 2) bezeichnet habe, bemerken wir eine Abspaltung im untersten Teil der Rindenplatte (*R.Pl.*). Es handelt sich hier um ein Durchgangsstadium. Aber ein Hinweis scheint mir doch darin gegeben zu sein, daß hier in der Rinde etwas vor sich geht. Der Rindenplatte sitzt der Randschleier auf. Die Anlage einer zweiten oder akzessorischen Rindenplatte kommt nicht in Frage.

Wesentlich weiter sind wir bei einem 60 mm (SSL.) menschlichen Embryo (M.B. 31 meiner Sammlung), dessen Regio entorhinalis (*e*) die **Abb. 4** (Schnitt 510) zur Darstellung bringt. Wir erkennen hier, wenn wir von innen nach außen gehen (zwischen Pfeil 1 und 2) die Matrix (*M*), die Zwischenschicht, die in der Mitte einen breiten, etwas dunkleren Streifen zeigt und dann die Rindenplatte (*R.Pl.*) mit dem Randschleier. Die Rindenplatte ist sehr auffällig, indem sie zu innerst eine lockerere Partie ε II + III + IV (siehe später) unterscheiden läßt, dann einen dünnen tiefschwarzen Streifen ε I, dann wieder eine lockerere Partie δ, die nach oben abermals von einem dünnen tiefdunklen Streifen γ abgeschlossen wird. Nach außen davon sehen wir eine aufgehellte Schicht β, die an der Stelle der Pfeile leider etwas lädiert, nach links davon (zwischen Pfeil 2 und 3) aber besser erhalten ist; die aufgehellte Schicht β wird abermals durch ein diesmal nicht so dunkles Band α abgeschlossen, an das sich der Randschleier I anschließt.

Hier befinden wir uns also in einem Gebiet, in dem in der Rindenplatte bereits eine Schichtenbildung eingetreten ist. Wir sehen die Abspaltung der

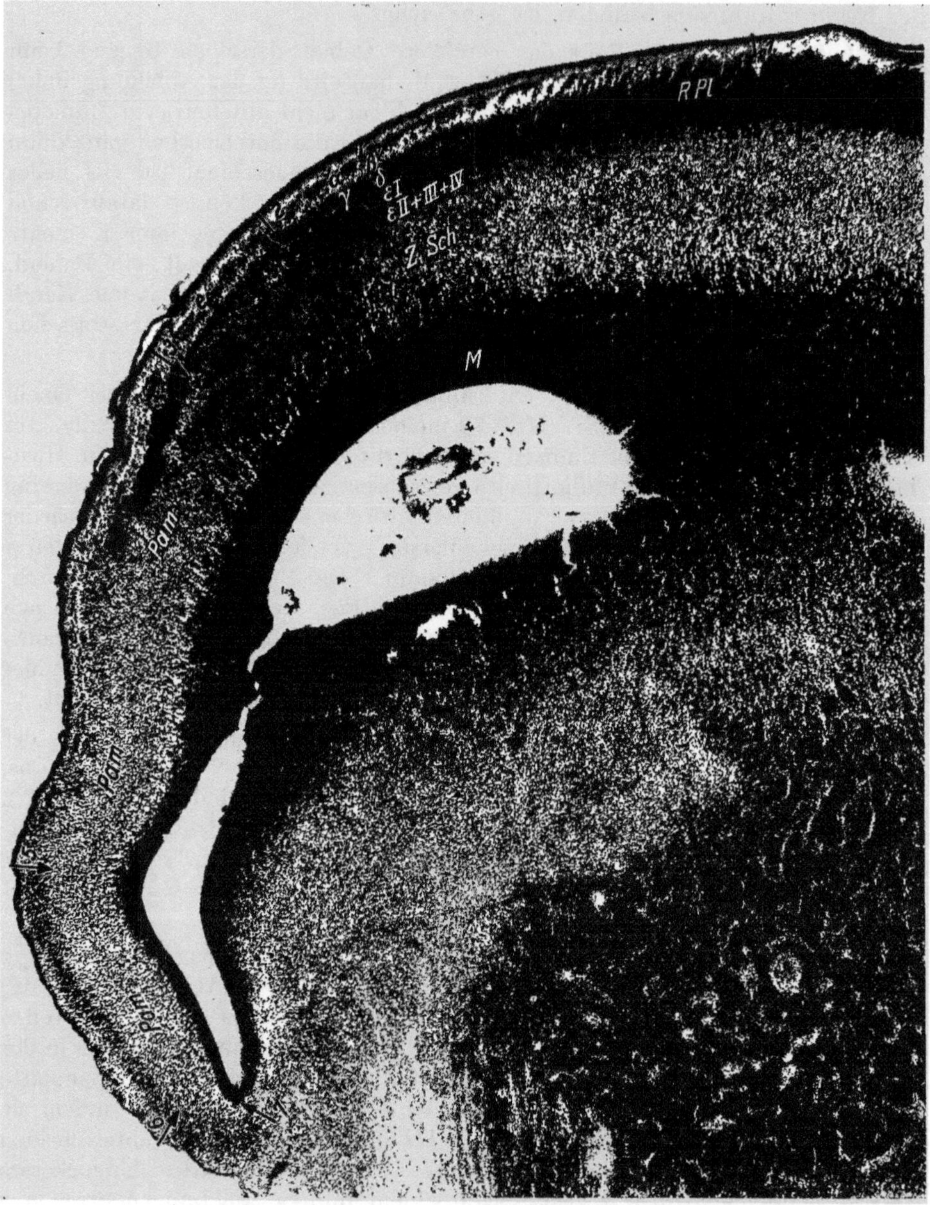

Abb. 4. M.B. 31, Schnitt 510. Menschlicher Embryo von 60 mm SSL. Vergr. 36mal.

Schichten α, β, γ und δ aus dem äußersten Teil der Rinde und eine solche am inneren Teil der Rindenplatte ε I, ε II + III + IV. Aber zweifellos ist der Prozeß der Abspaltung nur *innerhalb* der Rindenplatte vor sich gegangen, was auch daraus hervorgeht, daß bei Pfeil 1 die Rindenplatte wieder völlig einheitlich wird. Nirgends können wir feststellen, daß es etwa zur Bildung einer zweiten oder akzessorischen Rindenplatte gekommen wäre.

Denselben Vorgang könnte ich natürlich auch noch an einer Reihe anderer Stellen desselben Gehirns aufzeigen, was aber, da wir ja noch weiterhin ähnliche Vorgänge darstellen werden, überflüssig erscheint. Zur weiteren Orientierung erwähne ich noch, daß nach innen von Pfeil 3 die Regio periamygdalaris zu suchen ist (mit *Pam* bezeichnet). Wir können hier bereits vier Unterfelder unterscheiden (zwischen Pfeil 3 und 7). Bei dem zwischen Pfeil 2 und 3 gelegenen Gebiet handelt es sich um ein Unterfeld der Regio entorhinalis, das also schon, wie die verschiedenen *Pam*-Felder zu einem sehr frühen Zeitpunkt sich herausdifferenziert.

Abb. 5 (Schnitt 492, Embryo 16/28), die von einem 72 mm (SSL) menschlichen Embryo stammt[1], zeigt die Entwicklung der Hirnrinde in der entorhinalen Region noch klarer als die Abb. 4. Wenn wir die Rindenstelle zwischen Pfeil 1 und 2 betrachten, an der die Rindenplatte sich bedeutend verjüngt, sehen wir zu innerst die ziemlich breite, tiefdunkle Matrix. Es folgt dann die Zwischenschicht mit einem zwar noch dunklen aber doch bereits aufgehellten und gelockerten Streifen α, der nach oben zu in einen bedeutend helleren (β) übergeht. Dann folgt wieder eine Zunahme der Dunkelfärbung in ε II + III + IV, ohne daß in ihr eine besondere Differenzierung zu erkennen wäre. Diese Schicht betrachte ich aus Gründen, die ich später näher erörtern werde, als zur Rinde gehörig, während manche Autoren, zuletzt auch JAKOB, in Anlehnung an FILIMONOFF unter Bezeichnung von z sie als Übergangsschicht ansprechen. Der tiefdunkel gefärbte Außenteil der Rindenplatte wird durch einen hellen Streifen δ in drei Teile γ, δ und ε I geteilt, nach außen davon sehen wir die Zonalschicht I (Randschleier), die an dieser Stelle etwas zellreicher ist als gewöhnlich. Es kommt also hier zu einer Spaltung innerhalb der Rinde. *Von einer akzessorischen Rindenplatte ist nirgends etwas zu konstatieren.*

Zwischen Pfeil 2 und 3 stellen wir fest, wie der obere Teil der gespalteten Rindenplatte sich auflockert, während der untere Teil nur noch gerade andeutungsweise beobachtet werden kann. Aber noch etwas ist augenfällig. Oberhalb des aufgelockerten äußeren Teils der Rindenplatte (bei Pfeil 2) haben wir nochmals einen ganz dünnen Rindensaum (α) vor uns, der, so hat es den Anschein, in dem Gebiet des Randschleiers liegt. Es handelt sich dabei um jene Schicht, die im fertigen Rindengebiet der Regio entorhinalis (e) zu Nestern vereinigte Pyramidenzellen aufweist. Eine Andeutung solcher Nesterbildung ist hier auch schon zu beobachten. Zwischen Pfeil 2 und 3 kommt es in der *Zwischenschicht* zu einer Verdichtung, die nach oben abermals durch einen hellen Zwischenstreifen von der eigentlichen Rindenplatte getrennt ist (s. auch Abb. 4). Diese soeben beschriebene Verdichtung liegt ja in der Zwischenschicht, hat also mit der Rindenplatte nichts zu tun. Nach innen von Pfeil 3 (rechts in der Abbildung) liegt das Ammonshorn (*C.A.*), das hier schon eine Andeutung seines architektonischen Baues erkennen läßt. Ich möchte ausdrücklich hervorheben, daß auch in diesem Gebiet von einer zweiten Rindenplatte nichts festzustellen ist. Die mit δ bezeichnete aufgehellte Schicht, die γ von ε I trennt, tritt also unverkennbar innerhalb der hier noch schmalen Rindenplatte auf, was bei

---

[1] Ich verdanke dieses Gehirn Herrn Prof. SCHOLZ.

Pfeil 1 eindeutig dokumentiert wird. γ und δ sind ungefähr gleich dick und dicht. δ liegt im oberen Teil der Rindenplatte, die nach außen von Pfeil 1 eine

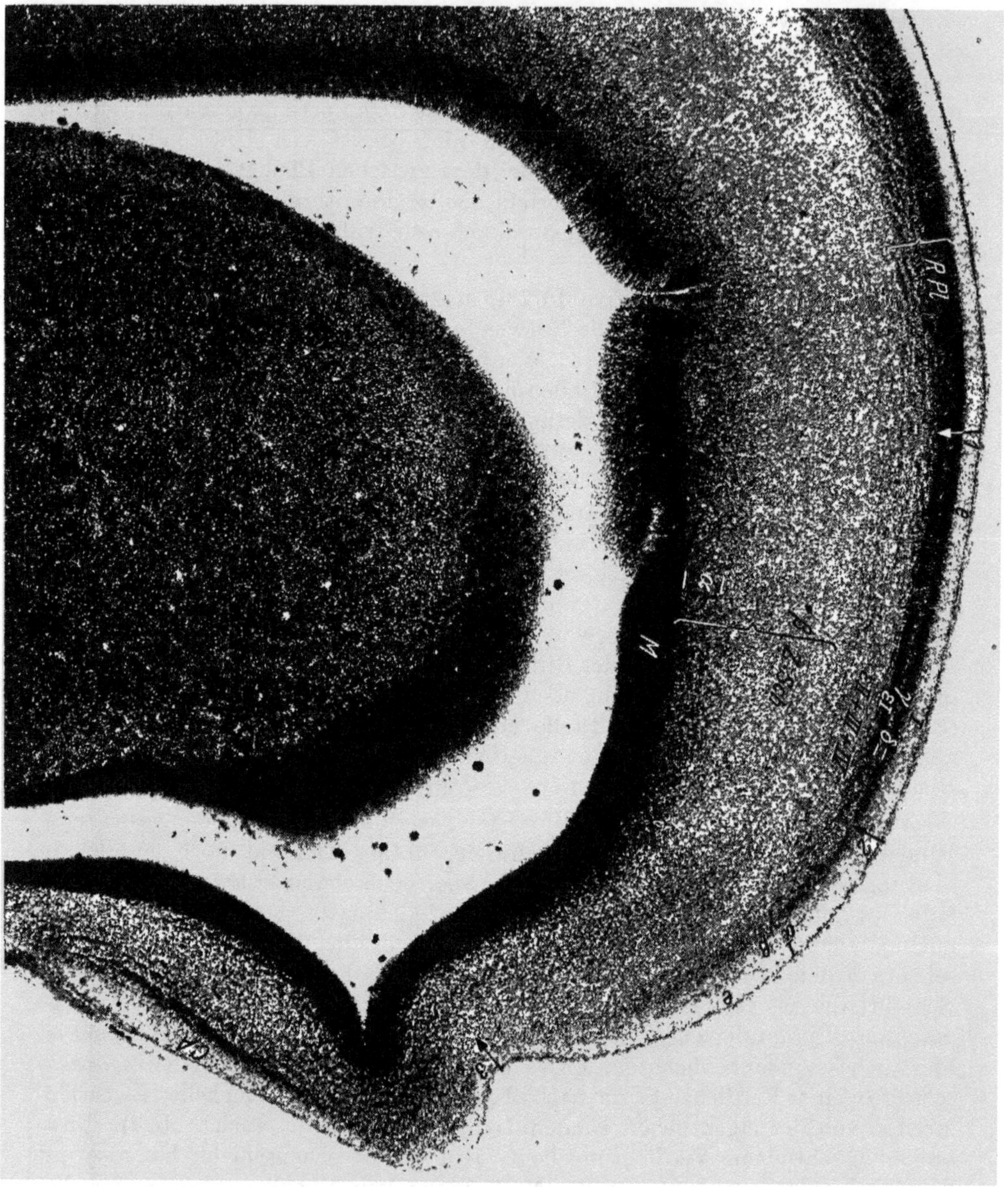

Abb. 5. Embryo 16/28. Schnitt 492. Menschlicher Embryo von 72 mm SSL. Vergl. 36mal.

dichte dunkle Außenzone und eine aufgelockertere Innenzone unterscheiden läßt. Daß die zwischen Pfeil 1 und 2 mit ε II + III + IV beschriftete Schicht etwas anderes darstellt als der innere aufgelockerte Teil der Rindenplatte nach außen von Pfeil 1, sei hervorgehoben.

Abb. 6. Embryo 16/28, Schnitt 499. Menschlicher Embryo wie in Abb. 5. Vergr. 36mal.

Abb. 6 zeigt etwas weiter caudal im Prinzip die gleichen Verhältnisse beim gleichen Fet (Schnitt 499) wie Abb. 5. Die mit δ bezeichnete helle Schicht, die zu einer Teilung im oberen Teil der Rindenplatte führt, ist hier nicht so ausgeprägt wie in Abb. 5, läßt sich aber ganz gut bis in die Gegend des Pfeiles 2 verfolgen. Besser als in der vorhergehenden Abbildung kommt die rechts von Pfeil 3 zutage tretende Abspaltung aus dem äußersten Teil der Rindenplatte heraus (α- und β-Schicht). Der nach innen von δ gelegene aufgelockerte Teil der Rindenplatte läßt bereits eine Differenzierung in ε I—III und ε IV zu (vergleiche spätere Ausführungen). In der Zwischenschicht kommt es zwischen Pfeil 3 und 4 zu einer erheblichen Verdichtung. Keineswegs kann man aber, da es sich ja um Zwischenschichtmaterial handelt, von einer zweiten oder akzessorischen Rindenplatte sprechen.

Der zwischen Pfeil 1 und 2 gelegene kleine, mit *e* bezeichnete Bezirk stellt ebenfalls entorhinale Rinde im Übergang zum Isocortex (nach außen von Pfeil 1) dar. Eine δ-Schicht ist hier noch nicht zu unterscheiden. Nach innen von Pfeil 4 (rechts in der Abbildung) haben wir wieder das Ammonshorn vor uns.

Abb. 7 bringt die entorhinale Rinde von einem 110 mm (SSL.) langen menschlichen Embryo (den ich ebenfalls von Prof. SCHOLZ bekommen habe) zur Darstellung (Embryo 2909, Schnitt 377). Die Rindenentfaltung hat mächtige Fortschritte gemacht, wenigstens was die Breite der Rindenplatte und die Differenzierung der Zwischenschicht, die jetzt mehrere Streifen unterscheiden läßt, angeht. Auch jetzt noch verjüngt sich die Rindenplatte in der uns interessierenden Regio entorhinalis, die zwischen Pfeil 1 und 4 liegt. Die Matrix ist wie immer dunkel, schwarz gefärbt, die Zwischenschicht komplizierter gebaut und zellreicher als nach innen (links) von Pfeil 1 (das Präparat liegt im Vergleich zu den beiden letzten Abbildungen seitenverkehrt).

Die Differenzierung in der Rindenplatte selbst ist aber gegenüber den bisherigen Abbildungen kaum wesentlich weiter fortgeschritten, wenn auch die einzelnen Schichten klarer hervortreten. So fällt uns zunächst die Schicht δ auf, die infolge ihrer Zellarmut die nach außen von ihr gelegene einheitlich gebaute γ von der nach innen gelegenen aufgelockerten Schicht abspaltet. Man könnte bereits in letzterer eine gewisse Trennung vornehmen; ich habe das aber, da dieses Merkmal noch nicht klar herauskommt, unterlassen und die Bezeichnung ε I + II + III angewandt. ε IV hingegen, das weit in die Zwischenschicht vorspringt und bei Pfeil 3 diffus in den lockeren Teil der Rindenplatte hinüberführt, hebt sich als eigene Schicht unverkennbar heraus.

Von größter Bedeutung ist auch hier wieder, daß die δ-Schicht, die sich in schwacher Ausprägung bis zu Pfeil 4 und nach der anderen Seite bis zu Pfeil 1 verfolgen läßt, im äußeren Teil der eigentlichen Rindenplatte auftritt, so daß also der Aufhellungsprozeß *innerhalb* der Rindenplatte vor sich geht. Von einer zweiten oder akzessorischen Rindenplatte kann auch nicht andeutungsweise irgend etwas entdeckt werden. Wesentlich ist noch, daß die mit γ bezeichnete Schicht im Vergleich zur gleichnamigen Schicht in den früheren Abbildungen um ein Mehrfaches an Breite zugenommen hat. Diese Zunahme kann nur über die ε-Schichten mit dem Ausgangspunkt von der Matrix durch die δ-Schicht hindurch stattfinden. Die Behauptung ROSEs, daß der äußere Teil der Rindenplatte nach dem Auftreten der Spaltung keine Zellen mehr aus der Matrix beziehe, ist damit hinfällig. Daß auch späterhin noch dauernd große Zellmassen sich in die γ einlagern, werden wir noch sehen.

Wir haben weiter oben ausgeführt, daß die δ-Schicht sich bis zu Pfeil 4 hin verfolgen läßt. Andeutungsweise können wir aber in dem zwischen Pfeil 3 und 4

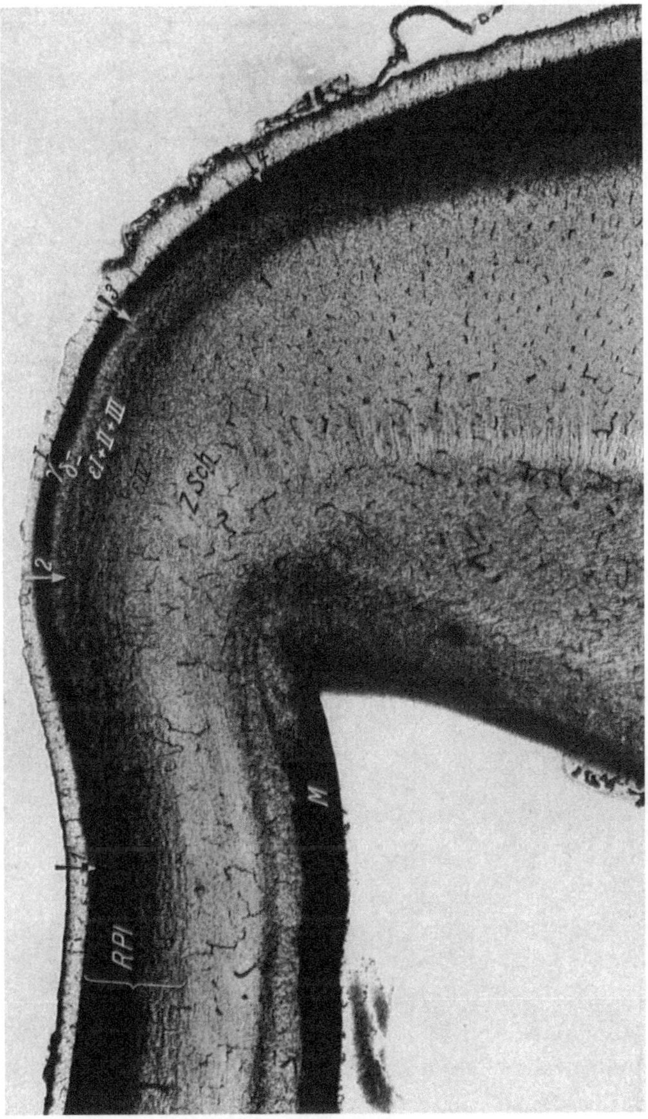

Abb. 7. Embryo 2909, Schnitt 377. Menschlicher Embryo von 110 mm SSL. (Linke Seite.) Vergr. 30mal.

gelegenen Gebiet unterhalb der δ-Schicht, von ihr durch einen dunkleren, noch nicht klar herauskommenden Streifen getrennt, eine zweite leicht aufgehellte Schicht feststellen, die auch in dem zwischen Pfeil 2 und 3 gelegenen ε-Schichten schon vorhanden ist, zwischen Pfeil 1 und 2 aber fehlt. Welche Bewandtnis es mit dieser Aufhellung hat, werden wir schon in der nächsten Abbildung sehen.

Abb. 8 stammt vom gleichen Embryo und stellt eine oralere Partie (Schnitt 367) der entorhinalen Region dar wie Abb. 7. Die sich hier abermals verjüngende Rindenplatte ist in der Differenzierung weiter fortgeschritten. Die Zwischenschicht ist innerhalb von Pfeil 1 bis 4 weitestgehend aufgehellt, was

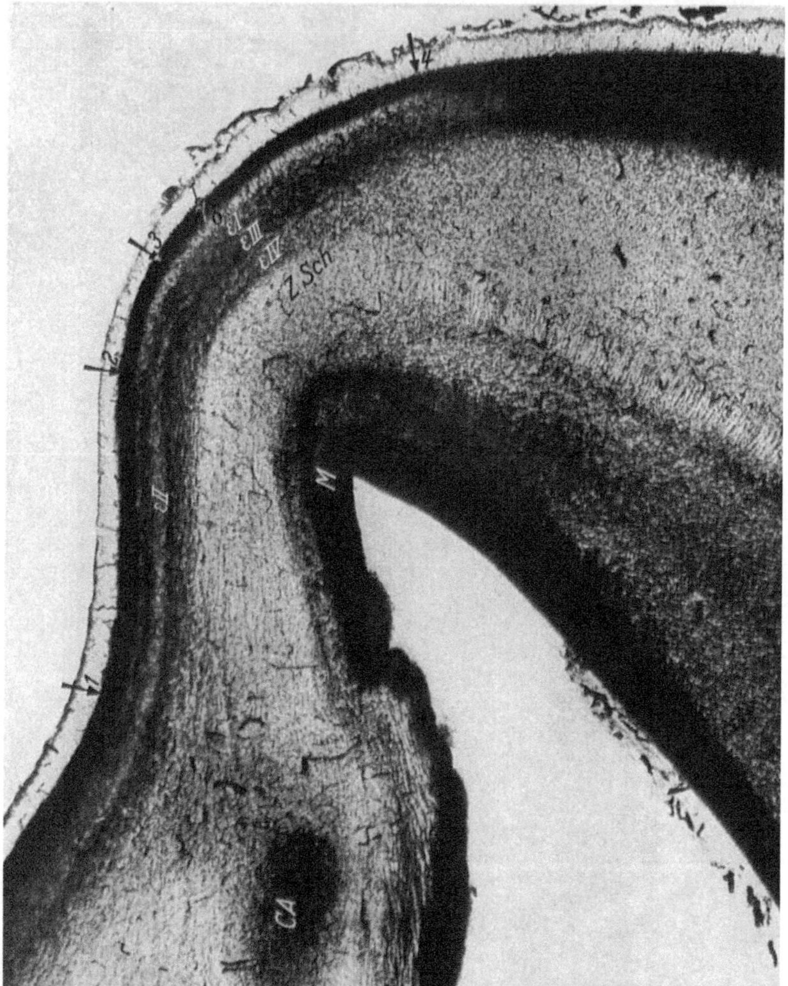

Abb. 8. Gleicher Embryo wie Abb. 6 und 7. Schnitt 367. (Linke Seite.) Vergr. 30mal.

darauf hinweist, daß die Zellwanderung hier in beschleunigtem Tempo vor sich gegangen sein muß. Der zwischen Pfeil 2 und 4 gelegene Teil der entorhinalen Rinde läßt sich unschwer mit dem gleichen Teil in Abb. 7 identifizieren, nur kommt die aufgehellte Schicht δ schärfer heraus, so daß sich γ und die ε-Schichten besser abheben. Letztere haben aber eine schärfere Differenzierung erfahren, so daß wir leicht eine ε I-, ε III- und ε IV-Schicht unterscheiden können. ε I und ε III sind schmal, bandartig und dunkel gefärbt, ε IV ist breiter und etwas diffuser. Bei Pfeil 4 geht ε IV wie in der Abb. 7 diffus in den lockeren Teil der Rindenplatte über, teilweise strahlt es aber auch nach der Zwischenschicht, sogar nach den tieferen Lagen zu aus. Die δ-Schicht beginnt nach links von Pfeil 2 an Ausprägung zu verlieren, um bei Pfeil 1 sich an die γ-Schicht anzulegen. Mit dem Schwächerwerden der δ-Schicht kommt eine ebenfalls aufgehellte, aber in geringerem Ausmaß, Schicht ε II zum Vorschein, die in angedeuteter Form auch bereits zwischen Pfeil 2 und 3, ja sogar ein wenig über letzteren hinaus zu verfolgen ist. Durch das Auftreten dieser ε II-Schicht ist es uns möglich, die Entstehung der ε III- und ε I-Schicht genauestens zu studieren. Wir verstehen so, wie wir in den vorhergehenden Abbildungen, dort wo diese Schichten noch nicht zu unterscheiden waren, die summarische Beschriftung ε I + II + III + IV angewandt haben.

Durch das Hinzukommen der ε II-Schicht haben wir es in der entorhinalen Rinde mit zwei aufgehellten Rindenschichten zu tun. Die eine (δ) liegt im äußeren Teil der Rindenplatte, die andere ε II etwa in der Mitte oder mehr nach dem inneren Teil zu. Beide aber befinden sich, und das ist das Wesentliche, innerhalb der Rindenplatte, nur in verschiedenen Ebenen. An keiner Stelle treten sie zueinander in Beziehung, es geht keine in die andere über. In den mittleren Bezirken der entorhinalen Region treten sie gleichzeitig in Erscheinung, in den Randbezirken verlaufen sie aber isoliert. So fehlt um Pfeil 4 herum ε II und nach außen von Pfeil 1 (medial) δ.

Von der Anlage einer zweiten oder akzessorischen Rindenplatte ist nirgends etwas zu bemerken. Der Vollständigkeit halber sei erwähnt, daß im linken Teil der Abbildung in der Tiefe der Zwischenschicht das Ammonshorn (*C.A.*) erscheint.

Abb. 9, die etwas oraler als Abb. 8 liegt und vom gleichen Fetus stammt (Schnitt 355), führt uns das soeben beschriebene architektonische Bild nochmals eindringlichst vor Augen. Im linken Teil der Abbildung kommt das Ammonshorn deutlicher heraus, wir erkennen bereits die *h*-Felder (h_1), das Subiculum und das Praesubiculum. Die genauere Beschreibung des letzteren werden wir an Hand klarerer Verhältnisse durchführen. Die aufgehellten Schichten δ und ε II springen in ihrer Eigenstellung scharf heraus, ebenso ist an der Ausprägung der Schichten ε I, ε III und ε IV kein Zweifel möglich. δ endet bei Pfeil 1 und 3, ε II bei Pfeil 2, es erstreckt sich über Pfeil 3 noch hinaus bis in das mit *Prsub* bezeichnete Gebiet, allerdings in ganz schwacher Ausprägung. Sehr auffallend ist wieder die äußerst zellarme Zwischenschicht zwischen Pfeil 1 und 3.

Abb. 10 vom gleichen Embryo (Schnitt 234), aber viel weiter oral, bringt die entorhinale Region der rechten Hemisphäre zur Darstellung. Gegenüber den Abb. 9, 8 und 7 ist scheinbar eine unverkennbare Änderung in der Rindenplatte aufgetreten. Es wechseln dunkle und helle Schichten miteinander ab. Beim näheren Zusehen erkennen wir aber, daß sich im Prinzip gar nichts geändert hat, außer dem Hinzukommen der α- und β-Schichten, die uns aber von den Abb. 4, 5 und 6 her schon vertraut sind, wenn auch dort in schwächerer Ausprägung.

Die Matrix ist wieder sehr dunkel, breit und kompakt, die Zwischenschicht läßt verschiedene nach oben zunehmende Aufhellungen erkennen, sie ist dort, wo die Beschriftung *Z.Sch.* angebracht ist, auffallend hell.

Betrachten wir zunächst den zwischen Pfeil 1 und 2a gelegenen Teil der Rinde. Hier imponiert uns am meisten die mit δ bezeichnete aufgehellte Schicht. Sie ist auffallend breit geworden. Während sie bei Pfeil 1 sehr hoch oben in

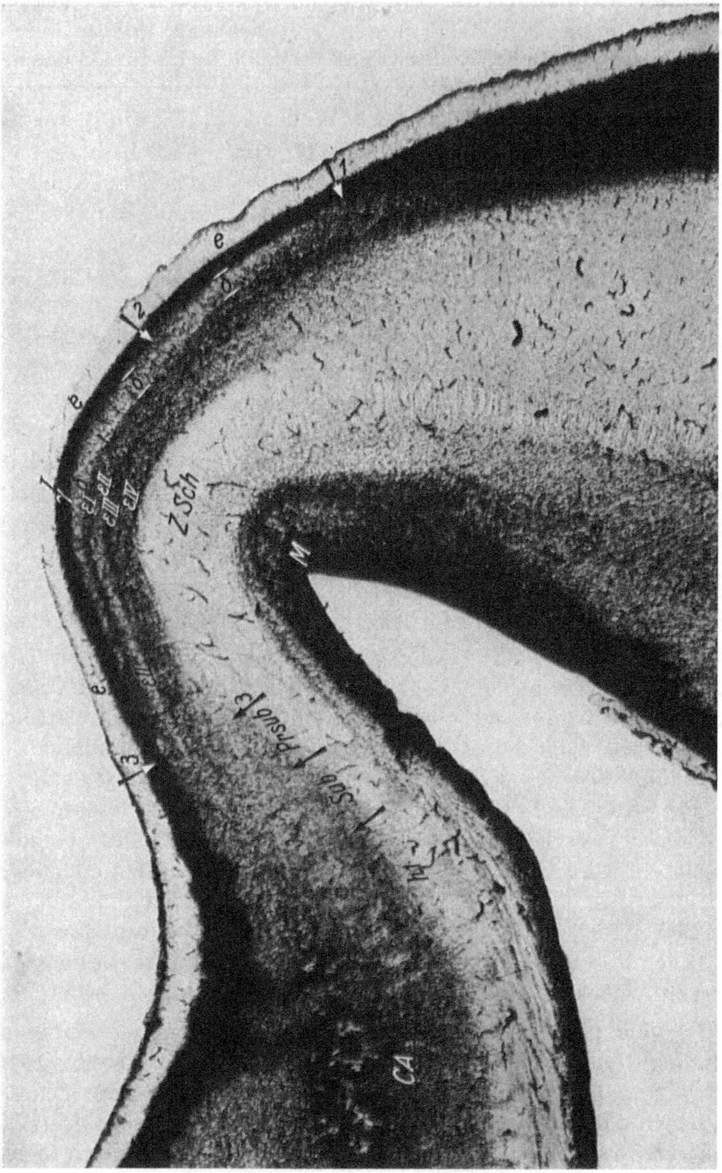

Abb. 9. Gleicher Embryo wie Abb. 6—8. Schnitt 355. (Linke Seite.) Vergr. 30mal.

die Rindenplatte einmündet, rückt sie gegen Pfeil 2 zu erheblich in die Tiefe, um dann wieder leicht nach oben zu anzusteigen. Nach außen grenzt sie die uns bekannte schmale γ-Schicht ab, von der durch die ebenfalls aufgehellte sehr schmale β-Schicht der dünne Streifen α abgespalten wird, nach innen die ε-Schicht.

Die γ-Schicht ist in unmittelbarer Nähe von Pfeil 2 nicht einheitlich, sie zeigt eine leichte Aufteilung durch eine eben noch erkennbare helle Schicht. In dieser

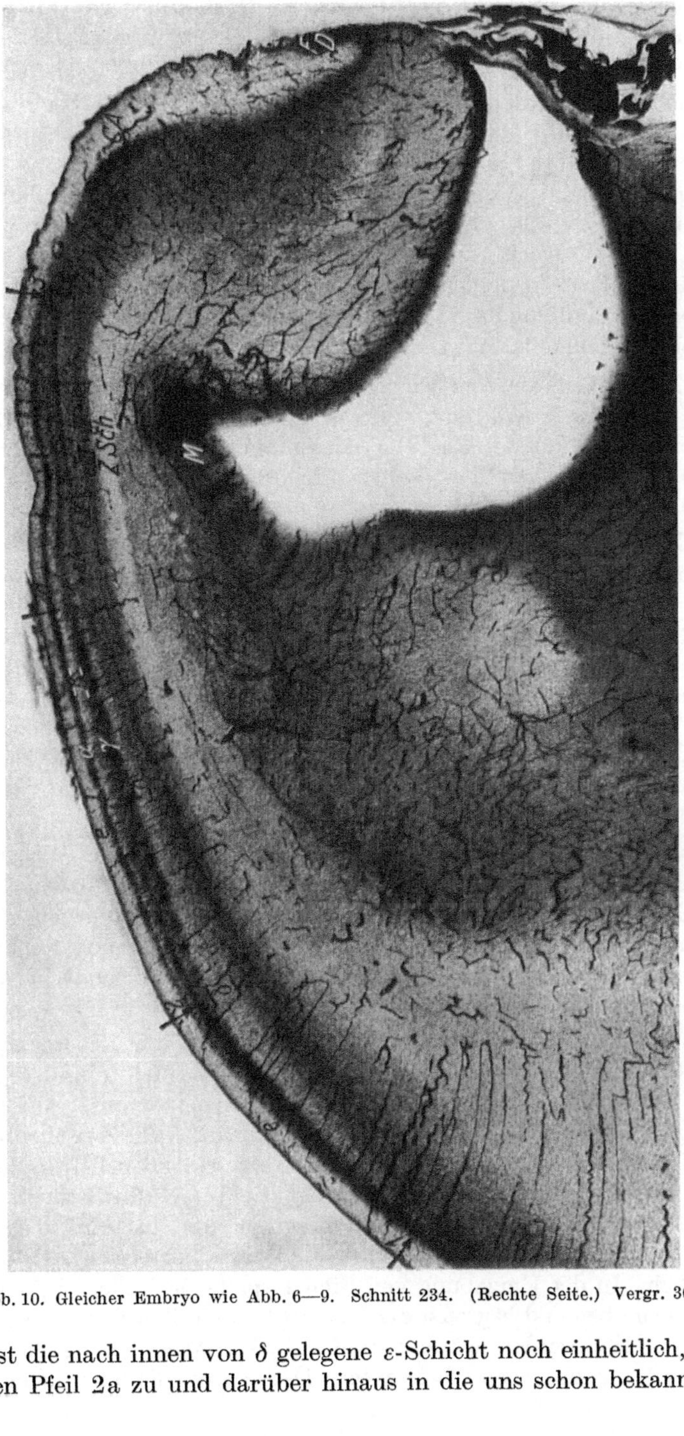

Abb. 10. Gleicher Embryo wie Abb. 6—9. Schnitt 234. (Rechte Seite.) Vergr. 30mal.

Gegend ist die nach innen von δ gelegene ε-Schicht noch einheitlich, sie zerfällt aber gegen Pfeil 2a zu und darüber hinaus in die uns schon bekannte ε I und

ε III + IV, welche die dieses Mal nicht sehr helle ε II zwischen sich fassen. ε I steigt gegen Pfeil 3 zu genau so wie δ nach oben und endet bei Pfeil 3. Schon vorher ist die β-Schicht verschwunden. Nach außen von Pfeil 3 (medial) sehen wir das Ammonshorn (*C.A.*) mit der Fascia dentata (*F.D.*).

Als wesentliche Punkte müssen für die Abb. 10 hervorgehoben werden: 1. Die erhebliche Breite der aufgehellten δ-Schicht, 2. die beginnende Aufsplitterung der γ und 3. der selbständige Verlauf der ε II-Schicht, die in einer tieferen Ebene verläuft als δ und mit dieser in keinerlei Beziehung steht. Die Aufhellungen (δ und ε II) gehen innerhalb der eigentlichen Rindenplatte vor sich, was besonders eindringlich in der hoch oben gelegenen Einmündung von δ bei Pfeil 1 zum Ausdruck kommt. Es ergibt sich dies auch aus der Tatsache, daß die Rindenplatte in der entorhinalen Rinde auf keinen Fall breiter ist als die des Isocortex außerhalb von Pfeil 1, eher schmäler. Von einer zweiten oder akzessorischen Rindenplatte ist nirgends etwas zu bemerken.

In **Abb. 11** haben wir vom gleichen Fetus (Schnitt 206) das oralste Gebiet der Regio entorhinalis vor uns. Wir befinden uns am oralen Beginn dieser Region, dort wo sie mit der Regio periamygdalaris (*Pam*), die um den Nucleus amygdalae herum liegt und zwischen Pfeil 2 und 6 leicht vier Unterfelder erkennen läßt, zusammenstößt.

In der Regio entorhinalis folgt nach außen von der Zwischenschicht (*Z.Sch.*) die aufgelockerte und nicht weiter differenzierte ε-Schicht. Nach oben davon haben wir es mit der ziemlich weit herunter reichenden aufgehellten δ-Schicht zu tun, die außen von der dichten dunklen und einheitlich gebauten γ-Schicht begrenzt wird. Es folgt dann die uns schon bekannte, aufgehellte β- und die streifenförmige schwarze α-Schicht, schließlich der Randschleier (I). Bei Pfeil 1 mündet, wieder sehr weit außen in der Rinde, die δ-Schicht in die Rindenplatte ein, so daß sich die Teilungen alle innerhalb der Rindenplatte vollziehen. Von der Anlage einer zweiten oder akzessorischen Rindenplatte im Sinne Roses ist nirgends etwas zu finden.

Auf einen anderen Befund möchte ich hier noch hinweisen. Wir stellen fest, daß die entorhinale Rinde auf dieser Höhe mit Kernen des Nucleus amygdalae mehr minder enge Beziehungen aufweist, so daß es den Eindruck erweckt, als ob die Schichten mit dem Kern nicht nur in naher Berührung stehen, sondern sogar in ihn einmünden. Wir werden diesem Befund nochmals begegnen und dann gewisse Schlüsse daraus ziehen.

Abb. 12 vom gleichen Embryo (Schnitt 290) stellt den Übergang der entorhinalen Rinde in das Ammonshorn dar. Zwischen Pfeil 1 und 3 haben wir typisches, uns schon völlig bekanntes Gebiet von *e* vor uns. Auf die dunkle Matrix folgt in der Hemisphärenwand die auffallend helle Zwischenschicht, die mit scharfer Grenze nach der Rindenplatte hin abschließt. Zwischen Pfeil 1 und 3 ist wieder das markanteste Merkmal die aufgehellte Schicht δ, die bei Pfeil 1 ziemlich hoch oben ihren Anfang nimmt und bei Pfeil 3 endet. Hier findet sie durch die bandförmige, dunkle ε I ihre Begrenzung. Die γ-Schicht ist einheitlich. In der Umgebung von Pfeil 1 spaltet sich die ε-Schicht auf; ein Teil zieht nach oben und begrenzt die δ-Schicht, ein Teil verläuft etwa in gleicher Höhe weiter. Wir werden später darauf zurückkommen. Bei Pfeil 2 erscheint unterhalb ε I die uns schon bekannte ε II-Schicht, die hier nicht besonders aufgehellt ist, aber unverkennbar über Pfeil 3 hinaus bis in die unmittelbare Nähe des Pfeiles 4 zieht. Nun haben wir zwischen Pfeil 3 und 4 das Praesubiculum vor uns. Somit stellen wir fest, daß in dieser Region nur die aufgehellte Schicht

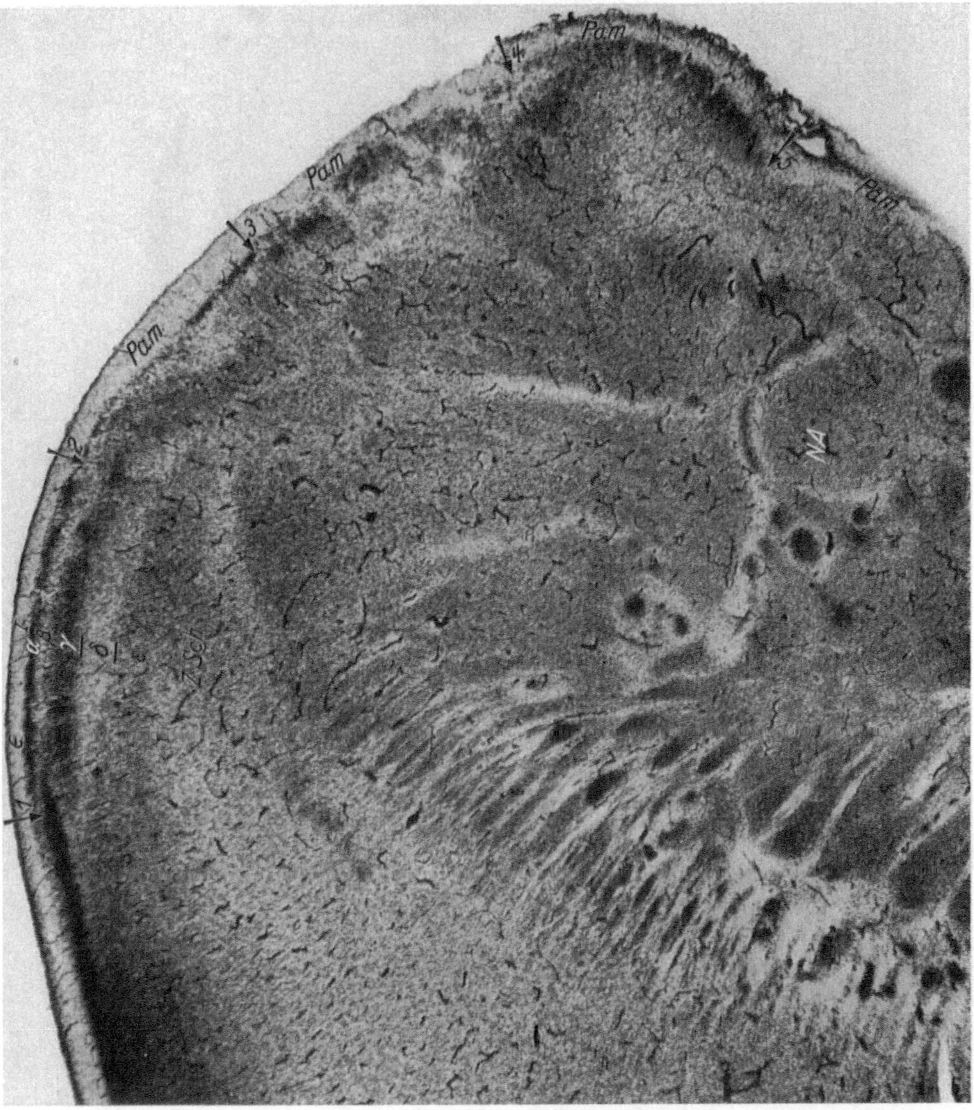

Abb. 11. Gleicher Embryo wie Abb. 6—10, Schnitt 206. (Rechte Seite.) Vergr. 30mal.

ε II zu finden ist und keinesfalls δ, das ja bei Pfeil 3 bereits verschwindet. Es haben mithin das Praesubiculum und die entorhinale Rinde aufgehellte Schichten verschiedener Herkunft, in verschiedenen Ebenen. Damit — wir werden das später noch schärfer herausarbeiten — zeigen beide Regionen eine differente Ontogenie. Man kann sagen, für das Praesubiculum ist die ε II charakteristisch, für die entorhinale Rinde die δ. Zwar verläuft ε II auch teilweise bereits in der Entorhinalis, aber nur in dem dem Praesubiculum angrenzenden Teil. δ hingegen kommt im Praesubiculum niemals vor.

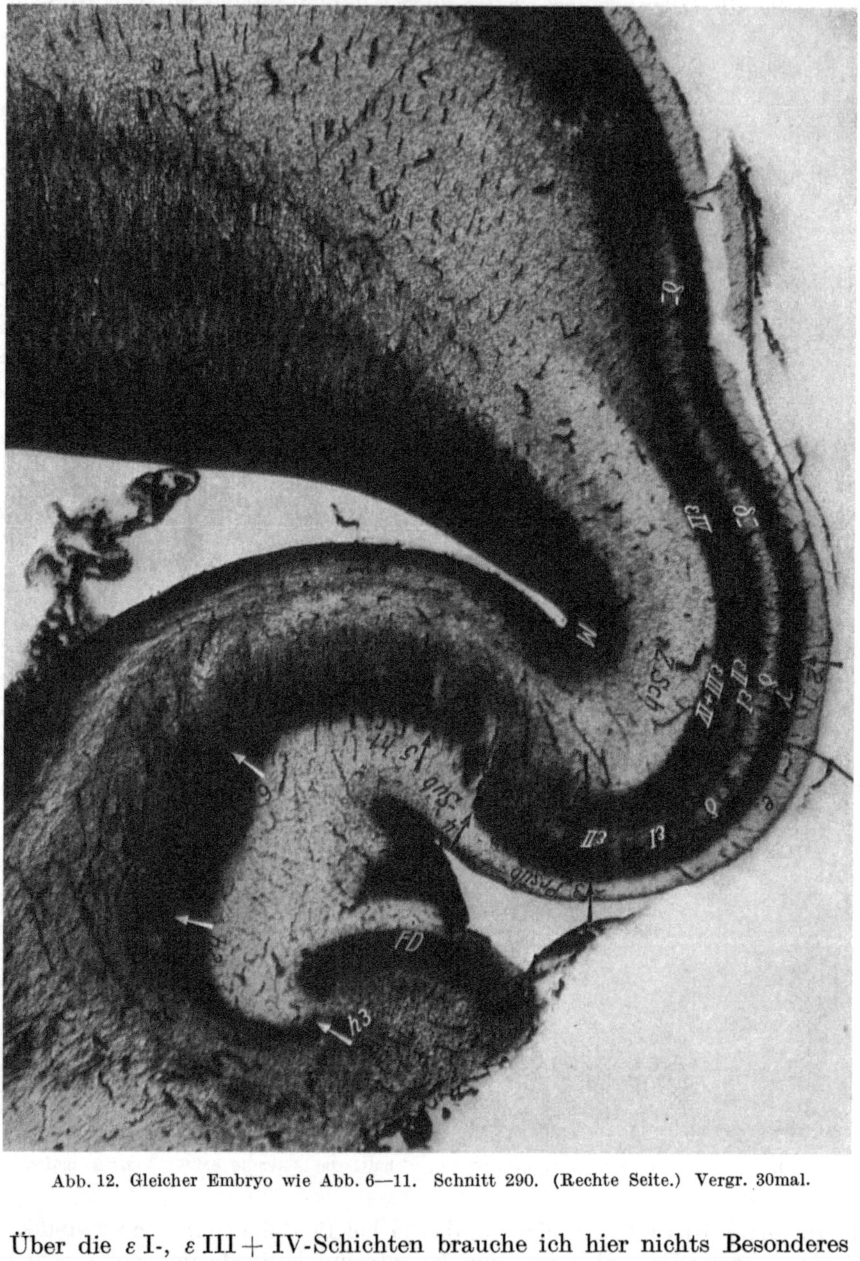

Abb. 12. Gleicher Embryo wie Abb. 6—11. Schnitt 290. (Rechte Seite.) Vergr. 30mal.

Über die ε I-, ε III + IV-Schichten brauche ich hier nichts Besonderes zu erwähnen, da sie gegenüber den früheren Abbildungen nichts Neues bieten. Wesentlich ist nur noch der Übergang des Praesubiculum in das Subiculum bei Pfeil 4, der Übergang von letzterem in die h-Felder (bei Pfeil 5, 6) und schließlich dieser in die Fascia dentata (*F.D.*).

Daß auch in Abb. 12 von einer zweiten oder akzessorischen Rindenplatte keine Rede sein kann, sei der Vollständigkeit halber erwähnt. Alle Differenzierungsvorgänge spielen sich innerhalb der Rindenplatte ab.

Wenn wir die von einem 110 mm (SSL.) langen menschlichen Embryo gebrachten Bilder kurz zusammenfassen, dann stellen wir fest, daß alle, übrigens schon ziemlich weit fortgeschrittenen Differenzierungsvorgänge nur innerhalb der eigentlichen Rindenplatte vor sich gehen. Nirgendwo konnten wir die Bildung einer zweiten oder akzessorischen Rindenplatte, wie sie ROSE bei der Maus, beim Kaninchen und später auch beim Menschen nachgewiesen haben wollte, beobachten. Darüber hinaus hat sich aber noch ergeben, daß die ontogenetische Entwicklung der entorhinalen Rinde und des Praesubiculum eine ganz verschiedene ist. In letzterem verläuft die für diese Region charakteristische aufgehellte Schicht ε II in einer tieferen Ebene als die für die Entorhinalis typische, aufgehellte Schicht δ. Beide Schichten ε II und δ stehen in keiner Weise miteinander in Verbindung.

Gehen wir nun zu einem späteren Stadium in der Ontogenie über und untersuchen einen menschlichen Embryo (2910)[1] von 160 mm SSL. **Abb. 13** bringt davon einen, im Anschluß an Abb. 12 besonders instruktiven Schnitt (394), weil wir hier gleichfalls den Übergang der entorhinalen Rinde in das Ammonshorn vor uns haben. Die Wand des sekundären Hirnbläschens ist hier mächtig in die Breite gewachsen, was aber hauptsächlich auf Kosten der ziemlich hellen Zwischenschicht zu setzen ist. Die Matrix ist schon etwas mehr gelockert, färbt sich aber noch tief dunkel. Die eigentliche Rindenplatte ist breit und nur noch in γ I tiefschwarz gefärbt, während die übrigen Schichten wesentlich aufgelockert erscheinen. Zwischen Pfeil 1, 2 und 3 haben wir unverkennbar entorhinale Rinde vor uns, zwischen Pfeil 4 und 5 das Praesubiculum, zwischen Pfeil 5 und 6 das Subiculum, auf das dann die Felder h_1, h_2, h_3 und schließlich die Fascia dentata (*F.D.*) folgen. Was der Abb. 13 ihr besonderes Gepräge gibt, sind die zwei in völlig verschiedenen Ebenen verlaufenden hellen Schichten δ und ε II. Zwischen Pfeil 1 und 2 haben wir in *e* nur δ, zwischen Pfeil 2 und 3 nur ε II, das sich bei Pfeil 3 in ein weiteres *e*-Gebiet forterstreckt, um bei Pfeil 4 unter Zunahme an Breite in das Praesubiculum überzugehen. Mit dem Ende des Praesubiculum bei Pfeil 5 endet auch ε II. Zwischen Pfeil 2 und 4 können wir die Aufsplitterung in ε I, ε II und ε III gut wahrnehmen. Zwischen Pfeil 1 und 2 ist ε I bis III kaum zu differenzieren, hingegen ε IV, das aber gegenüber früheren Abbildungen an Prägnanz verloren hat. Zwischen Pfeil 1 und 2 stellen wir schließlich auch eine beginnende Teilung der γ-Schicht fest, die einen dichten, unterhalb der I gelegenen schmalen Randsaum γ I von einer mehr diffusen γ II + III zu unterscheiden gestattet. Durch diese Verbreiterung der γ-Schicht ist δ etwas mehr gegen die Mitte der Rindenplatte abgedrängt worden. Sie mündet bei Pfeil 1 in die Rindenplatte des Isocortex, der hier bereits eine etwas aufgehellte V, eine stärker betonte VI und eine diffusere VII erkennen läßt.

Auch in dieser Abbildung ist von einer zweiten oder akzessorischen Rindenplatte keine Spur. Die Differenzierungsvorgänge spielen sich alle nur innerhalb der Rindenplatte ab.

[1] Ich verdanke auch dieses Gehirn Herrn Prof. SCHOLZ.

Abb. 14 vom gleichen Embryo (Schnitt 470) liegt viel weiter oral als Abb. 13. Während wir in der letzteren am caudalen Ende der Regio entorhinalis waren, befinden wir uns hier in einer Gegend, in der sie in breiter Entwicklung zu sehen ist (zwischen Pfeil 1 und 4). Die Matrix ist noch ziemlich dunkel und dicht.

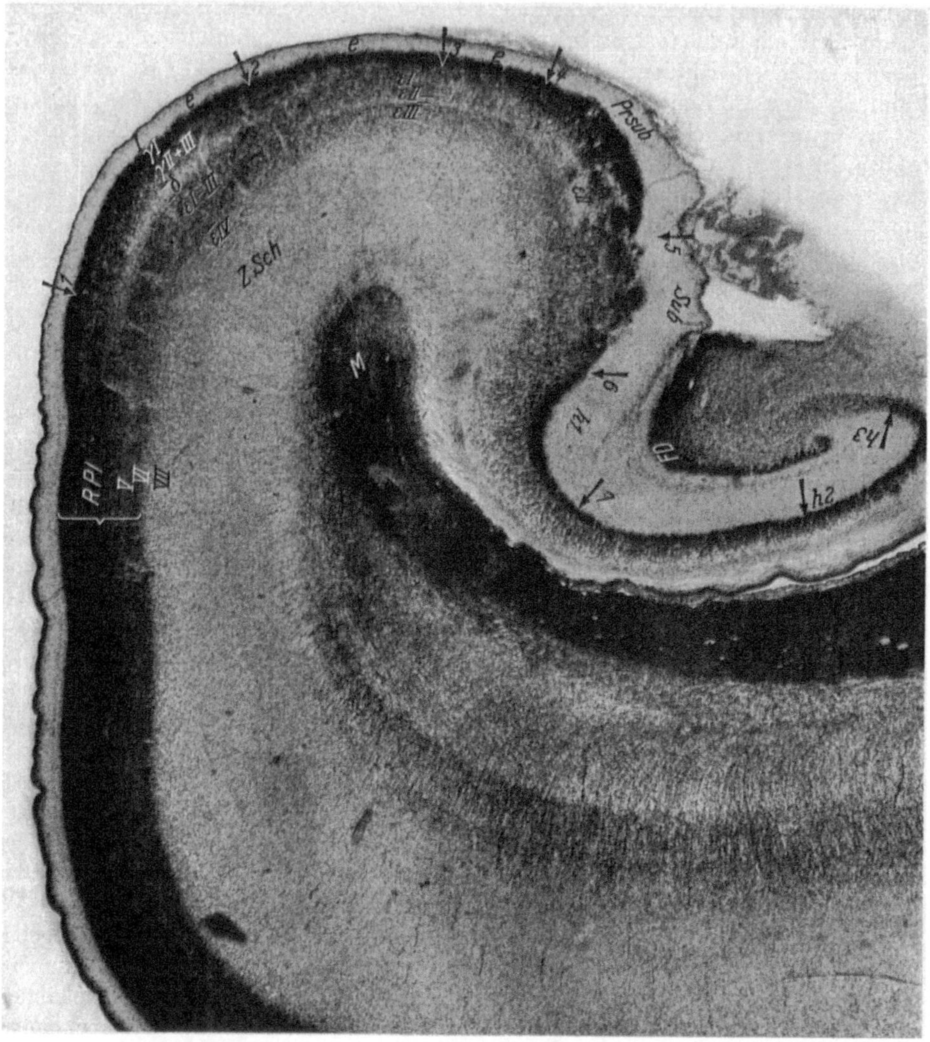

Abb. 13. Embryo 2910, Schnitt 394. Menschlicher Embryo von 160 mm SSL. Vergr. 18mal.

Die Zwischenschicht nicht mehr so zellarm wie in den Abbildungen vorher, besonders beim Fet von 110 mm SSL. Teilweise kommt es in ihr sogar wieder zu einer unverkennbaren Verdichtung, was dafür spricht, daß in diesem Stadium die Zellwanderung aus der Matrix wieder sehr lebhaft geworden ist, ein Befund, der den Verdacht nahe legt, daß die Zellwanderung gar nicht so kontinuierlich vor sich geht, wie man das schlechterdings annehmen würde, sondern in Schüben. Immerhin schneidet auch hier noch die Zwischenschicht scharf gegen die Rindenplatte ab.

Die Rinde selbst ist mächtig entfaltet und breiter als im Isocortex (nach außen von Pfeil 1). Auch dieser Befund ist bemerkenswert, da wir bisher immer

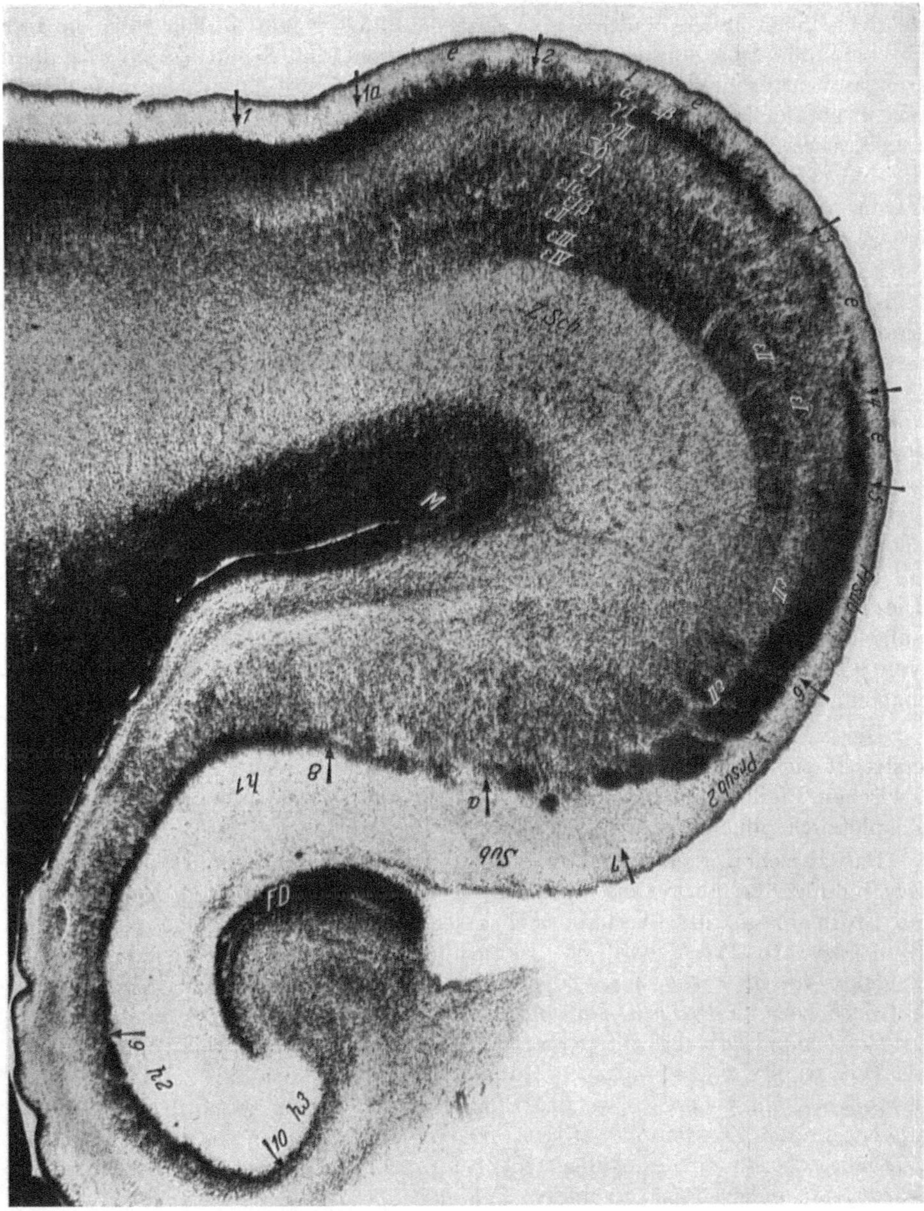

Abb. 14. Gleicher Embryo wie Abb. 13. Schnitt 470. Vergr. 27mal.

gefunden haben, daß die entorhinale Rinde schmächtiger und schmäler war als der Isocortex.

Grundlegend Neues können wir in der entorhinalen Rinde wohl nicht konstatieren, aber doch reichlich Auffallendes. So ist zunächst unsere aufgehellte

Schicht δ gar nicht mehr so prägnant wie bisher, besonders auch in Abb. 13. Am schärfsten kommt sie noch in unmittelbarer Nähe von Pfeil 1 heraus, dort wo die Rinde eine seichte Einbuchtung bildet. Auch noch bis zu Pfeil 2 hebt sie sich einigermaßen deutlich ab. Zwischen Pfeil 2 und 3 aber büßt sie ihre Eigenstellung fast ganz ein, noch mehr zwischen Pfeil 3 und 4. Dies ist dem Umstand zuzuschreiben, daß die γ-Schicht nach der Tiefe zu sich aufsplittert und in eine dichte bandförmige γ I und eine mehr minder diffuse γ II zerfällt. Damit erweist die δ-Schicht eine erhebliche Variationsbreite, die nur an Hand der ontogenetischen Entwicklung verstanden werden kann. Man kann sich fragen, ob man hier überhaupt noch die δ als selbständige Schicht herausheben soll.

Ebenso auffällig verhält sich die ε-Schicht, die hier in mindestens 6 Unterschichten zerfällt. Davon kommen auf ε I allein schon drei Unterschichten, nämlich ε I, ε Iα und ε Iβ. Ihre Differenzierung aus ε I ist ganz einwandfrei festzustellen, da ε II, das wir ja von früheren Abbildungen her gut kennen, als aufgehellte Schicht einen eindeutigen Hinweis bildet. An der Selbständigkeit von ε III und ε IV kann ebenfalls kein Zweifel sein. In ε III könnte man sogar nochmals eine dunklere obere und eine diffusere untere Schicht auseinanderhalten. Zwischen Pfeil 3 und 5 hingegen bilden ε III und ε IV eine einheitliche Schicht.

In dem zwischen Pfeil 2 und 3 gelegenen Teilgebiet ist die nach außen von γ I gelegene α- und β-Schicht nicht mehr so klar wie in früheren Abbildungen. Die Kontinuität ist verloren gegangen, die α-Schicht hat sich in Häufchen aufgelöst und leitet teilweise in diffuser Form nach γ I über. Der Außenrand von γ I ist aber auch nicht mehr glatt und kontinuierlich, er franst gewissermaßen auf, bildet kleine Trichter, in die wohl die Zellen aus α vordringen.

Die ε II-Schicht entsteht innerhalb der Regio entorhinalis bei Pfeil 1*a*, erstreckt sich über Pfeil 3, 4, 5 und 6 bis 7, wo sie im Praesubiculum endet. Zwischen Pfeil 5 und 6 ist sie am deutlichsten, zwischen Pfeil 6 und 7 steigt sie plötzlich höher hinauf.

Das zwischen Pfeil 5 und 6 gelegene Praesubiculum erfährt dadurch eine Zweiteilung, die aber auch noch durch andere Auffälligkeiten bewirkt wird. So ist in $Prsub_1$ die oberhalb ε II gelegene Außenschicht massiv und kontinuierlich. In $Prsub_2$ wird sie diskontinuierlich. Die unterhalb ε II gelegene Schicht, die in $Prsub_1$ ihre Zugehörigkeit zu den ε-Schichten unverkennbar aufweist, zeigt in $Prsub_2$ einen völlig anderen Charakter. Damit sehen wir auch in *Prsub* innerhalb der ontogenetischen Entwicklung das Prinzip der Einheitlichkeit bereits durchbrochen. Ähnlich verhält es sich mit dem Subiculum (zwischen Pfeil 7 und 8), wo der Pfeil *a* unterhalb der Beschriftung *Sub* eine unverkennbare Zweiteilung aufweist. Die in der Umgebung von Pfeil 7 liegenden restlichen Inseln an der Außenschicht (unterhalb I) stellen die Ausläufer des $Prsub_2$ dar, gehören also zu diesem Feld.

Über die *h*-Felder und Fascia dentata ist nichts Neues zu berichten.

Alle Differenzierungsvorgänge spielen sich hier innerhalb der Rinde ab. Von einer zweiten oder akzessorischen Rindenplatte kann nicht die Rede sein.

Abb. 15 (Schnitt 530) stammt vom gleichen Fetus und bringt dieselbe Gegend etwas weiter oral zur Darstellung.

Die entorhinale Region zwischen Pfeil 1 und 4 ist insofern wieder schematischer, als δ als aufgehellte, scharf begrenzte Schicht erscheint. Nach dem Ammonshorn zu wird sie schmäler und atypischer, um bei Pfeil 4 zu verschwinden. Sie steigt, wie wir dies von früheren Präparaten her kennen, leicht an und mündet am Übergang in das Praesubiculum 1 in dessen Außenteil. Die nach oben

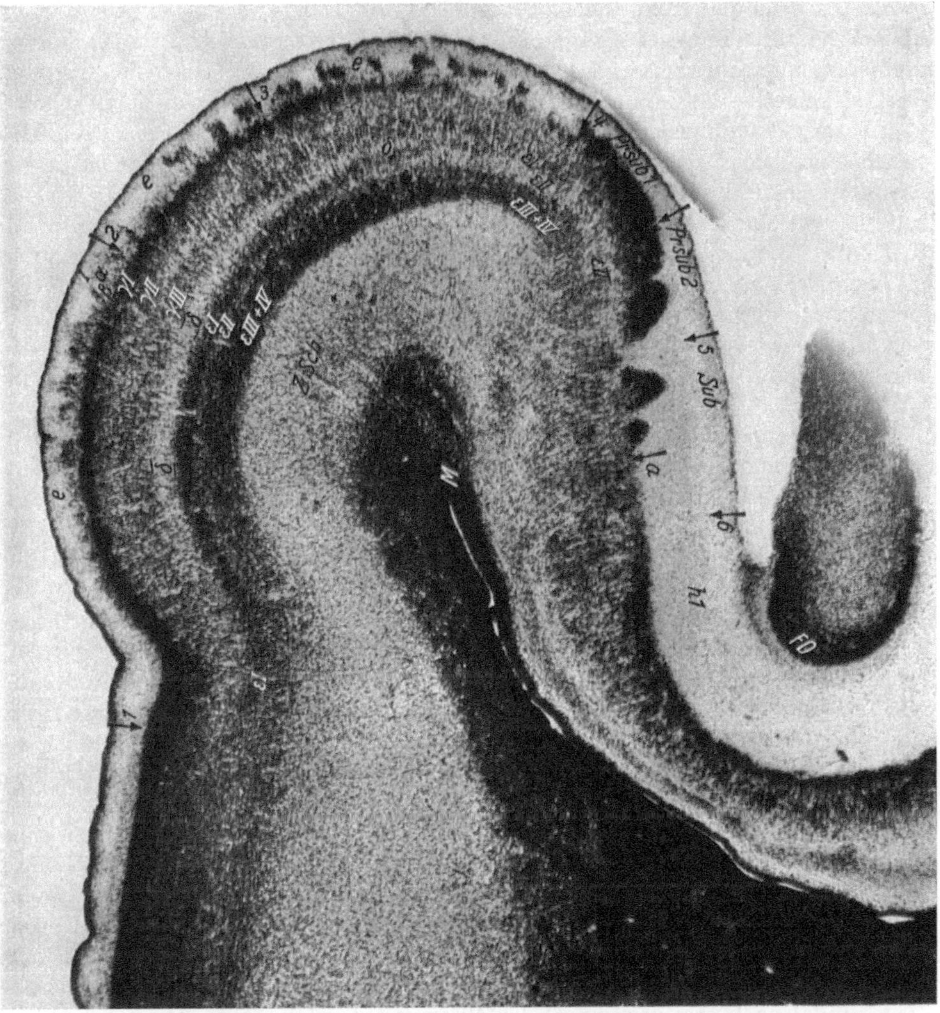

Abb. 15. Gleicher Schnitt wie Abb. 13 und 14. Schnitt 530. Vergr. 27mal.

von δ gelegenen Schichten γ lassen eine Dreiteilung in einwandfreier Weise durchführen. γ II und γ III verlaufen teilweise sogar bandförmig, sodaß man nochmals eine leicht aufgehellte Schicht zwischen ihnen abtrennen könnte. Diese Schicht wäre natürlich in keiner Weise mit δ identisch. γ I ist dicht, bandförmig und dunkel, läßt aber an seiner Außenseite ebenfalls eine Auffransung erkennen. Dadurch verliert die β-Schicht an Eindringlichkeit. Die α-Schicht verhält sich wie in der vorhergehenden Abbildung. Sie ist diskontinuierlich, bildet bereits richtige Häufchen, die sich nach der β-Schicht zu aufsplittern. Zwischen Pfeil 3 und 4 kommt der ursprüngliche selbständige Charakter von α und β noch deutlicher heraus.

Gegenüber Abb. 14 ist die ε-Schicht wieder wesentlich primitiver. ε III und ε IV machen einen einheitlichen Eindruck, ε II kommt erst bei Pfeil 2 deutlich zum Vorschein und zieht in das Praesubiculum. Dabei kommt es von Pfeil 3 ab prägnanter heraus. Es wird breiter. Nach links von Pfeil 2 kann man es zur Not andeutungsweise gerade noch annehmen, wenn man seinen sonstigen Verlauf kennt. ε I bekommt insofern sein besonderes Gepräge, als es in unverkennbarer Form zwischen Pfeil 1 und 4 verfolgt werden kann, bei Pfeil 1 schließlich in den Isocortex einmündet. Die Einmündungsstelle — und das ist interessant — liegt im mittleren Teil der Rindenplatte und *oberhalb* der V. Ob die mit ε I bezeichnete einmündende Schicht das ganze ε I darstellt, ob nur einen Teil davon, konnte ich bisher nicht entscheiden. Wir sehen nämlich unterhalb ε I eine leicht aufgehellte Partie, auf die dann wieder eine stärker betonte folgt. Letztere mündet unzweifelhaft in die tiefen Schichten des Isocortex. Ich habe den Eindruck als ob dorthin auch die unteren Teile von ε I ziehen, da ε I an der Einmündungsstelle dünner ist als während seines Verlaufes im Cortex entorhinalis.

Das Praesubiculum, im ganzen viel kleiner als in Abb. 14, läßt ganz deutlich seine zwei Unterfelder erkennen, ebenso das Subiculum. h_1 und Fascia dentata sind wie in Abb. 14. Über die Matrix und Zwischenschicht ist nichts Neues zu berichten.

Wir haben nur noch hervorzuheben, daß auch die Abb. 15 keine zweite oder akzessorische Rindenplatte aufweist. Alle Differenzierungsvorgänge, so kompliziert sie auch sind, spielen sich innerhalb der eigentlichen Rindenplatte ab.

Abb. 16 vom gleichen Fet (Schnitt 610) liegt wieder weiter oral als Abb. 15. Sie bringt das an den Isocortex anschließende Gebiet der entorhinalen Rinde zur Darstellung und läßt besonders gut erkennen, wie ε I nach dem mittleren Teil der Rindenplatte im Isocortex zu einmündet, während ε III, durch eine aufgehellte Schicht von ε I getrennt, in die tiefen Schichten der isocorticalen Rinde überleitet. ε IV löst sich bei Pfeil 1 auf.

Innerhalb der entorhinalen Region haben wir von innen nach außen eine dichte und dunkle Matrix (*M*) und eine auffallend zellreiche Zwischenschicht, die in der Gegend um Pfeil 3 mehrere Unterschichten, die ich nicht eigens beschriftet habe, erkennen läßt. Ich möchte nur hervorheben, daß diese Unterschichten zweifellos zur Zwischenschicht gerechnet werden müssen und mit der Rindenplatte nichts zu tun haben. Sie treten unmittelbar vor dem Erscheinen (von caudal nach oral gerechnet) des Nucleus amygdalae auf. Die ε-Schichten sind nicht scharf differenziert. ε I hebt sich durch größere Dichte und Dunkelfärbung leicht streifig ab. ε II kommt aber erst nach rechts von Pfeil 3 heraus. ε III ist ziemlich breit, ε IV mehr diffus. Es läßt seine sonstige Geschlossenheit vermissen. δ ist ziemlich scharf begrenzt, ist hell, γ III und γ *II* sind etwas undeutlich geformt, γ I hingegen ausgesprochen bandartig. α und β sind gut zu erkennen, I ist breit.

Bei Pfeil 2 wird γ I und II kompakter, beide bilden eine ziemlich einheitliche Schicht. Bei Pfeil 3 lockert sich γ II und III wieder etwas auf, die Glomeruli, die schon bei Pfeil 2 prägnanter herauskommen, nehmen bei Pfeil 3 an Umfang zu. Gleichzeitig tritt bei Pfeil 3 auch ε II, das ε I und ε III trennt, auf. Ganz rechts unten in der Abbildung haben wir es mit dem Ammonshorn (*C.A.*) zu tun.

Abb. 17 vom gleichen Embryo, nur 10 Schnitte weiter oral als die Abb. 16 (Schnitt 620), bringt die entorhinale Rinde beim Verschwinden des Ammons-

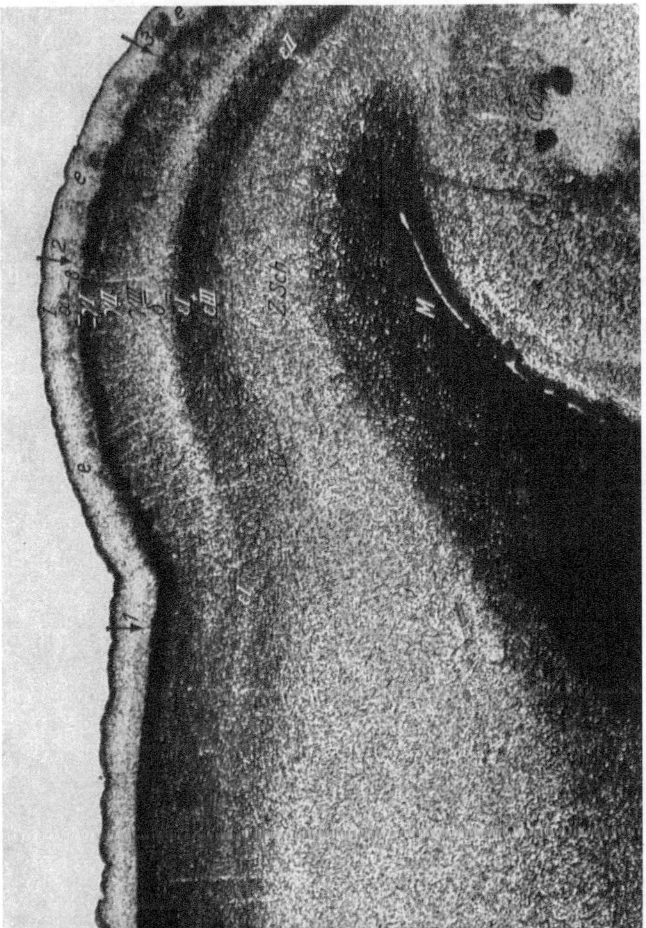

Abb. 16. Gleicher Embryo wie Abb. 13—15. Schnitt 610. Vergr. 27mal.

horns (*C.A.*) und Auftreten der periamygdalaren Region (*Pam*) zur Darstellung. Die Entorhinalis liegt zwischen Pfeil 1 und 3 und nach links von Pfeil 1.

Bei Pfeil 1 sehen wir das einheitlich gebaute ε durch Auftreten der aufgehellten ε II-Schicht in eine dünne ε I und eine dichte und breite ε III sich aufsplittern. Eine irgendwie deutliche ε IV können wir nicht konstatieren. Die δ-Schicht ist hier insofern auffallend, als sie in der Gegend von Pfeil 1, besonders nach links davon, sehr breit und nach oben zu wenig scharf differenziert ist, während sie nach Pfeil 2 und 3 zu immer schmäler, dagegen schärfer umrandet wird. Bei Pfeil 3 hört δ auf. γ ist gelichtet und nicht deutlich geschichtet; man kann zur Not noch γ_{I} unterscheiden. Gegen Pfeil 3 zu wird γ ständig schmäler. α und β sind im Gebiet zwischen Pfeil 2 und 3 klarer als zwei selbständige Schichten zu erkennen als zwischen Pfeil 1 und 2.

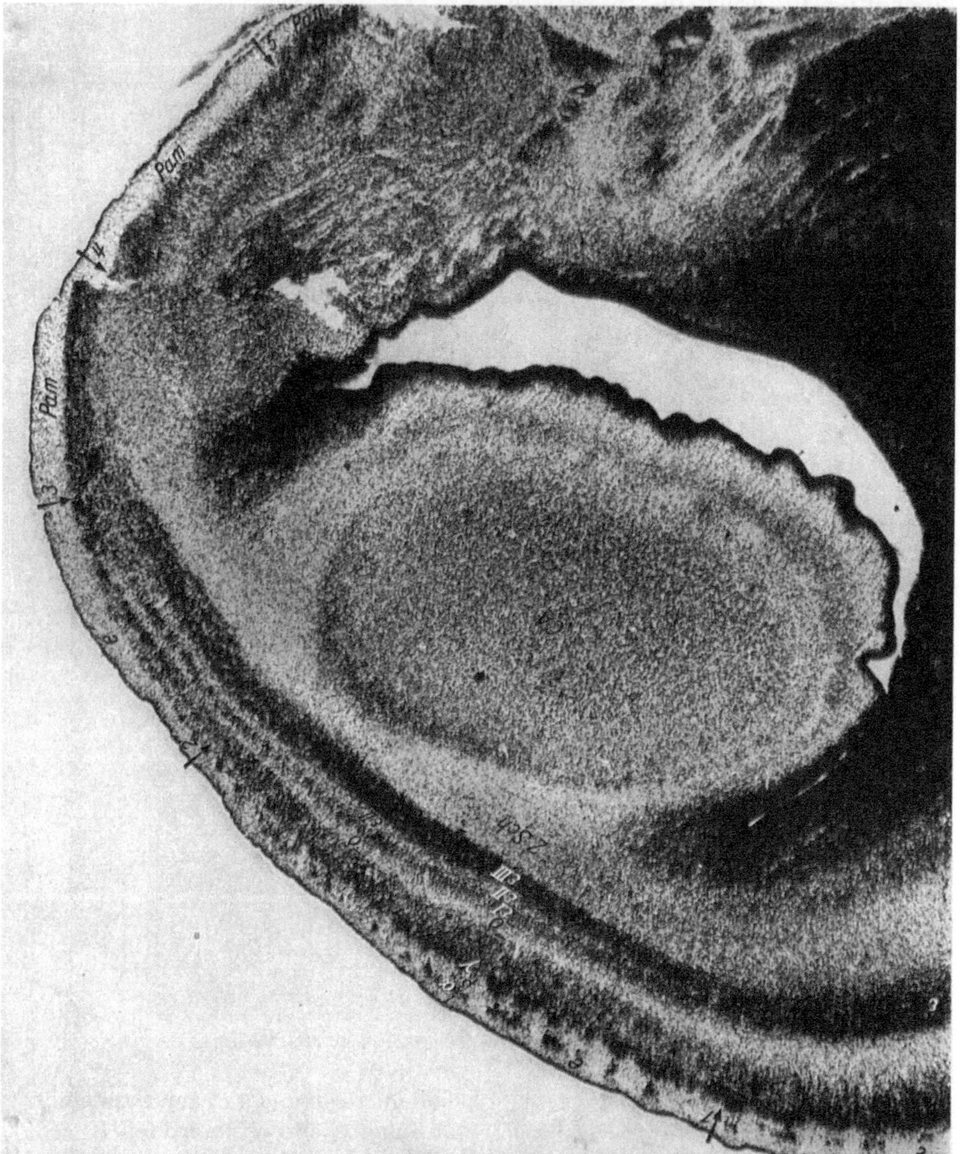

Abb. 17. Gleicher Embryo wie Abb. 13—16. Schnitt 620. Vergr. 27mal.

Nach rechts von Pfeil 3 haben wir drei Unterfelder der periamygdalaren Region vor uns, deren Eigenstellung sich aus der Abbildung selbst ergibt.

Auch in Abb. 17 ist von einer zweiten oder akzessorischen Rindenplatte nichts zu finden. Alle Differenzierungsvorgänge finden innerhalb der eigentlichen Rindenplatte statt.

Abb. 18 schließlich führt uns in das oralste Gebiet der entorhinalen Rinde. Der hier vorliegende Schnitt, den wir aus dem uns von der Forschungsanstalt

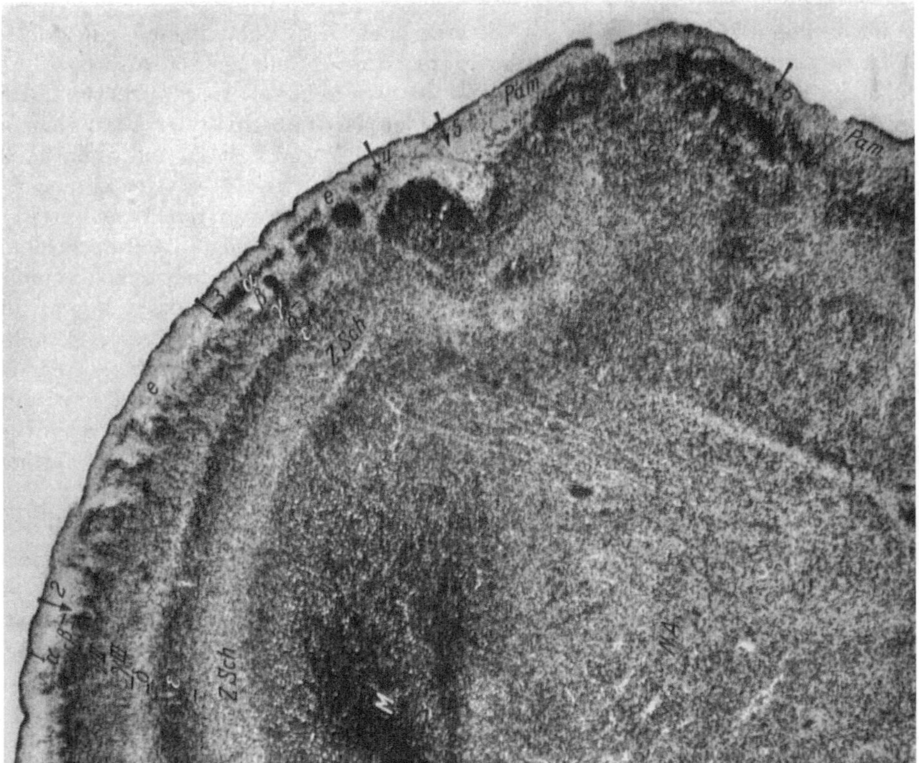

Abb. 18. Gleicher Embryo wie Abb. 13—17. Vergr. 27mal.

überlassenen Restmaterial selbst angefertigt haben, gibt uns einen schönen Überblick über den komplizierten Bau der entorhinalen Region, ohne aber etwas prinzipiell Neues zu bieten. Die zwischen Pfeil 1 und 4 gelegene entorhinale Region läßt bereits drei Unterfelder erkennen, von denen jede Area ihren eigenen Bau besitzt.

Zwischen Pfeil 1 und 2 haben wir eine noch dichte Matrix, mit einer nach oben davon gelegenen Zwischenschicht, die drei Unterschichten aufweist. Es folgt dann die einheitlich gebaute ε, von der sich bei Pfeil 1 ε I absplittert, um in den mittleren Teil der isocorticalen Rindenplatte oberhalb der V zu ziehen. ε II ist nicht differenziert. δ ist zwischen Pfeil 1 und 2 breit und auch nach oben einigermaßen scharf begrenzt, zwischen Pfeil 2 und 4 wird es zusehends schmäler. Das zwischen Pfeil 1 und 2 ziemlich einheitliche γ (mit Ausnahme der mehr bandartigen γ_I) läßt zwischen Pfeil 2 und 3 γ_I, γ_{II} und γ_{III} unterscheiden, zwischen Pfeil 3 und 4 wieder ein mehr einheitliches γ. Sehr eindringlich kommt zwischen Pfeil 2 und 3 die schon früher betonte Auffransung von γ_I heraus, in das Zellstränge aus α hineingewachsen sind. Dadurch wird die beim ausgewachsenen Gehirn so eindringliche Wellenform im Außenteil der entorhinalen Rinde bewirkt. Zwischen Pfeil 3 und 4 ist ebenso wie zwischen Pfeil 1 und 2 α wieder bandartig. Hingegen stellen wir fest, daß γ_I hier Glomeruli bildet, die massiver und größer sind als sie uns bisher begegneten. Durch diese glomeruliartige Bildung wird der Differenzierungsgrad der γ-Schicht noch größer.

Nach außen von Pfeil 4 (rechts in der Abbildung) haben wir es mit Unterfeldern der periamygdalaren Region zu tun. Über die Stellung des zwischen Pfeil 4 und 5 gelegenen kleinen Gebietes bin ich mir noch nicht ganz klar geworden. Ich neige dazu, es zu den periamygdalaren Feldern zu rechnen, man kann ihm aber mit einem gewissen Recht auch eine Eigenstellung einräumen[1].

Ebensowenig wie bisher können wir eine zweite oder akzessorische Rindenplatte feststellen. Alle Differenzierungsvorgänge finden innerhalb der eigentlichen Rindenplatte statt.

Fassen wir die über die entorhinale Rinde bisher gemachten Ausführungen zusammen, so kommen wir zu folgenden Feststellungen: Vom 30 mm SSL. menschlichen Embryo bis zum 160 mm SSL.-Embryo unterscheiden wir in der Hemisphärenwand eine Matrix, eine Zwischenschicht und eine Rindenplatte, der der Randschleier aufsitzt. Dies gilt auch für die entorhinale Region.

Noch beim 55 mm langen (SSL.) menschlichen Embryo hatten wir diesen Befund vor uns. Beim 60 mm (SSL.) langen Embryo hat sich das Bild in der Rindenplatte wesentlich geändert. Es sind hier lebhafte Vorgänge aufgetreten, die zu einer Abspaltung an dem an die Randzone angrenzenden Gebiet, und was besonders wichtig und auffallend ist, zu einer Aufhellung *innerhalb der Rindenplatte* selbst geführt haben. Diese Aufhellung ist anfangs nur geringgradig, nimmt aber in späteren Stadien (110 mm und 160 mm SSL.) erheblich zu. Durch diese Aufhellung entsteht eine zellarme Schicht, die wir mit δ bezeichnet haben. Diese Schicht δ teilt die Rindenplatte in einen oberen und einen unteren Bezirk. Sowohl der obere als auch der untere Bezirk zeigen dann noch weitergehende, aber örtlich ganz verschieden stark ausgeprägte Unterteilungen. Die δ-Schicht ist bald breit und zellarm, bald schmal und zellreicher, stellenweise

[1] Vgl. dazu: Paul Hilpert in: Der Mandelkern des Menschen. J. Psychol. u. Neur. **36**, H. 1 u. 2 (1928).

ist sie sogar nur andeutungsweise zu erkennen. *Sie ist charakteristisch für die entorhinale Region und kommt nur in ihr vor.*

Außer dieser δ-Schicht konnten wir aber in dem nach einwärts von ihr liegenden breiten, meist tief dunkel gefärbten Zellband ε eine weitere aufgehellte Schicht, unser ε II feststellen. Diese ε II-Schicht ist im allgemeinen schmäler und zellreicher als δ, erreicht aber an manchen Stellen die Breite und Aufhellung der δ (s. Abb. 22). Daß sich ε II aus dem ε herausentwickelt, ist ganz einwandfrei (s. Abb. 10, 12, 13, 16 und 17). Ebenso einwandfrei ist es, daß ε II mit δ nichts zu tun hat, mit δ auch nie irgendwie in Beziehung tritt. ε II ist bald stärker, bald weniger stark differenziert, häufig nur angedeutet. Es ist charakteristisch für die medialen Anteile der entorhinalen Rinde, erstreckt sich jedoch andeutungsweise auch in die lateralen, bis nahe an den Übergang der entorhinalen zur homogenetischen Rinde heranreichend.

ε II hat aber noch die Eigenschaft nach medial über die entorhinale Rinde hinaus sich in das Praesubiculum zu erstrecken, so daß wir also in diesem Gebiete ebenfalls eine aufgehellte Schicht finden. Eine andere aufgehellte Schicht als ε II kommt aber im Praesubiculum nicht vor. Die Schicht δ ist nie im Praesubiculum zu finden. Sie findet durch den Streifen ε I, der in die Außenschicht des Praesubiculum einmündet, ihre Begrenzung (s. Abb. 14 bei Pfeil 3).

Aus diesen Feststellungen erbibt sich: *1. Alle Differenzierungen in der Hirnrinde gehen in der Rindenplatte und nur in dieser vor sich.* Es handelt sich dabei um die sog. eigentliche Rindenplatte. *Die Anlage einer zweiten oder akzessorischen Rindenplatte kommt überhaupt nicht in Frage.* Nirgends konnten wir einen Hinweis dafür finden, daß eine solche zweite Rindenplatte zur Anlage kommt. Die sog. zweite Rindenplatte ROSEs ist also ebenfalls ein Produkt der ersten. *2. Die Aufhellungen in der entorhinalen Rinde und im Praesubiculum sind nicht identisch.* Die hauptsächlichste Aufhellung δ dringt überhaupt nicht bis in das Praesubiculum vor, sondern bleibt auf die entorhinale Rinde beschränkt. *Die im Praesubiculum feststellbare Aufhellung* ε II *entsteht in einer anderen Ebene als* δ, sie entwickelt sich aus dem ε-Blatt und erreicht je nach der Gegend differente Ausprägung. δ *und* ε II *sind also grundverschieden.* Während ε II auch in der entorhinalen Rinde feststellbar ist, *gibt es doch Gebiete* (s. Abb. 18), *in denen es vermißt wird.* ε II *ist also für die entorhinale Rinde nur ein fakultatives Merkmal, während* δ, *wenn auch in schwacher Ausprägung, obligatorischen Charakter hat.*

Wir können also sagen, daß δ für die entorhinale Rinde und ε II für das Praesubiculum charakteristisch ist.

Das heißt also: *1. Die Lehre* ROSEs *vom Schizocortex ist falsch* und läßt sich in keiner Weise aufrecht erhalten. *2. Es kann keine Rede davon sein, daß die entorhinale Rinde und das Praesubiculum die gleiche Morphogenie aufweisen.* ROSE hat, wie ja ausgeführt, auf Grund seiner Untersuchungen die entorhinale Rinde und das Praesubiculum zu einer Gruppe seiner schizoprotoptychen Rinde zusammengefaßt. Nun ist es aber von vorneherein schon unwahrscheinlich, daß zwei im endgültigen Stadium so völlig different gebaute Gegenden den gleichen Entwicklungsmodus aufweisen sollen. Das ist ROSE natürlich auch aufgefallen. Er hat daher den Fundamentalsatz geprägt, daß histogenetisch einheitliche (also homologe) Gebiete anatomisch nicht äquivalent zu sein brauchen und umgekehrt. Soweit sich dieser Satz auf die ROSEschen eigenen Befunde stützt, ist er also falsch[1]. Wir werden auf dieses Problem später noch zurückzukommen haben.

Bei so eindeutigem Befund müssen wir uns fragen, wieso ROSE auf eine so ausgefallene Idee vom Schizocortex gekommen ist. Es ist nicht leicht die Ursache dafür festzustellen. Wenn man nämlich die Arbeiten ROSEs liest, so geht alles glatt auf, nirgends findet sich, wenn man seinen Ausführungen folgt, ein greifbarer Widerspruch. Erst bei der Nachprüfung an neu gewonnenem eigenen embryonalen Material konnte ich feststellen, daß ROSE einen grundlegenden Fehler begangen hat. Zunächst will ich erwähnen, daß ROSE ein wenig geeignetes Ausgangsmaterial gewählt hat. Das Gehirn der Maus ist sehr klein und unübersichtlich, wenn es natürlich im Prinzip auch die gleichen Vorgänge erkennen läßt, wie höhere Tiere und der Mensch. Als ROSE später dann auch vereinzelt menschliche Embryonen zum Beweis herangezogen hatte, war er bereits auf seine Lehre eingefahren, so daß er die richtige Deutung seiner Befunde nicht mehr vornehmen konnte. Der Hauptfehler ROSEs besteht aber darin, daß er übersehen hat, daß in der entorhinalen Region die Rinde der Maus fast die ganze Hemisphärenwand einnimmt. Infolgedessen erscheint die von der aufgehellten Zone (meine δ-Schicht, ROSEs Lamina dissecans) abgetrennte Schicht ε sehr tief in der Rinde, nahe der Mutterschicht, wobei die Zwischenschicht äußerst schmal ist. ROSE glaubte so, es mit der Anlage einer zweiten oder akzessorischen Rindenplatte zu tun zu haben, eine Deutung, die beim Studium menschlicher Embryonen erst gar nicht auftauchen kann.

Schließlich lag der Lehre ROSEs noch ein weiterer Irrtum zugrunde. ROSE nahm nämlich an, daß die Maus erst nach ihrer Geburt in die Histogenese eintritt. Davon kann aber keine Rede sein. Wir haben beim menschlichen Fetus gesehen, daß er bereits bei einer Länge von 160 mm in der Rindenschichtenbildung weitgehend fertig ist. Was später geschieht ist in erster Linie die Histogenese. Man muß annehmen, daß dies bei der Maus ähnlich ist. Zur Zeit der Geburt ist die Morphogenie schon erheblich vorgeschritten (es handelt sich hier immer um die entorhinale Rinde). ROSE hat leider nicht scharf zwischen Morphogenie und Histogenese unterschieden, was ja auch in der Titelgebung seiner ersten diesbezüglichen Arbeit zum Ausdruck kommt, wo er von Histogenese spricht und die Morphogenie meint.

ROSE sind aber noch andere Irrtümer unterlaufen. So behauptet er z. B., daß die sog. ursprüngliche Rindenplatte in der entorhinalen Region nur einen Teil der Zellen der Mutterschicht erhalte. Vom Moment der Bildung der akzessorischen, zweiten Rindenplatte an kämen keine oder zum mindesten keine nennenswerten Zellelemente aus der Matrix in die äußere Rindenplatte. Das kann nicht stimmen. Wir brauchen ja nur unsere Abb. 5 mit 16 und 18 zu vergleichen, brauchen die durch δ getrennten äußeren Anteile der Rindenplatte einander gegenüber zustellen, um einzusehen, daß ROSE nicht recht haben kann. Woher soll dann die äußerst schmale und dünne γ der Abb. 5 ihr Zellmaterial zur Bildung der zelldichten und breiten γ I, γ II und γ III in Abb. 16 genommen haben? Und woher kommt es, daß die δ im großen ganzen trotz der Aufhellung noch sehr zellreich ist, während sie im fertigen Zustande teilweise hochgradig

[1] Vgl. dazu E. BECK: Homologie und anatomische Äquivalenz in Allg. Z. Psychiatr. **110**, H. 1/3.

zellarm (ROSE sagt fast zellenlos) und kleinzellig ist? Das kann doch nur so erklärt werden, daß die Zellen auch im späteren Stadium aus der Matrix über ε und δ hinweg in die äußeren Schichten ziehen. Ebensowenig halte ich die Ansicht ROSES für richtig, daß in der homogenetischen Rinde *alle* Elemente erst in die Rindenplatte ziehen, von der aus dann die Bildung der einzelnen Schichten erfolgt. Zweifellos kommt es überall in der Rinde auch dann, wenn die Schichten schon fix und fertig sind, noch lange Zeit zur Einwanderung aus der Matrix. Die Befunde an meinem embryonalen Material zwingen mir diese Deutung unmittelbar auf.

Die von ROSE als Lamina dissecans angesprochene, von mir als δ und ε II bezeichnete aufgehellte Schicht hat in ihrer Beurteilung ROSE selbst erhebliche Schwierigkeiten bereitet, wie ein Blick in seine Arbeiten erkennen läßt. Bald zählt er zur Dissecans nur das von mir als δ bezeichnete Gebiet, bald rechnet er ε I und ε II dazu, verfährt also ganz willkürlich, obwohl er noch bis in die letzte Zeit hinein behauptet, seine Dissecans sei eine fast zellenlose Schicht. Noch weiter trieben es aber Anhänger dieser Lehre, die die Dissecans noch mehr aufteilten und diese oder jene Schicht ihr zurechnen zu müssen glaubten[1]. Schließlich möchte ich in diesem Zusammenhang noch auf den auffälligen Befund hinweisen, daß beim 160 mm langen Embryo (SSL.) sowohl die entorhinale als auch die periamygdalare Region bereits eine große Anzahl scharf differenzierter Felder erkennen läßt. Dadurch erhält die so weitgehende Aufteilung des von BRODMANN als einheitliche Area entorhinalis und Area periamygdalaris angesprochenen Gebietes in Unterfelder ihre natürlichste Bestätigung. Die Unterscheidung in eine Architektonik des embryonalen Gehirns, die ich als Protarchitektonik bezeichnen möchte und in die des postembryonalen Gehirns (Deuteroarchitektonik) — man könnte in Gegenüberstellung zur Protarchitektonik vielleicht besser von Metarchitektonik sprechen — wird uns dadurch direkt aufgezwungen. Ein Vergleich beider, von dem wir die größtmöglichste Aufklärung über die Eigenstellung und Bedeutung der einzelnen Unterfelder erwarten können, dürfte von besonderem Interesse sein. Es ließe sich damit der in letzter Zeit ständig zunehmende Streit, wann ein Feld noch als Unterfeld anzunehmen, wann ihm eine Eigenstellung zuzuerkennen sei, mit einem Schlage schlichten. Auch vermöchten wir uns ein Urteil darüber zu bilden, von wann ab und in welcher Form das Wachstum des Gehirns einsetzt. Das gilt natürlich in gleicher Weise für das ganze Gehirn.

Mit der von mir bereits in der embryonalen entorhinalen und periamygdalaren Region nachgewiesenen so weitgehenden Differenzierung fällt der seiner Zeit von BOK[2] gegen mich erhobene Vorwurf, als ob ich Krümmungsänderungen der Hirnrinde als neue Felder angesprochen hätte und seine Behauptung, daß nur die älteren Ergebnisse (etwa die BRODMANNS) als zu Recht bestehend betrachtet werden dürften (ein Vorwurf, den ich bereits in meiner Arbeit über den Occipitallappen des Affen und Menschen, S. 197[3], zurückgewiesen habe) erneut in sich zusammen; denn daß für das Verständnis des komplizierten

[1] Siehe SGONINA in: Vergl. Anatomie der Entorhinal- und Praesubicularregion. J. Psychol. u. Neur. **48**, H. 1/2 (1937).

[2] S. T. BOK: Der Einfluß der in den Furchen und Windungen auftretenden Krümmungen der Großhirnrinde auf die Rindenarchitektur. Z. Neur. **121** (1929).

[3] E. BECK: J. Psychol. u. Neur. **46**, H. 4 u. 5.

Aufbaus der entorhinalen und periamygdalaren Region die BRODMANNschen Befunde nicht mehr befriedigen, liegt wohl auf der Hand.

Schließlich will ich noch hervorheben, daß sowohl das Subiculum als auch das Praesubiculum schon im embryonalen Zustand zwei Unterfelder erkennen läßt, gewiß ein ebenso wichtiger wie interessanter Befund.

II. Regio limbica und Regio retrosplenialis.

Wir haben bereits bei Besprechung der entorhinalen Rinde gesehen, wie die ROSEsche Lehre vom Schizocortex in ganz prinzipiellen Punkten falsch ist, weil sie unter falschen Voraussetzungen und unter Zugrundelegung eines unübersichtlichen Ausgangsmaterials konzipiert wurde. Ebenso klar und eindrucksvoll erweist sich aber die Irrlehre ROSEs bei der Nachprüfung des Cortex quinquestratificatus, so wie ihn ROSE selbst beschrieben hat. Wir erinnern uns daran — und ich habe eingangs schon darauf hingewiesen —, daß nach ROSE die 5schichtige Rinde dadurch zustande kommt, daß die sog. Lamina granularis primaria, die sich im Isocortex in die Schichten II, III und IV teilt, in der limbischen und retrosplenialen Gegend sich überhaupt nicht differenziert, also ungeteilt bleibt. Während nun in der limbischen Rinde die ursprüngliche Granularschicht nach ROSE sich zu pyramidenförmigen, eckigen und polymorphen Elementen umbildet, besteht sie im Typus retrosplenialis granularis im definitiven Zustand aus granulären Elementen. Nur bei einzelnen Sippen (z. B. Kaninchen, Affe, Mensch) differenziert sich dicht unterhalb der Zonalschicht eine Lage größerer Elemente.

ROSE unterscheidet mithin, obwohl er die Lamina granularis primaria sich überhaupt nicht, — an anderer Stelle sagt er, sie tue es nur im wesentlichen nicht — differenzieren läßt, bereits zwei verschiedene Arten, — eine Entwicklung zu pyramidenförmigen, eckigen, polymorphen und eine zu granulären Elementen. Wenn wir die Ausnahmen ROSEs bei Kaninchen, Affe, Mensch noch hinzurechnen, bei denen dicht unterhalb der Zonalschicht eine Lage größerer Elemente auftritt, dann haben wir sogar schon drei Differenzierungsmöglichkeiten, was immerhin zu der Feststellung ROSEs über das Ausbleiben einer Differenzierung der Lamina granularis primaria schlecht paßt. Daß aber ROSE in der Praxis noch in ganz andere, viel wesentlichere Schwierigkeiten gekommen ist, kann beim Studium der ROSEschen Arbeiten nicht übersehen werden.

So beschreibt z. B. ROSE beim Igel in der Area infraradiata ventralis posterior (*JRa β*) für die II.—IV. Schicht kleine und mittelgroße pyramidenförmige und rundliche, mäßig stark tingierbare Elemente. *Die Verdichtung* dieser Elemente (II—IV) *unterhalb der Zonalschicht ist nach* ROSE *angedeutet.* Das kann unseres Erachtens nur heißen, daß eine Massierung in der Gegend der II vorhanden ist, was der Bildung einer II zum mindesten sehr nahe kommt.

Für die Area infraradiata ventralis extrema (*JRa δ*) beim Schimpansen beschreibt ROSE die II—IV so: „Sie enthält außer kleinen, mäßig stark tingierbaren Pyramidenzellen eine Anzahl von *Körnerzellen.*" Unbefangen kann man der Auffassung sein, daß diese Körnerzellen eine Körnerschicht darstellen, wenn auch keine sehr ausgeprägte.

Die Area infraradiata intermedia anterior (*JRb α*) läßt nach ROSE in der II—IV *drei* Zellarten unterscheiden: 1. Sehr kleine, sehr stark, fast homogen tingierbare, mit zahlreichen Ausläufern ausgestattete Pyramidenzellen, welche hauptsächlich unterhalb der Zonalschicht liegen, aber auch in mäßiger Menge in der Tiefe der II.—IV. Schicht unterscheidbar sind. (Es liegt der Gedanke nahe, diese von ROSE unterschiedenen Zellen als II anzusprechen). 2. Schwach tingierbare, viel kleinere, rundliche Zellen. 3. Größere, schwach tingierbare Pyramidenzellen, welche hauptsächlich in der Tiefe der II.—IV. Schicht liegen.

In der Area infraradiata intermedia posterior (*JRb β*) kommt es nach ROSE zu einer *Andeutung* einer II. Schicht, da unterhalb der Zonalschicht die sehr kleinen Pyramidenzellen stellenweise etwas dichter nebeneinander liegen.

Dasselbe gilt für die Area infraradiata intermedia caudalis (*JRb γ*).

In der Regio retrosplenialis granularis beim Schimpansen beschreibt ROSE seine Area retrosplenialis granularis lateralis (*Rsg γ*), deren Zugehörigkeit zur retrosplenialen granulären Rinde auf Grund des cytoarchitektonischen Bildes nicht ganz sicher sei, während das myeloarchitektonische Bild uns davon überzeuge, daß wir es mit einer granulären retrosplenialen Rinde zu tun hätten, folgendermaßen: „Im Zellbilde ist am meisten das Verhalten der II.—IV. Schicht auffallend. Wir finden in dieser Schicht, ebenso wie bei vielen niederen Säugetieren z. B. Kaninchen, eine Zweigliederung in eine aus mittelgroßen Pyramidenzellen zusammengesetzte mittelbreite, unterhalb der Zonalschicht liegende und eine darunter befindliche aus Granularzellen bestehende Unterschicht. Zwischen diesen beiden Unterschichten sehen wir eine hellere Lage, welche hauptsächlich Körnerzellen enthält. Zur Differenzierung einer III. Schicht kam es demnach nicht. Wir finden so beim Schimpansen in der Area retrosplenialis granularis lateralis ein etwas differenteres Verhalten als in der Area retrosplenialis granularis medialis und intermedia. Während in den ersteren die II.—IV. Schicht in ihrer Hauptmasse aus granulären Zellen besteht und nur wenige Pyramidenzellen aufweist, finden wir in der Area retrosplenialis granularis lateralis in ihrer äußeren Partie (α) Pyramidenzellen, in der inneren dagegen Körnerzellen (β)“.

Betrachten wir die Tafel 20, Abb. 1, in der ROSE dieses *Rsg γ* zur Abbildung bringt, so sind wir bei obiger Beschreibung ohne weiteres geneigt, in *Rsg γ* einen 7-Schichtentypus zu sehen mit einer I, II—IVα, II—IVβ, zwischen denen eine Schicht, die wir als III ansprechen können, liegt, einer V, VI und VII. II—IVβ wäre die Körnerschicht. Wollte man die III als eigene Schicht nicht anerkennen, was aber in der Gegend des Pfeiles zu *RSa γ* fast nicht möglich ist, so müßte man doch mindestens zu einem 6-Schichtentypus kommen, da ROSE in keiner Weise den Beweis erbracht hat, daß seine β-Schicht eine Unterschicht seiner II—IV darstellt.

Noch komplizierter und unmöglicher wird aber die Beweisführung ROSEs dadurch, daß er seine β-Schicht aus der II—IV als BAILLARGERschen Streifen anspricht, was er übrigens auch bereits für *Rsg β* und *Rsg α* tut. Dieser Streifen kommt natürlich nur im myeloarchitektonischen Präparat zum Vorschein. Für *Rsg β* beschreibt ROSE das so: „Unterhalb der Zonalschicht liegt eine helle Lage mit zahlreichen feinen Fasern und daran anschließend der sehr deutlich ausgeprägte und dicht gefügte BAILLARGERsche Streifen (β).“ Damit setzt ROSE, ohne es zu bemerken, die β-Schicht der isogenetischen IV gleich, die ja im Zellbild als Körnerschicht, im Markfaserbild als äußerer BAILLARGERscher

Streifen[1] imponiert, eine Feststellung, die im absoluten Gegensatz zu seinen sonstigen Behauptungen steht und außerdem auch noch falsch ist.

Eine weitere Verwicklung kommt schließlich dadurch zustande, daß ROSE beim Schimpansen in der Regio retrosplenialis agranularis (*RSag*) als Kennzeichnung dieses Typus an der Oberfläche der V. Schicht eine, wenn auch sehr geringe Andeutung einer Körnerschicht feststellt, die bei den meisten Säugetieren und beim Menschen fehlen soll. Zudem kommt noch, daß ROSE in der II.—IV. Schicht drei Arten von Pyramidenzellen unterscheidet und zwar unterhalb der Zonalschicht die kleinsten Pyramidenzellen, die sich zu *einer Art* Lamina corpuscularis sammeln. Die tieferliegende Unterschicht besteht aus größeren Pyramidenzellen, während die Elemente der tiefsten in ihrer Größe fast denjenigen der Lamina ganglionaris gleich sind.

Wir haben also in der Regio retrosplenialis agranularis nach ROSE oberhalb der V eine Andeutung einer Körnerschicht, die nach der völlig unsichtbaren Körnerschicht in der Regio subgenualis[2] (ROSE) als echte Körnerschicht imponieren muß, wir haben eine Lamina corpuscularis und eine Lamina pyramidalis (Zellen denen der Lamina granglionaris an Größe fast gleich), also im ganzen eine I, II, III, IV, V, VI und VII und das alles nach ROSE bei einem Cortex quinquestratificatus (Retrosplenialis *agranularis*).

Wir sehen Theorie und Praxis sind bei ROSE zwei verschiedene Dinge und er bringt vieles in bedenklicher Weise durcheinander.

Werfen wir nun einen Blick auf die Beschreibung ROSEs über die Regio medioradiata (*MR*) beim Schimpansen, so sagt er S. 126 das Hervortreten der II. Schicht (Lamina corpuscularis) ist stellenweise deutlich, stellenweise jedoch nicht sichtbar. Trotzdem, das muß man wissen, gehört aber die *MR* zum 7schichtigen isocorticalen Typus. Von der Area medioradiata anterior (*MR* α) behauptet ROSE S. 126 die Lamina corpuscularis sei nicht unterscheidbar, nur in der ventralen Lippe des Sulcus calloso-marginalis (cm) träte sie etwas deutlicher zutage. Nun auf Tafel 15 ist sie die II. an der von ROSE angegebenen Stelle in der Tat nicht zu unterscheiden, sie ist es aber auch nicht in *J Rc* α, in das *MR* α übergeht. Also in zwei nebeneinander liegenden Feldern ist die II nicht unterscheidbar, in einem davon ist sie aber trotzdem angeblich vorhanden, in dem anderen jedoch nicht, obwohl bei der Beschreibung dann wieder teilweise eine Andeutung einer II herauskommt. Was ist davon richtig?

Beim Menschen finden sich in der Beschreibung ROSEs für den Cortex quinquestratificatus genau die gleichen Widersprüche. So beschreibt ROSE in der II—IV der Area infraradiata ventralis anterior (*JRa* α), daß diese sich aus Pyramidenzellen zusammensetze. Wir könnten ungezwungen drei Unterschichten unterscheiden. Eine äußere α, die sich aus kleinen ovalen und länglichen, teilweise auch pyramidenförmigen, radiär gestellten Elementen zusammensetze. Die Unterschicht β weise größere, durchweg pyramidenförmige Zellen auf. Die Elemente dieser Schicht seien auch stärker tingierbar als diejenigen in α. Die größten Pyramidenzellen weise die Unterschicht γ auf. *Man kann mithin unseres Erachtens eine II, IIIa und IIIb unterscheiden!*

[1] Ich bin mir wohl bewußt, daß der äußere BAILLARGERsche Streifen im Isocortex nicht durchweg der Körnerschicht entspricht, da er ja auch zusammen mit dem inneren Baillarger in körnerlosen Gebieten vorkommt.

[2] Siehe ROSE: J. Psychol. u. Neur. **35**, H. 3 u. 4, Tafel 26.

Also auch hier eine weitgehende Differenzierung, die im strikten Gegensatz steht zu der Behauptung, daß die II—IV sich nicht differenziere.

Dasselbe gilt für die Rosesche Area infraradiata ventralis posterior (*JRa β*), für die Area infraradiata ventralis caudalis (*JRa γ*), weniger ausgesprochen für die Area infraradiata ventralis extrema (*JRa δ*).

In der Subregio infraradiata intermedia (*JRb*) mit ihren Unterfeldern *JRb α*, *JRb β* und *JRb γ* unterscheidet Rose wieder je drei Schichten in II—IV, ebenso in der Subregio infraradiata dorsalis (*JRc*) mit den Feldern *JRc α*, *JRc β* und *JRc γ*.

In der retrosplenialen granulären Region beim Menschen beschreibt Rose in der II—IV neben Körnerzellen auch größere Elemente. Im ganzen bestehe im Bau der retrosplenialen Rinde beim Menschen und Schimpansen eine weitgehende Ähnlichkeit. Nur im myeloarchitektonischen Bild sei insofern ein Unterschied, als der Unterschicht *β* der II.—IV. Schicht beim Schimpansen ein deutlicher Baillargerscher Streifen entspräche, während beim Menschen dieser weniger prägnant zutage träte.

In der Regio retrosplenialis agranularis (*RSag*) gliedert sich nach Rose die II.—IV. Schicht in zwei Unterschichten. Die äußere setze sich aus Körnerzellen und kleinen Pyramidenzellen zusammen, so daß wir hier schon von einer II. Schicht sprechen könnten, die innere dagegen aus kleinen und mittelgroßen Pyramiden. Eine IV. Schicht sei in diesem Typus *nicht* nachweisbar, doch sähen wir stellenweise dorsal von der V. Schicht Körnerzellen in geringer Anzahl, welche sich jedoch zu keiner Schicht legen.

Genau wie beim Schimpansen verwickelt sich Rose also auch beim Menschen in sehr erhebliche Widersprüche (bei Beschreibung der limbischen und retrosplenialen Region). Obwohl die II—IV theoretisch nicht differenziert sein soll, ist sie das in so hohem Maße, daß man eine *α*-, *β*-, *γ*-Schicht unterscheiden kann, stellenweise eine II, stellenweise eine Körnerschicht, die im Zellbild als *β*-Schicht, im Markfaserbild sogar als äußerer Baillargerscher Streifen (der ja in diesem Falle der isocorticalen IV homolog ist) angesprochen wird. Die agranuläre retrospleniale Region weist zudem beim Schimpansen oberhalb der V eine Körnerschicht auf — was ja nur die IV sein könnte — beim Menschen tut sie das teilweise.

Rose hat bis in die neueste Zeit diese Widersprüche beibehalten. Noch in seinem Kaninchenatlas führt er für die *JRc α* (Area infraradiata dorsalis anterior) aus, daß an der Grenze der V. Schicht die Elemente der II.—IV. Schicht wesentlich lockerer seien (× auf Tafel 26 Abb. 2). In geringer Anzahl, sagt Rose, tauchen hier auch kleine körnerähnliche Pyramidenzellen auf, es kommt jedoch nicht zur Bildung einer ausgesprochenen Lamina granularis (IV).

Zusammenfassend können wir also sagen: Rose widerlegt sich selbst und beweist bei der Beschreibung der Einzelfelder und der Regionen das Gegenteil von dem, was er beweisen will, nämlich, daß die limbische und retrospleniale Region keine 5schichtige Rinde ist, sondern erstere eine agranuläre 6schichtige, letztere eine granuläre 7schichtige.

Überhaupt ist nicht nur die Einteilung der retrosplenialen Rinde bei Rose falsch, sondern vor allem auch seine Homologisierung. Ich glaube einfach nicht daran, daß der Lemur eine *RSag α*, *RSag β* und *RSag γ* haben soll, während dieses ganze Gebiet beim Schimpansen ausfällt, dann aber beim Menschen wiederkehrt. Sicherlich sind ROSE da, wie wir ja auch schon nachgewiesen haben, entschiedene Irrtümer unterlaufen. Erschwerend kommt noch hinzu, daß ROSE, indem er bei der Beschreibung seines Cortex quinquestratificatus von der Maus sofort zum Lemur übergegangen ist, einen allzu großen Sprung gewagt hat, bei dem er zu Fall gekommen ist.

Aus der vorhergehenden kritischen Würdigung der ROSEschen Beschreibung seines Cortex quinquestratificatus können wir bereits ersehen, daß ROSE diese Gegend einteilt in: 1. Eine Regio infraradiata und 2. eine Regio retrosplenialis. Letztere zerfällt in eine retrosplenialis granularis und retrosplenialis agranularis. Die früheren Einteilungen, sagt ROSE, sind nach seinen Forschungen nicht mehr gangbar. Man könne nicht mehr wie BRODMANN eine Regio limbica (cingularis) anterior agranularis unterscheiden von einer Regio limbica (cingularis) posterior granularis, da beide Regionen nicht als Unterschiede desselben Rindengebietes betrachtet werden dürften. Sie seien eben heterogen, in dem die erstere einen Cortex quinquestratificatus, die letztere einen Cortex septemstratificatus darstelle. Eine Zusammenfassung sei nur im oben schon gebrachten Sinne möglich.

Sowohl die Regio infraradiata, von ROSE so bezeichnet, weil sie im Faserbild infraradiären Charakter besitzt, d. h. die Radii bereits an der Grenze der 5a zur 5b sich aufsplittern bzw. endigen, als auch die Regio retrosplenialis agranularis sind nach ROSE primär agranulär, haben mithin nie eine Körnerschicht besessen. Sie nähern sich also in ihrer Ontogenie.

Das ist insofern überraschend und unwahrscheinlich als die Regio retrosplenialis agranularis supraradiär ist (d. h. zahlreiche Radiärfasern in die 1 vordringen[1]. Mit dieser Gegenüberstellung ROSEs werden wir uns noch im einzelnen auseinandersetzen. Wir werden ihre Unrichtigkeit beweisen.

Wir stellen somit bereits an Hand der ROSEschen Beschreibungen fest, daß die Lehre vom Cortex quinquestratificatus nicht richtig sein kann. ROSE hat seine Behauptung, die Lamina granularis primaria (II.—IV. Schicht) bleibe zeitlebens undifferenziert, durch seine Ausführungen unbewußt selbst widerlegt. Wir werden nun im folgenden auf Grund eigener Untersuchungen nachweisen, daß genau so wie die Lehre vom Cortex schizoprotoptychos die vom Cortex quinquestratificatus falsch ist.

Betrachten wir die **Abb. 19**, die den Schnitt 850 vom Nyctipithecus darstellt[2]. Dieses Bild, das mir überhaupt den ersten Beweis für die Unrichtigkeit der ROSEschen Lehre erbrachte, läßt höchst merkwürdige Verhältnisse erkennen, wie es außerdem geeignet ist, uns so recht in die ganze Kompliziertheit der Schichtenbildung einzuführen. Wir befinden uns unverkennbar in der retrosplenialen Region. Fassen wir die Gegend zwischen Pfeil 1 und 2 (und nach links von Pfeil 1) ins Auge, so würden wir völlig unbefangen 7 Schichten unterscheiden. Es würde uns auffallen, daß die Zellen in der II. und III. Schicht bedeutend kleiner sind als gewöhnlich, wir würden also im Sinne von ECONOMOS und KOSKINAS an eine Verkörnelung dieser Schichten denken. Noch auffälliger müßte uns aber die unter der III gelegene sehr breite, dichte, aber offenbar noch mehr feinkörnige Schicht auffallen, die wir als die IV (von mir, aus später

[1] Siehe Anmerkung S. 163.

[2] Ein ähnliches Bild bringt übrigens BRODMANN in seiner vergleichenden Lokalisationslehre der Großhirnrinde vom fliegenden Hund (Pteropus edwardsi), Fig. 64, S. 107.

noch zu erörternden Gründen mit γ[1] bezeichnet) ansprechen müßten. Die Identifizierung der V., VI. und VII. Schicht würde uns dabei keinerlei Schwierigkeiten machen. Wir hätten es mithin mit einem 7-Schichtentypus, also mit einem Isocortex zu tun. Dieser Ansicht bin ich ursprünglich auch gewesen und habe sie noch in der Festschrift für KLEIST vertreten. An dieser Auffassung wollen wir auch noch fürs erste festhalten.

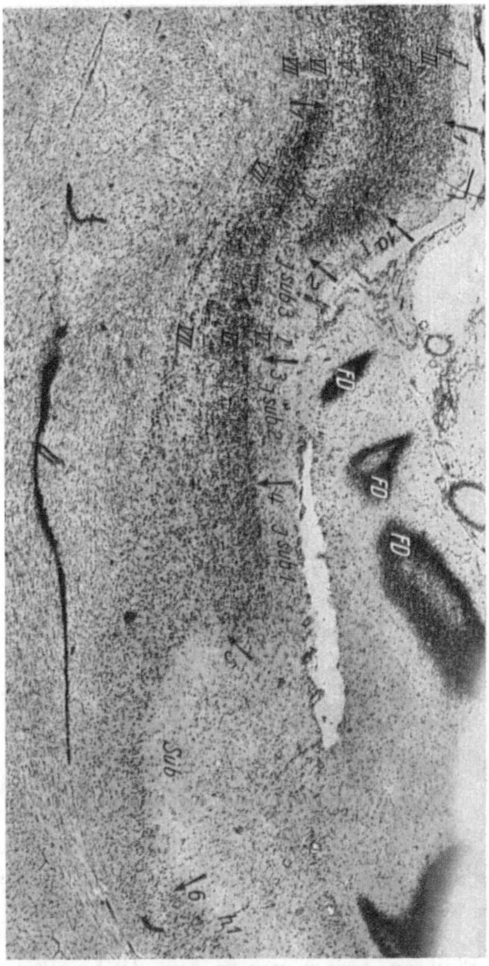

Abb. 19. Schnitt 850. Nyctipithecus. M. B. 23. Vergr. 18 mal.

Mit diesem Befund ist somit die Lehre ROSEs bereits widerlegt; denn von einem 5-Schichtentypus, von einer undifferenzierten Lamina granularis primaria (II—IV) ist hier in der offenbar „granulären" retrosplenialen Region keine Rede. Man könnte höchstens von einem 6-Schichtentypus sprechen, wenn man die II und III nicht voneinander trennen will und behauptet (was nicht stimmt), sie unterscheiden sich nicht voneinander. Zu einem 5-Schichtentypus käme man nur dann, wenn man die IV. (γ)-Schicht als eine Unterschicht der II und III auffassen und sie ähnlich wie das ROSE getan hat, mit β, die mit II und III beschriftete mit α bezeichnen würde. Ein solches Vorgehen wäre aber hier völlig willkürlich und unnatürlich.

Diese Feststellungen erschöpfen aber die Eigenart dieser Gegend noch nicht. Verfolgen wir nämlich das Verhalten der γ-Schicht gegen Pfeil 1a und 2 zu, dann erkennen wir, wie die γ sich unter Verdrängung der II und III immer mehr der Rindenoberfläche nähert, um schließlich bei Pfeil 2 ganz oder fast ganz unter die I herangerückt zu sein. Nehmen wir an, daß die II und III völlig verdrängt sind, dann haben wir in der Tat einen 5-Schichtentypus vor uns, mit einer I, γ (IV), V, VI und VII. Dieser ist aber von vollkommen anderer Struktur wie ihn ROSE für diese Gegend als charakteristisch beschrieben hat. Er kommt nicht dadurch zustande, daß die Lamina granularis primaria im *ontogenetischen* Stadium undifferenziert bleibt, sondern durch Schichtenverlust, in dem die II und III verdrängt werden und an ihrer Stelle die γ (IV) tritt.

[1] Die γ-Schicht in der retrospinalen Rinde hat mit der gleichnamigen Schicht in der Regio entorhinalis nichts zu tun.

Diese γ (IV), in ungemein scharfer Form ausgeprägt, von einer unerhörten Breite, wie wir sie so nicht einmal in der Regio striata finden, ist aber ein Differenzierungsprodukt des äußeren Teiles der Rindenplatte, ebenso wie die II und III. Der 5-Schichtentypus entsteht hier überhaupt nicht als selbständiges Gebilde in der Ontogenie, sondern er bildet sich gewissermaßen rein verlaufsmäßig, mehr zufällig, und was das Merkwürdige ist, er hat im Moment seines Erscheinens schon sein Ende erreicht (bei Pfeil 2).

Die Eigenart dieses Typus kommt noch schärfer heraus, wenn wir etwas caudalere Schnitte studieren. So bringt **Abb. 20** den Schnitt 869 vom gleichen Tier — also nur 19 Schnitte von Abb. 19 entfernt. Hier stellen wir bei 60facher Vergrößerung fest, wie bei Pfeil 1a das breite Band der mit γ (IV) beschrifteten Schicht ganz unvermittelt einsetzt, wir sehen, wie es unschwer in einen oberen dichteren Teil (γ_1) und einen unteren aufgehellteren Teil (γ_2) zerlegt werden kann, wodurch der Anklang an die Regio striata sehr stark wird (sogar ein dem Gennari ähnlicher Streifen ist im myeloarchitektonischen Bild vorhanden), eine zellarme und aufgehellte Zwischenschicht ähnlich der IVb in der Regio striata fehlt allerdings. Wir stellen weiterhin fest, wie nach außen von der γ eine III, II und I unterscheidbar ist, die gegen Pfeil 2 zu unter ständigem Höherrücken der sich gleichfalls verjüngenden γ immer schmächtiger werden (mit Ausnahme der I, die eher an Breite zunimmt. Während bei Pfeil 1a in der III noch Pyramidenzellen zu finden sind, hat bei Pfeil 1b (ja schon etwas vorher, dort wo die Beschriftung der Schichten angebracht ist) eine völlige Verkörnelung eingesetzt (die kleinen körnerähnlichen Zellen verklumpen leicht dabei). Ungefähr bei Pfeil 1c ist dann die γ unter völliger Verdrängung der II und III bis zur I hin vorgerückt und verläuft in dieser Höhe bis zu Pfeil 2 unter ständiger Verjüngung, so daß wir zwischen Pfeil 1c und 2 eine Rinde nach der Formel I, γ, V, VI, VII, also eine 5schichtige vor uns haben, freilich nicht 5schichtig im ROSEschen Sinne. Ob zwischen Pfeil 1c und 2 die γ durchweg aus Teilen der γ_1 und γ_2 oder nur teilweise nur aus der γ_1 oder der γ_2 besteht, habe ich nicht näher untersucht, weil es für unsere augenblicklichen Probleme unwichtig ist.

Wir haben mithin, wie in Abb. 19, eine Rinde vor uns, die teils 7-, teils 5schichtig ist (γ als eine Schicht gezählt) und die beweist, daß die Lehre ROSEs vom Cortex quinquestratificatus falsch ist. Der Schichtentypus wird nur durch mechanische bzw. verlaufsmäßige Verhältnisse zu einem 5-Schichtentypus unter Verdrängung der sehr wohl differenzierten aber verkörnelten II und III.

An dieser Feststellung ändert auch nichts der eigenartige Befund, daß bei Pfeil 1c, ebenso wie in Abb. 19 bei Pfeil 1, plötzlich die VI. und VII. Schicht eine völlig andere Struktur annehmen. Wir werden auf diese Tatsache später noch näher eingehen.

Aber noch einen anderen hoch bedeutsamen Befund enthüllt uns die Abb. 20 in dem Moment, in dem wir der breiten zweigeteilten γ unsere Aufmerksamkeit schenken und uns fragen, wo sie denn eigentlich herkommt. Bei Pfeil 1a setzt sie ziemlich unvermittelt ein, was aber ist vorher? Nun wir haben zwischen Pfeil 1° und 1a ein Gebiet vor uns, das der Körnerschicht nach weder zu der bisher beschriebenen retrosplenialen Region gehört, noch zu der isocorticalen (nach links von Pfeil 1° gelegenen). Hier im Isocortex, also nach links von Pfeil 1°, haben wir nämlich eine ganz ausgezeichnete Körnerschicht (IV) vor

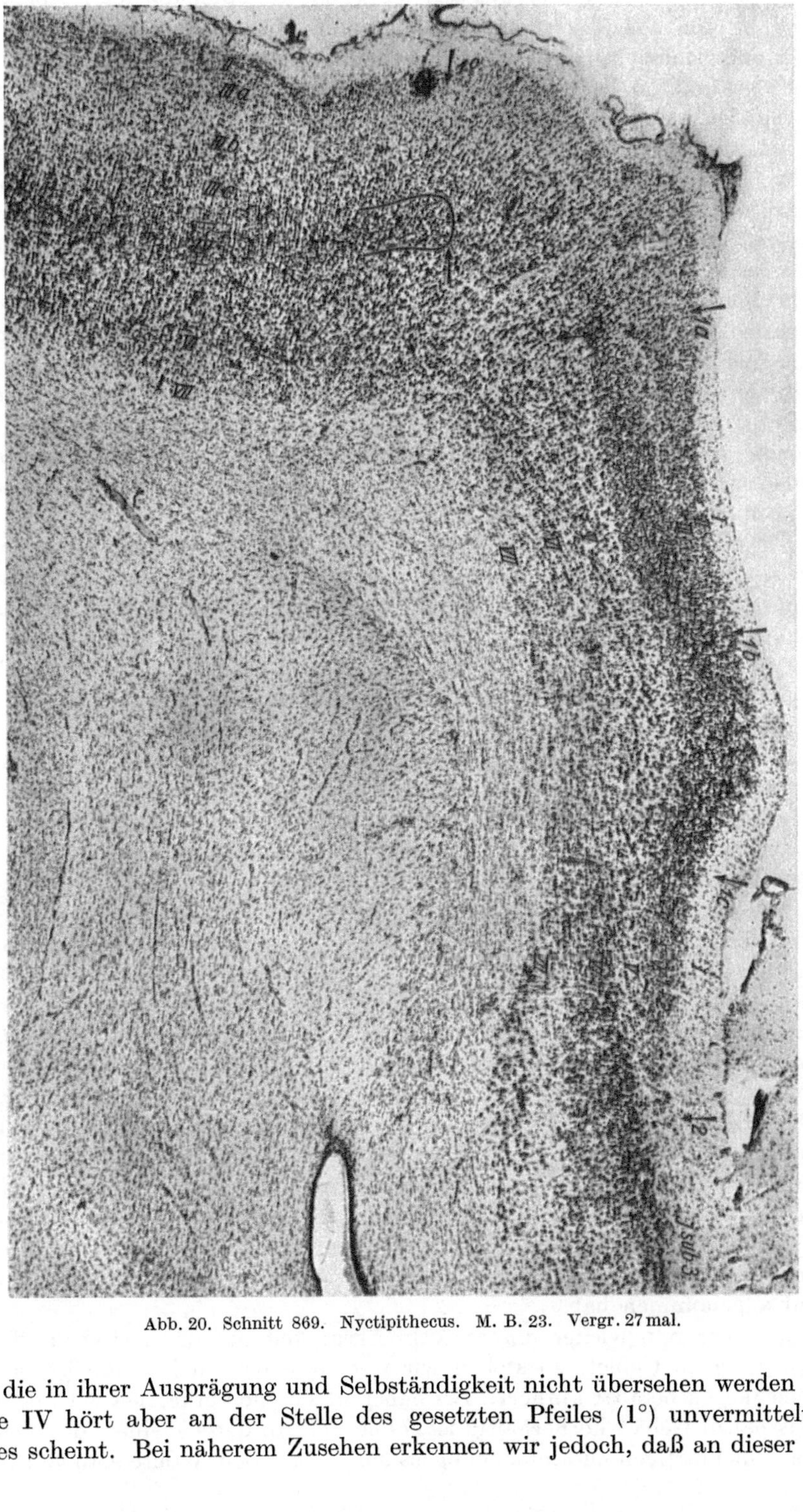

Abb. 20. Schnitt 869. Nyctipithecus. M. B. 23. Vergr. 27 mal.

uns, die in ihrer Ausprägung und Selbständigkeit nicht übersehen werden kann. Diese IV hört aber an der Stelle des gesetzten Pfeiles (1°) unvermittelt auf, wie es scheint. Bei näherem Zusehen erkennen wir jedoch, daß an dieser Stelle noch insofern eigenartige Verhältnisse vorliegen, als oberhalb der isocorticalen IV auch in einem gewissen, allerdings lockeren Zusammenhang eine zunächst schmale und schmächtige Körnerschicht, die einigermaßen kontinuierlich ist, beginnt, bis zu Pfeil 1a weiter zieht, wo dann die scharf herausfallende γ des retrosplenialen Gebietes einsetzt. Wir haben damit ein eigenartiges Zwischengebiet, das die Verbindung von den isocorticalen zu den retrosplenialen Feldern darstellt. Dieses Gebiet, das man im Sinne der alten Nomenklatur als schwach granulär, auf jeden Fall aber als granulär bezeichnen muß, stellt also gewissermaßen ein Vorfeld für die Regio retrosplenialis dar. Daß die Körnerschicht (IV) dasselbe darstellt wie die IV im Isocortex, braucht man nicht zu bezweifeln, hingegen die Frage, ob sich die γ der retrosplenialen Felder aus der isocorticalen IV entwickelt; warum werden wir genauer noch später zu erörtern haben. Hier sei aber bereits auf den merkwürdigen Befund hingewiesen, daß die schwache Körnerschicht bei Pfeil 1° vom oberen Rand der isocorticalen IV (letztere ist mit Tusche eingerahmt) ausgeht und bei Pfeil 1a am unteren Rand der γ endet. Es kann mithin die γ-Schicht sich nicht aus der schwachen Körnerschicht entwickelt haben, da sie nicht nur von anderer Struktur ist, sondern auch in einer anderen (höheren) Ebene verläuft.

Bei diesem so merkwürdigen Feld mit einer ganz schwachen IV, die jedenfalls in einer *höheren Ebene* als die isocorticale IV liegt, handelt es sich um die von den bisherigen Autoren als agranuläres retrospleniales Gebiet angesprochene Rinde, von der Rose neuerdings behauptet hat, daß sie beim Schimpansen und beim Menschen ungeteilt ist, während sie bei tiefer stehenden Affen (beim Lemur catta) sich aus drei Unterfeldern zusammensetzt (*RSag* α, *RSag* β und *RSag* γ), bei niederen Säugern, z. B. der Maus, wieder einheitlich gebaut und bei Ornithorrhynchus sogar von der Regio infraradiata nicht zu trennen ist. Beim Studium noch anderer Abbildungen werden wir begreifen, wieso die Autoren bisher die Körnerschicht übersehen haben, wir werden auch feststellen, daß die Ausprägung der Körner nicht immer so deutlich ist wie hier.

Abb. 21 bringt von Schnitt 860 abermals die retrospleniale Rinde. Wir bestätigen ohne Mühe unsere bisherigen Ausführungen. Wir sehen bei Pfeil 1a das Einsetzen der breiten γ mit Beginn der retrosplenialen Rinde, von der wir wieder einen dichten Außenteil γ_1 und einen lichten Innenteil γ_2 zu unterscheiden vermögen. Besonders klar tritt dies bei Pfeil 1b hervor. Wir sehen, aber auch ganz unverkennbar, wie sich bei Pfeil 1a eine II von einer III differenzieren läßt und wie diese beiden Schichten bei Pfeil 1b beginnen schmäler zu werden, während die γ unter zunehmender Verjüngung immer mehr der Oberfläche zustrebt. Bei Pfeil 1c ist die γ schließlich unterhalb der I angekommen, bei Pfeil 2 hat es den Anschein, als ob nur noch ein Teil der γ zu finden sei und bis zu Pfeil 3 sich erstrecke. Zwischen Pfeil 2 und 3 haben wir es also wieder mit einer 5schichtigen Rinde zu tun. Sicherlich handelt es sich in dem retrosplenialen Gebiet um ein ausgesprochen granuläres Feld *im Sinne der Autoren,* das aber in ganz anderer Weise entstanden ist, wie das Rose für diese Gegend angenommen hat.

Lenken wir nun wieder unsere Aufmerksamkeit auf das zwischen Pfeil 1° und 1a gelegene Gebiet, so stellen wir fest, daß bei Pfeil 1° die isocorticale Körnerschicht scheinbar aufhört. Bei näherem Zusehen erkennen wir abermals, daß das ganze Gebiet körnerhaltig ist, ohne aber in der IV einen deutlicheren eigenen schichtartigen Zusammenhang erkennen zu lassen. Wollte man versuchen, durch Einzeichnung von Linien den Verlauf dieser Körner zu markieren, müßte man, wie in Abb. 20, in einem etwas höheren Niveau die Markierung setzen.

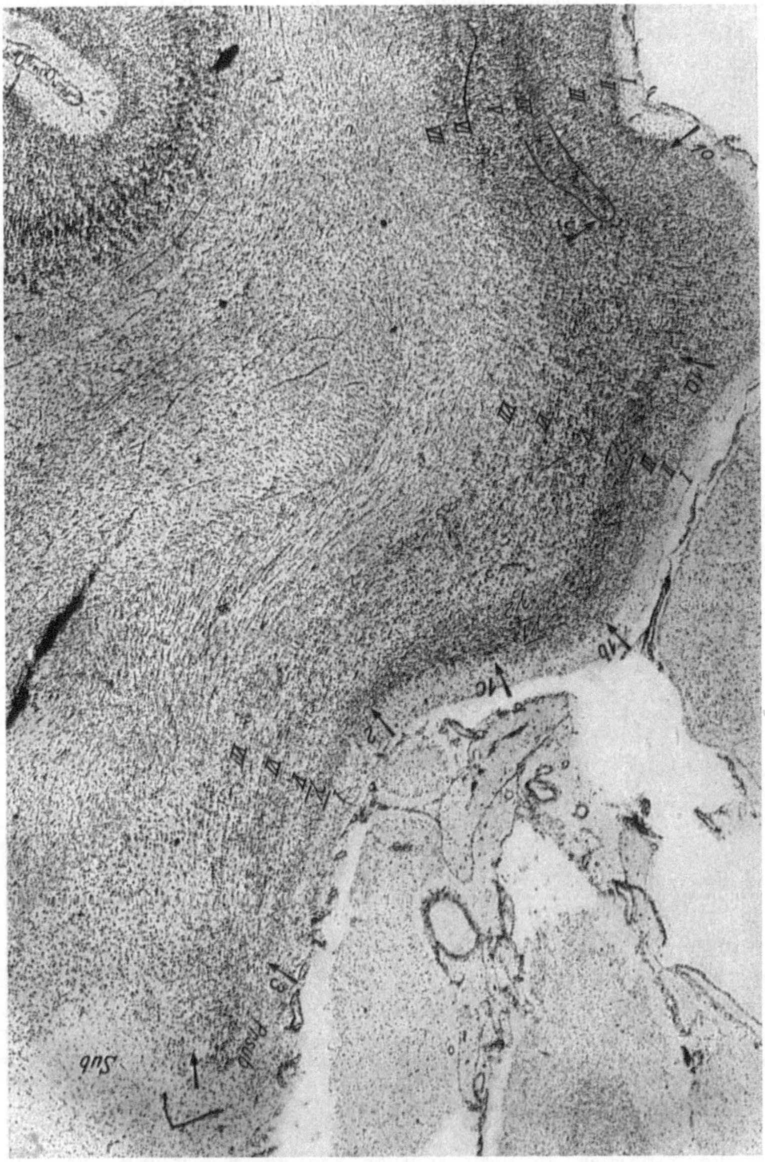

Abb. 21. Schnitt 860. Nyctipithecus M. B. 23. Vergr. 18mal.

Es handelt sich, wie wir schon bei der vorherigen Abbildung besprochen haben, wieder um das sog. agranuläre Retrosplenialgebiet der Autoren.

Bei 100facher Vergrößerung, wie sie **Abb. 22** von Schnitt 862[1] darstellt, erkennen wir die Verhältnisse in dem zwischen Pfeil 1° und 1a gelegenen sog. agranulären Retrosplenialgebiet der Autoren deutlicher. Wir sehen die bei

[1] Die Abbildung ist seitenverkehrt.

Pfeil 1° umrandete isocorticale IV aufhören und vom oberen Rand weg eine schwache körnerhaltige Schicht bis nach Pfeil 1a zu ziehen. In dieser Schicht liegen aber auch zahlreiche größere Pyramidenzellen. Bei Pfeil 1a setzt dann die von mir schwarz eingefaßte γ-Schicht unvermittelt ein. In keinem Moment

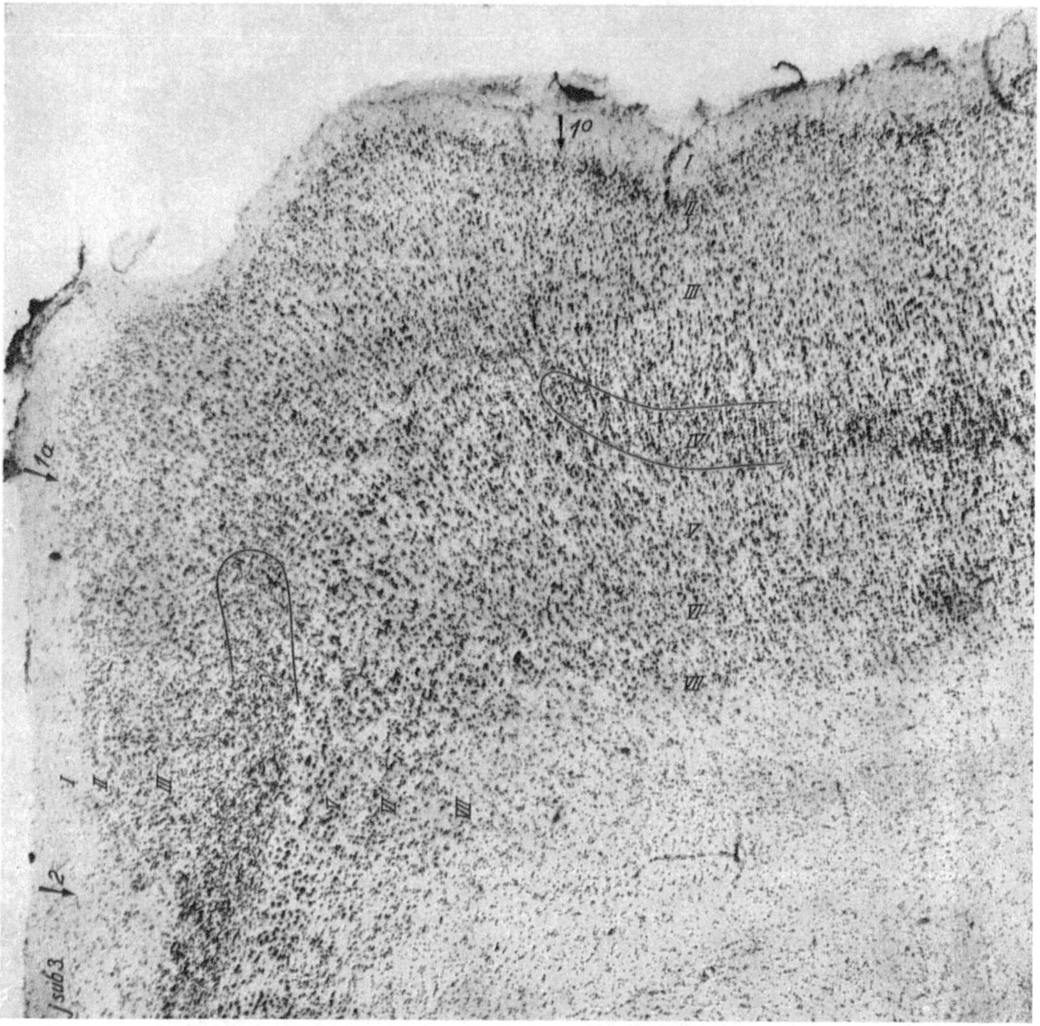

Abb. 22. Schnitt 862. Nyctipithecus M. B. 23. Vergr. 45mal.

entsteht der Eindruck, daß die γ irgendwie die Fortsetzung der schwachen Körnerschicht, erst recht nicht der isocorticalen IV (bei Pfeil 1°) sei. *Es scheint somit, daß γ eine Schicht sui generis darstellt.*

Auf die bei Pfeil 2 auftretenden modifizierten Verhältnisse weisen wir an Hand der Abb. 24 hin.

Die Abb. 22 ist auch deshalb noch so instruktiv, *weil sie unverkennbar die Selbständigkeit einer II. und III. Schicht demonstriert.* Besonders zwischen Pfeil 1° und 1a fällt die Geschlossenheit der II nicht minder auf als die der

III, die nach der Tiefe zu größere Pyramidenzellen besitzt. Aber auch noch zwischen Pfeil 1a und 2 sind beide Schichten trotz zunehmender Verkörnelung gut differenziert. Über den Bau der V, VI und VII ist nichts Besonderes zu berichten. Aus der Beschriftung ergibt sich alles von selbst.

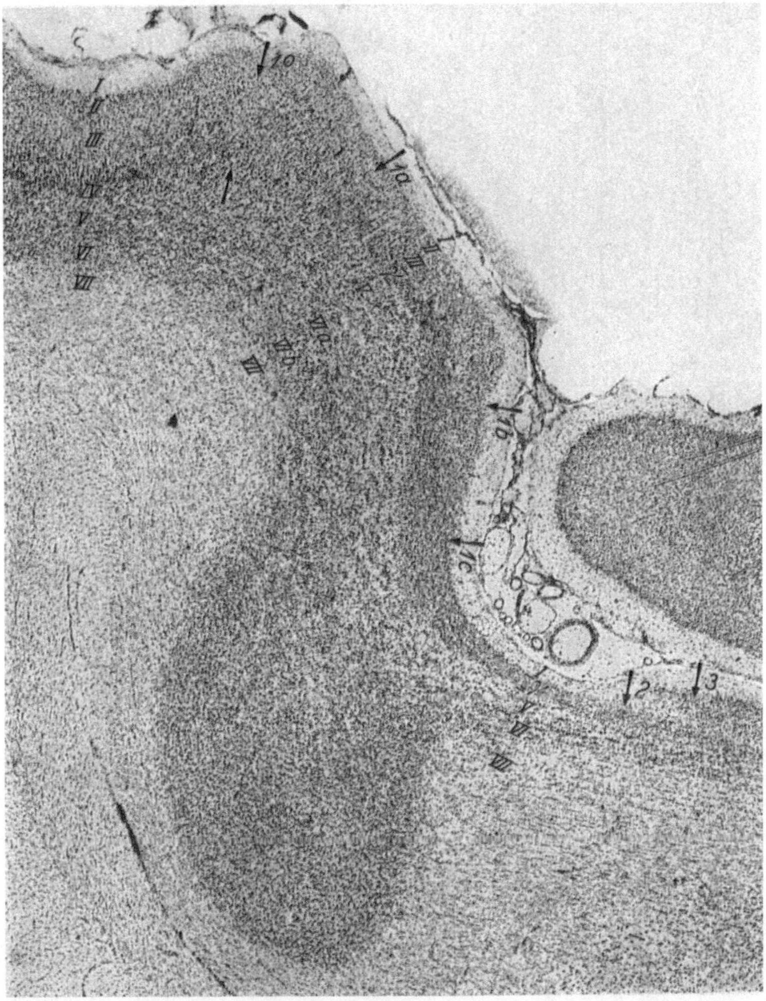

Abb. 23. Schnitt 885. Nyctipithecus M. B. 23. Vergr. 18mal.

Abb. 23 bringt uns bereits völlig vertraute Verhältnisse zur Darstellung. Wir sehen abermals bei Pfeil 1° das Sistieren der isocorticalen Körnerschicht, bei Pfeil 1a das Auftreten der in höherem Niveau gelegenen γ, die bei Pfeil 1c direkt unter die I zu liegen kommt und bei Pfeil 2 wieder von der I wegstrebt. In dem zwischen Pfeil 1° und 1a gelegenen Rindenteil ist die ohnedies nur schwache Körnerschicht schlechter erkennbar als in den bisherigen Abbildungen.

Nach außen von Pfeil 2 (rechts in der Abbildung) kommen wir in das Übergangsgebiet zum Occipitallappen, eine Gegend, die ich in meiner Macacusarbeit bereits eingehend beschrieben habe.

Abb. 24, die den Schnitt 864 darstellt, ist deshalb von erhöhtem Interesse, weil sie in einwandfreier Weise in dem zwischen Pfeil 1 b und 2 gelegenen Gebiet

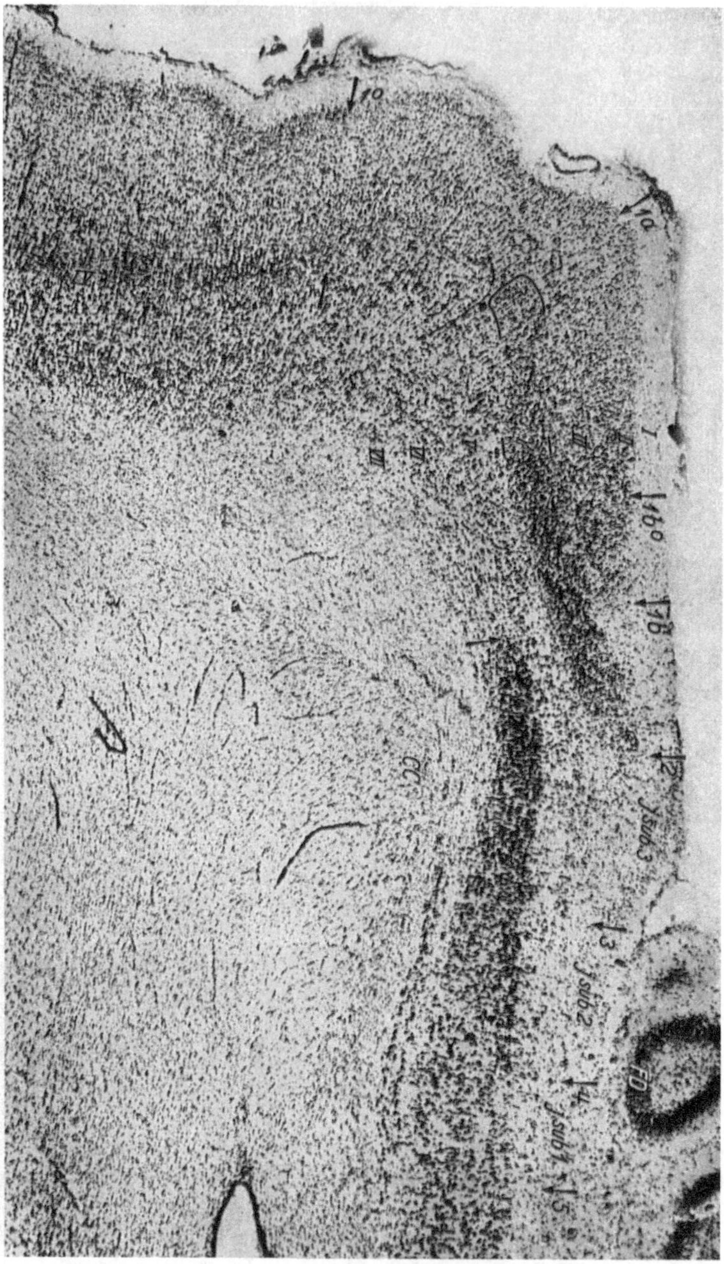

Abb. 24. Schnitt 864. Nyctipithecus M. B. 23. Vergr. 27mal.

das Fehlen der II. und III. Schicht demonstriert. Die γ zieht hier in spitzem Winkel nach der I zu. Bei Pfeil 1 b° stellen wir aber eine erneute Eigenheit fest.

Hier erscheint die Verkörnelung in der III in Form eines kleinen Streifens, der zwischen sich und der γ eine zellarme helle Zone läßt, wodurch für diesen kleinen Bezirk der Anklang an die Regio striata ein besonders großer wird.

Daß wir es in dem Gebiet zwischen Pfeil 1a und 1b° mit einer wohldifferenzierten II und III zu tun haben, bedarf nur des Hinweises auf die unterschiedlichen Zellformen in beiden Schichten. Für das zwischen Pfeil 1° und 1a gelegene Gebiet gilt dasselbe wie für die vorhergehenden Abbildungen.

Zu den zwischen Pfeil 2 und 5 gesetzten Beschriftungen $jsub_3$, $jsub_2$, $jsub_1$ und *Sub* wird später Stellung genommen.

Wir haben mithin unter Zusammenfassung unserer bisherigen Ergebnisse in der retrosplenialen Region folgendes festgestellt:

1. *Beim ausgewachsenen Gehirn des Nyctipithecus besteht eine unzweifelhaft 7schichtige Rinde, die genau so wie der Isocortex eine Differenzierung der II. und III. Schicht sowie — und das vor allem — eine körnerhaltige Schicht erkennen läßt.* Diese körnerhaltige Schicht haben wir mit γ bezeichnet. γ teilt sich stellenweise in γ_1 und γ_2, ja an einer Stelle kommt es zu einer Dreiteilung ähnlich wie in der Regio striata (s. Abb. 24 zwischen Pfeil 1b° und 1b). *Verlaufsmäßig wird aus der 7schichtigen Rinde durch Verlust bzw. Verdrängung der II. und III. Schicht eine 5schichtige Rinde, die aber völlig anderen Charakter hat als der von* Rose *mit Cortex quinquestratificatus angesprochene Rindentyp.*

2. Das zwischen dem Isocortex und der retrosplenialen stark körnerhaltigen (γ) Rinde, von den Autoren als agranuläres retrospleniales Gebiet angesprochene Feld, läßt zwar eine schichtenmäßig stärker ausgebildete Körnerschicht (IV) vermissen, es ist aber in der Gegend der IV. Schicht, allerdings in einem etwas höheren Niveau, körnerhaltig, so daß man erhebliche Zweifel haben kann, ob man es als agranuläre Rinde ansprechen soll. Diese Zweifel sind um so mehr berechtigt, als Rose zum Beispiel beim Schimpansen und beim Menschen selbst solche Körnerschichten beschreibt, ohne aber daraus den richtigen Schluß zu ziehen; für ihn bleibt dieses Gebiet agranulär. Das ist um so merkwürdiger, als er bei anderen Gelegenheiten (z. B. bei Beschreibung der Regio subgenualis) von einer scharf ausgebildeten granulären Schicht spricht, ohne daß man in seinen entsprechenden Abbildungen auch nur eine Andeutung einer solchen Schicht erkennen könnte[1]. Man bezeichnet daher dieses Gebiet am besten als schwach (tenui) granulär oder als propeagranulär.

3. Die so angedeutete IV in dem tenuigranulären retrosplenialen Gebiet bildet wohl einen gewissen Übergang nach der γ-Schicht des übrigen retrosplenialen Gebietes, ist aber bei ihrer schwachen Ausprägung und ihrem Verlauf in einer höher gelegenen Ebene nicht als der Boden anzusehen, aus dem sich die γ der retrosplenialen Rinde entwickelt. Das werden wir weiter unten noch deutlicher erkennen.

Es taucht also bereits hier die Frage auf, ob die IV des Isocortex und die γ der retrosplenialen Rinde identisch sind; denn das ist klar: Nur wenn sie es sind, können wir von einer *granulären* retrosplenialen Rinde sprechen. Nach unseren bisherigen Ausführungen müssen wir aber die Identität beider körnerhaltigen Schichten bezweifeln. Bis zur Klärung dieser Frage wollen wir daher

[1] Rose: Abb. 1 und 3, Tafel 26, der Arbeit: Gyrus limbicus anterior und Regio retrosplenialis. J. Psychol. u. Neur. 35, H. 3 u. 4 (1927).

von einer graniferen (körnertragenden) retrosplenialen Region sprechen. *Wir unterscheiden folglich* im Anschluß an den 7schichtigen Isocortex *die schwach granuläre (tenuigranuläre) retrospleniale und die granifere retrospleniale Region.*

Zu dieser Frage ist es von besonderem Interesse, die retrospleniale Region des Macacus rhesus genauer zu studieren. Es handelt sich dabei wie beim Nycthipithecus um das ausgewachsene Gehirn (M.B. 26 meiner Sammlung).

Abb. 25 (Mac 26, Schnitt 1200) läßt äußerst interessante Verhältnisse erkennen. Wir sehen bei Pfeil 1°, wie die gut ausgebildete Körnerschicht (IV) des Isocortex nahe am ventralen Angulus des Gyrus limbicus aufhört, so prägnant zu sein. Sie verschwindet aber nicht völlig. Beim näheren Zusehen stellen wir nämlich fest, daß sie in schwächerer Form noch bis zu Pfeil 1 zu verfolgen ist. Es handelt sich mithin um ein kleines schwach granuläres Gebiet, das aber, das möchte ich hervorheben, nicht identisch ist mit der Regio medioradiata Roses, die ja stets am dorsalen Angulus des Gyrus cinguli liegt und nur in Verbindung mit den infraradiären *(JR)* Gebieten auftritt. Aber auch bei Pfeil 1 hört diese schwach ausgeprägte Körnerschicht nicht völlig auf. Wenn wir schärfer hinsehen, besonders bei Zuhilfenahme der Lupe, entdecken wir nämlich doch eine ganze Menge Körner, ohne daß diese eine geschlossene Schicht bilden. Man muß also auch hier ähnlich wie beim Nyctipithecus von einem propeagranulären Gebiet sprechen. Bei Pfeil 1a ändert sich dieses Bild von neuem. Hier tritt plötzlich wieder eine deutliche körnerhaltige Schicht γ auf, die von Pfeil 1b ab eine Zweiteilung aufweist, deren oberer Ast nach der I zustrebt und diese bei Pfeil 2 in der Tiefe des Sulcus corporis callosi erreicht hat. Vergleichen wir dieses Bild mit dem von Abb. 19—24, so handelt es sich im Prinzip um die gleichen Verhältnisse. Wir haben es wie dort, nur in verkleinertem Maßstab, mit dem Sistieren der isocorticalen IV zu tun und sehen nach einer Rinde mit ganz schwach ausgeprägter Körnerschicht oder einer zum mindesten körnerhaltigen Rinde einen neuen Streifen γ mit Körnern auftreten. Dieser Streifen läßt eine Zweiteilung erkennen, er zieht unter spitzem Winkel nach der Oberfläche zu unter Verdrängung der II. und III. Schicht und landet schließlich unter der I.

Diese Verhältnisse wären beim Macacus nicht zu deuten, wenn wir sie nicht glücklicherweise beim Nyctipithecus in stark, von der Natur selbst vergrößertem Maßstabe gefunden hätten. Der dort erhobene Befund zwingt uns die Deutung beim Macacus direkt auf.

Daß wir im propeagranulären Gebiet das eigentliche agranuläre retrospleniale [1] Gebiet der Autoren vor uns haben, bedarf nach den oben gemachten Ausführungen keiner langen Begründung. Ebensowenig brauchen wir aber zu beweisen, daß die II. und III. Schicht dieses Gebietes genau so ausgeprägt, also differenziert ist wie nebenan im Isocortex, nur mit dem Unterschied, daß in ersterem eine weitgehende Verkörnelung stattgefunden hat.

Also auch beim Macacus können wir im ausgewachsenen Gehirn in der retrosplenialen Region eine körnertragende Schicht γ feststellen, die einer 7schichtigen Rinde nach dem Typus I, II, III, γ, V, VI, VII entspricht. Diese 7schichtige Rinde wird in der Tiefe des Sulcus corporis callosi zu einer 5schichtigen (nicht im Sinne Roses*) durch Verschwinden, besser Verdrängung der II. und III. Schicht.*

[1] Die Bezeichnung retrosplenial ist insofern ungenau, als wir uns ja noch erheblich vor dem Splenium corporis callosi befinden.

Aber noch einen anderen Befund können wir bei Abb. 25 erheben, nämlich 1. daß die IV des Isocortex und die γ der retrosplenialen granulären Region *ohne* Zusammenhang sind und 2. daß die γ der retrosplenialen Rinde in *einer höheren Ebene liegt* als die isocorticale IV. Man braucht nur den Verlauf der γ

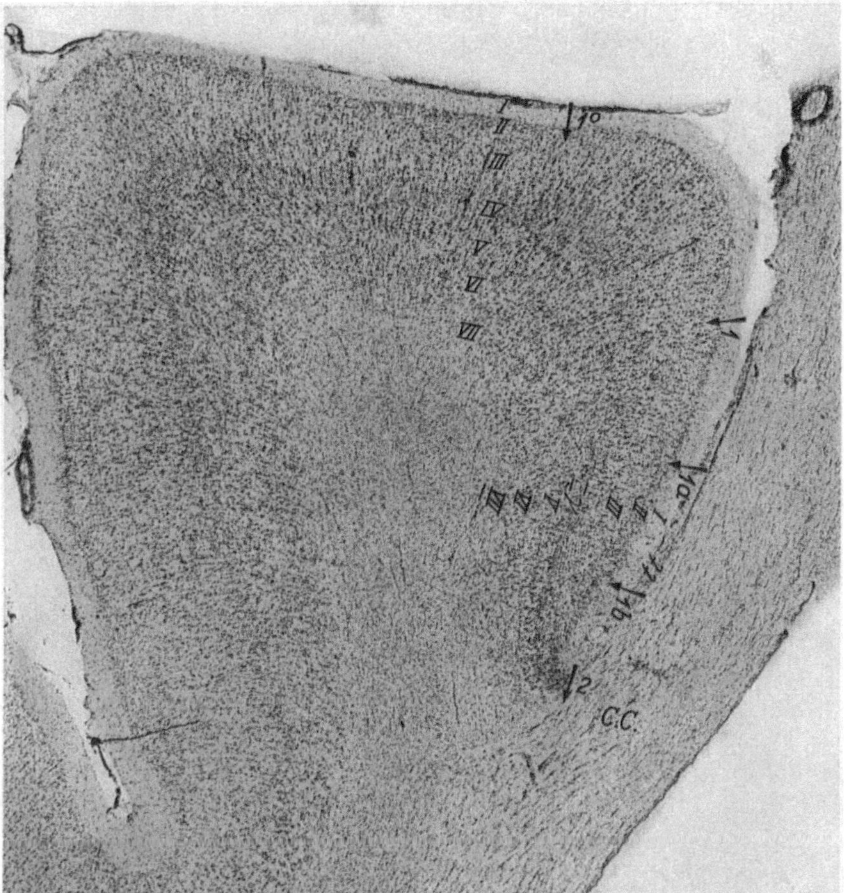

Abb. 25. Schnitt 1200. Macacus rhesus M. B. 26. Vergr. 20mal.

bei Pfeil 1a in Richtung zu Pfeil 1 zu verfolgen (s. auch Abb. 26), so wird man *oberhalb* der isocorticalen IV bei Pfeil 1 landen.

Diesen letzteren Punkt müssen wir als ganz besonders wichtigen Befund herausheben, weil er uns, wie wir noch sehen werden, den Schlüssel zum Verständnis der Morphogenie dieser Gegend überhaupt erst an die Hand gibt.

Abb. 26 zeigt dieselbe Gegend vom gleichen Macacus 105 Schnitte weiter caudal (Schnitt 1305). Hier liegt zwischen Pfeil 1 und 1a wiederum ein propeagranuläres Gebiet, das im Sinne der Autoren als retrospleniales agranuläres Feld anzusprechen ist. Von dorsal her kommend sehen wir die Körnerschicht des Isocortex bei Pfeil 1 enden. Zwischen Pfeil 1° und 1 ist ein schwach granuläres Gebiet. Auch bei dieser Abbildung besteht keinerlei Verbindung zwischen der isocorticalen IV und der γ der retrosplenialen, bei Pfeil 1a beginnenden Rinde.

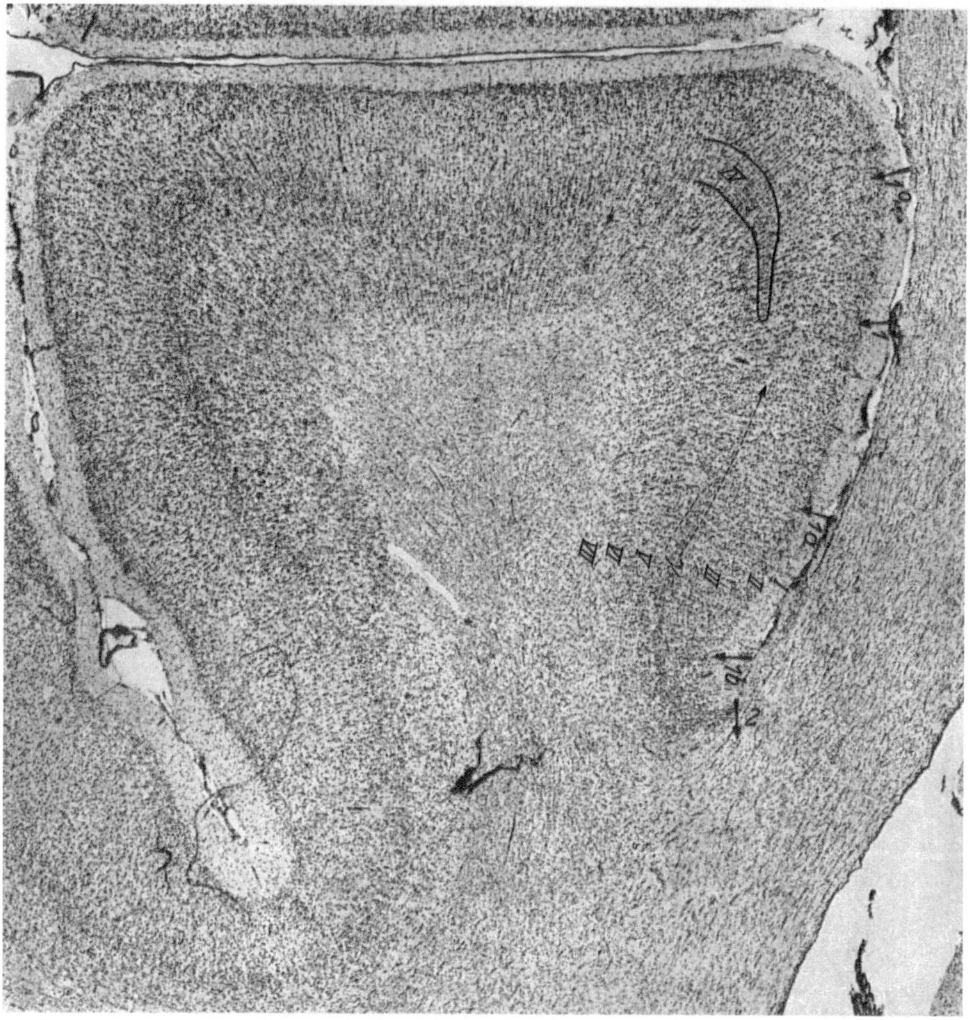

Abb. 26. Schnitt 1305. Macacus rhesus M. B. 26. Vergr. 20mal.

Setzen wir die körnerhaltige Schicht γ bei Pfeil 1a in idealer Richtung fort, so landen wir auch hier oberhalb der isocorticalen IV.

Die retrospleniale γ zieht in der Gegend von Pfeil 1b ab wieder nach der Oberfläche unter die I zu, sie verbreitert sich, d. h. man kann einen oberen von einem unteren Teil unterscheiden[1]. Schon vor Pfeil 2, vor Erreichen des tiefsten Punktes im Sulcus corporis callosi, ist sie unterhalb der I angekommen. Die II und III sind hier verschwunden.

[1] Wegen des kleinen Formates der Abbildung habe ich die Schichten nicht eingezeichnet.

Daß sowohl das isocorticale als auch das propeagranuläre und das granifere retrospleniale Gebiet eine wohldifferenzierte II und eine III besitzen, geht aus der Abbildung zwingend hervor. Alles übrige von Abb. 25 Gesagte gilt hier in gleicher Form.

Abb. 27 bringt uns von einer viel caudaleren Stelle (Schnitt 1550) dieselbe Gegend beim gleichen Tier. Das Gesamtbild hat sich hier zweifellos etwas

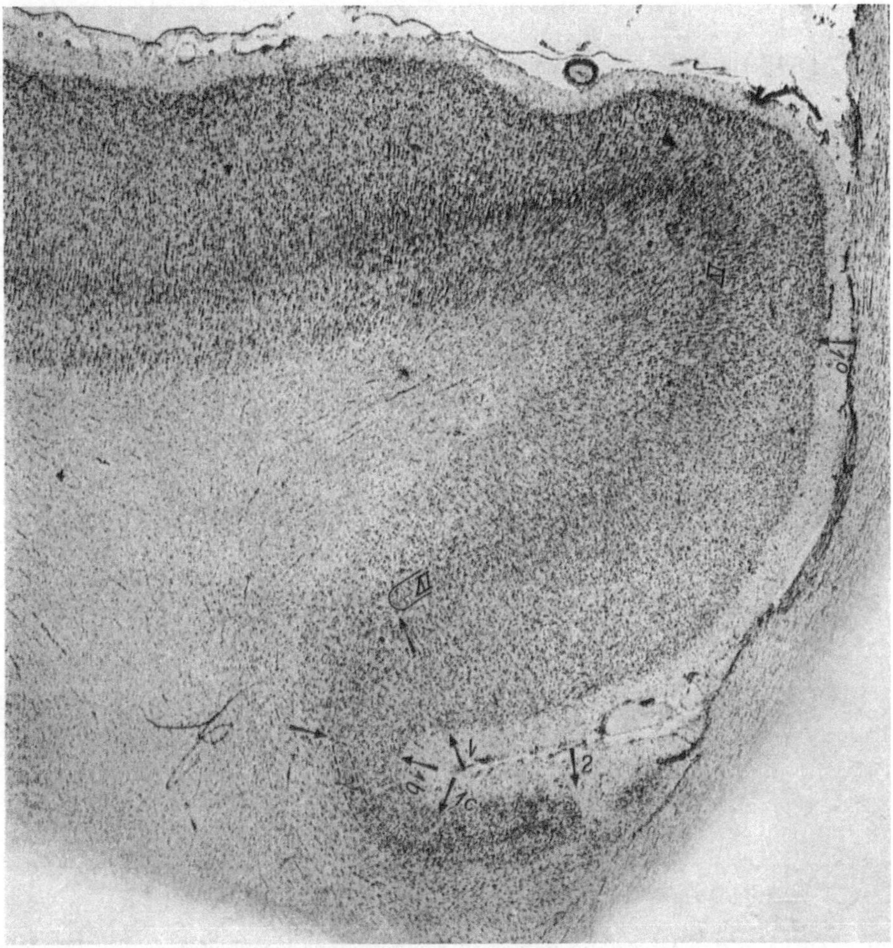

Abb. 27. Schnitt 1550. Macacus rhesus M. B. 26. Vergr. 20mal.

geändert. Die isocorticale IV auf dem Gyrus cinguli endet in ihrer ziemlich scharfen Ausprägung im Sulcus corporis callosi bei Pfeil 1°, setzt sich dann aber, wenn auch erheblich verdünnt, bis zu Pfeil 1 fort. Zwischen Pfeil 1 und 1b nimmt diese Verdünnung noch zu, man erkennt aber gerade noch eine dünne Lage Körner, so daß man strenggenommen nur von einem propeagranulären oder tenuigranulären Gebiet sprechen kann.

Bei Pfeil 1b setzt die uns bereits bekannte granifere retrospleniale Rinde mit der zwar schmalen aber unverkennbaren γ-Schicht ein. Auch hier verläuft γ in einer höheren Ebene als die isocorticale IV (bei Pfeil 1). Bei Pfeil 1 o beobachten wir eine Zweiteilung der γ; die II. und III. Schicht ist durch die unter die I strebende γ-Schicht bereits verdrängt.

Als letztes Präparat bringe ich vom Macacus schließlich in **Abb. 28** die caudalste Gegend der retrosplenialen Rinde, die bereits in das Occipitalgebiet hineinführt. Einige Millimeter weiter caudal treten die ersten Occipitalfelder

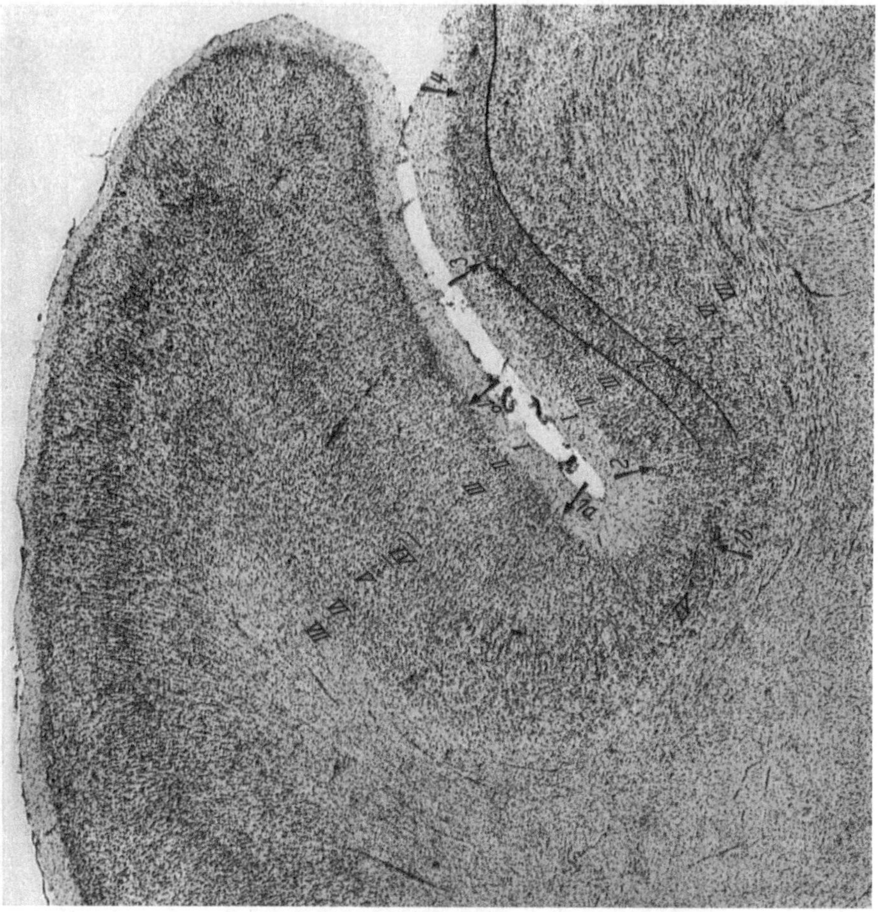

Abb. 28. Schnitt 1630. Macacus rhesus M. B. 26. Vergr. 20mal.

auf. Ich habe das Übergangsgebiet in meiner Macacusarbeit bereits eingehend beschrieben.

Wir sehen im Sulcus corporis callosi eine ausgesprochen granuläre isocorticale Rinde bis zu Pfeil 1° verlaufen. Zwischen Pfeil 1° und 1a haben wir es dann mit einer ebenfalls isocorticalen Rinde zu tun, bei der aber die IV weniger stark ausgeprägt ist. Noch schwächer wird schließlich die Körnerschicht zwischen Pfeil 1a und 1b. Zwischen Pfeil 1b und 2 haben wir wieder das aus früheren Abbildungen bekannte agranuläre retrospleniale Gebiet der Autoren vor uns, das hier mit einer schwachen Lage von Körnern ausgestattet ist, also als tenuigranulär bezeichnet werden muß. Bei Pfeil 2 setzt die streifenförmige, breite γ ein (am ventralen Schenkel des Sulcus corporis callosi auf dem Isthmus).

Sie zieht gegen die I zu, die sie bei Pfeil 3 erreicht. Wir haben von da ab wie beim Nyctipithecus oberhalb der V. Schicht nur noch die γ, die einen dichteren Außen- und lichteren Innenteil unterscheiden läßt. Zweifellos verläuft die γ von Pfeil 2 ab in einer höheren Ebene als die bei Pfeil 1 b endende isocorticale IV. Ebenso zweifellos kann die γ nicht als Fortsetzung der IV betrachtet werden.

Wir finden also zusammenfassend beim Nyctipithecus und beim Macacus in der retrosplenialen Region die gleichen Verhältnisse, wenn auch bei letzteren etwas modifiziert, was wohl auf die höhere Organisation des Gehirns zu setzen ist. Bei beiden Tieren haben wir eine Rinde vor uns, die ohne Zweifel nicht nur eine granifere (γ) Schicht erkennen läßt, sondern auch eine II. und III. Schicht, letzteres besonders deutlich und eindringlich in den isocorticalnahen Partien, d. h. also vor allem auch in dem Gebiet, das die Autoren als agranuläres retrospleniales Gebiet aufgefaßt haben. Aber auch die graniferen Gebiete haben eine unverkennbar ausgeprägte II und III aufzuweisen. Erst durch Höherrücken der γ werden die Schichten II und III immer mehr verdrängt, so weit, bis beide schließlich ganz verschwunden sind. Dieses Verschwinden ist aber nur durch den eigenartigen Verlauf der γ zu erklären und bedeutet in keiner Weise einen primären oder ontogenetischen Schichtenverlust. Gleichzeitig mit dem Einsetzen der γ, die einen streifenförmigen Charakter annimmt und sich caudalwärts zunehmend verbreitert, setzt auch eine Verkörnelung der oberhalb der IV gelegenen Schichten ein. Diese Verkörnelung nimmt solch hohe Grade an, daß man die Schichten II und III vor ihrer völligen Verdrängung durch die γ nicht mehr unterscheiden kann und es so aussieht, als bestünde die Rinde in ihren äußeren Partien nur aus *einer* granulären Schicht, eine Deutung, die Rose zur Aufstellung seiner Lehre vom Cortex quinquestratificatus veranlaßt hat.

Wenn unsere neue Beweisführung richtig sein soll, dann muß sie sich auch bei anderen Säugetieren, bei niederen als es die Affen sind, sie muß sich aber auch bei höheren Tieren und schließlich auch beim Menschen bestätigen lassen.

Es ist nicht Zweck und Aufgabe dieser Abhandlung, eine genauere architektonische Einteilung der retrosplenialen Rinde oder anderer Regionen zu bringen. Es kommt hier nur auf das Prinzipielle an. Deshalb will ich auch für den Mantelpavian und den Menschen gewissermaßen nur Stichproben bringen, die das bisher Behauptete erneut beweisen sollen.

Zu diesem Zwecke verweise ich auf die **Abb. 29.** Sie stammt aus der retrosplenialen Region des Mantelpavians (M.B. 29, Schnitt 1791, rechts meiner Sammlung). Wir befinden uns hinter dem Balken auf dem Isthmus Gyri cinguli. Bei Pfeil 3 wird die isocorticale IV plötzlich schwächer, läßt sich aber zwischen Pfeil 3 und 1 noch ganz deutlich nachweisen (s. gestrichelte Umrahmung). Bei Pfeil 1 verliert sie jedoch ihre Geschlossenheit, so daß zwischen Pfeil 1 und 1a nur eine Andeutung von Körnern in der Gegend der IV besteht. Dieses sog. retrospleniale agranuläre Gebiet der Autoren ist also ähnlich wie beim Nyctipithecus und Macacus tenuigranulär oder propeagranulär.

Bei Pfeil 1a setzt aber dann in äußerst markanter Ausprägung in *höherem Niveau* unsere γ-Schicht ein, die in spitzem Winkel gegen die Oberfläche der Rinde zu zieht und bei Pfeil 1b unter Verdrängung der II. und III. Schicht unterhalb der I gelandet ist.

Wir haben mithin auch beim Mantelpavian die gleichen Verhältnisse, wie wir sie bisher beschrieben haben, so daß wir bei diesen Affen eine völlige

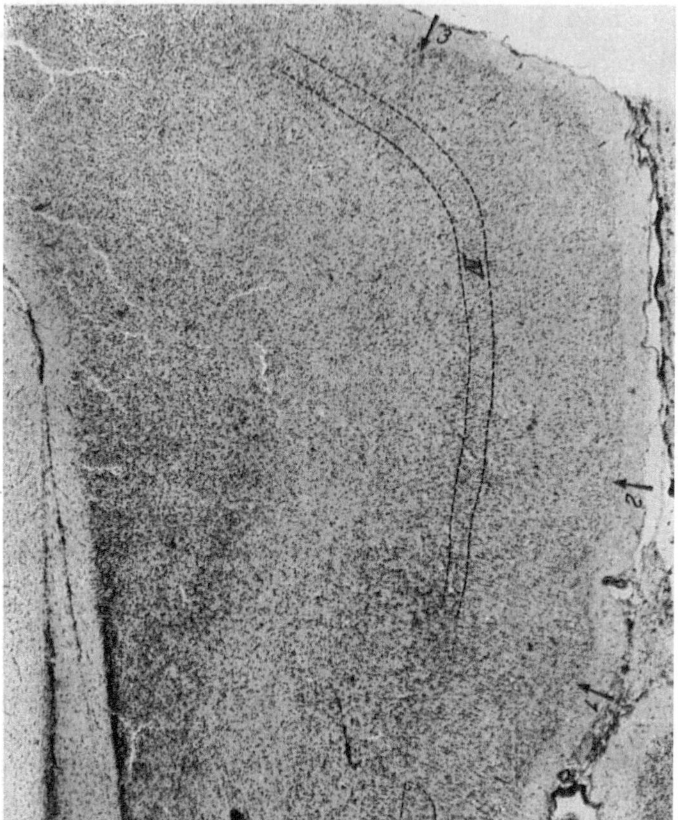

Abb. 29. Schnitt 1791. Mantelpavian. M. B. 29. Vergr. 20mal.

Bestätigung in der Auffassung des Baues der graniferen retrosplenialen Rinde finden. Besonders eindringlich kommt hier die Eigenstellung der γ-Schicht heraus, die weder als Fortsetzung der isocorticalen Körnerschicht (IV) noch als Entwickelungsprodukt aus ihr aufgefaßt werden kann.

Ebenso beweisend ist die Abbildung für die Differenzierung der II. und III. Schicht, was sich aus den in ihnen vorkommenden Zellformen von selbst ergibt. Auch die II. und III. Schicht erfahren beim Mantelpavian mit dem Einsetzen der γ eine zunehmende Verkörnelung.

Endlich haben wir in **Abb. 30** (M. B. 54 Schnitt 335 1, Block 5 meiner Sammlung) die caudale granifere retrospleniale Region *beim Menschen* vor uns. Wir befinden uns, topographisch betrachtet, hinter dem Splenium corporis callosi auf dem Isthmus Gyri cinguli. Nach links von Pfeil 1 haben wir es mit dem tenuigranulären retrosplenialen Gebiet zu tun, der Regio retrosplenialis agranularis der Autoren. Die Körnerschicht verläuft nicht geschlossen und läßt auch keinen schichtartigen Verband erkennen. Aber ganz unzweifelhaft finden sich in der Gegend der IV zahlreiche Körner. Im auffallenden Gegensatz hierzu setzt dann bei Pfeil 1 unsere γ-Schicht ein, die im spitzen Winkel der I zustrebt und diese bei Pfeil 2 erreicht hat. Die vorher noch deutlich vorhandene II und III sind in dieser Höhe völlig verdrängt. Der Prozeß ihrer Verkörnelung hat aber schon bei Pfeil 1 eingesetzt. In dem zwischen Pfeil 2 und 3 gelegenen Gebiet haben wir es genau wie beim Nyctipithecus, beim Macacus und beim Mantelpavian mit einer Rinde zu tun, bei der ihr ganzer äußerer Teil nur aus der γ-Schicht (abgesehen von der I) besteht. Die bei Pfeil 1 noch 7schichtige Rinde ist bei Pfeil 2 durch Verdrängung der II. und III. Schicht zu einer 5schichtigen geworden, auch hier selbstverständlich in ganz anderem Sinne als dies ROSE mit seinem Cortex quinquestratificatus zum Ausdruck bringen wollte.

Mit der Abb. 30, die uns folglich beim Menschen die gleichen anatomischen Verhältnisse in der graniferen retrosplenialen Region wie beim Nyctipithecus, beim Macacus und Mantelpavian erkennen läßt, wird nicht nur aufs neue erwiesen, daß die Lehre ROSEs über den Cortex quinquestratificatus falsch ist, sondern auch, *daß* ROSE *die Grenze für die retrosplenialen Typen viel zu eng gezogen hat.* Er läßt beim Menschen die retrospleniale Region mit dem Splenium corporis callosi enden. In Wirklichkeit greifen diese Typen, wie übrigens BRODMANN und von ECONOMO und KOSKINAS bereits richtig beschrieben haben, auf den Isthmus Gyri cinguli über und erstrecken sich bis zum Beginn des Occipitallappens. *Es kommen also in dieser Gegend die entorhinalen Felder, die retrosplenialen, das Ammonshorn und die occipitalen Felder in engste Berührung, was hinsichtlich der Funktion von größter Bedeutung ist.* Auf diesen wichtigen Befund habe ich bereits in meiner Macacusarbeit hingewiesen. Das Schema, das ROSE über die Ausbreitung der retrosplenialen Typen beim Menschen und beim höheren Affem gegeben hat, ist also falsch und bedarf der Berichtigung.

Mit dem Nachweis identischer anatomischer Verhältnisse in der retrosplenialen Region für den Nyctipithecus, Macacus, Mantelpavian und den Menschen wird das Verständnis für dieses Gebiet in entwicklungsgeschichtlicher Hinsicht wesentlich erleichtert. Überraschend ist dabei, daß der Nachweis einer graniferen, mit der IV nicht identischen Schicht, am ausgewachsenen Gehirn möglich ist. Noch zwingender aber muß unsere Beweisführung werden, wenn wir sie auch am jugendlichen Gehirn erhärten können. Bevor wir dazu

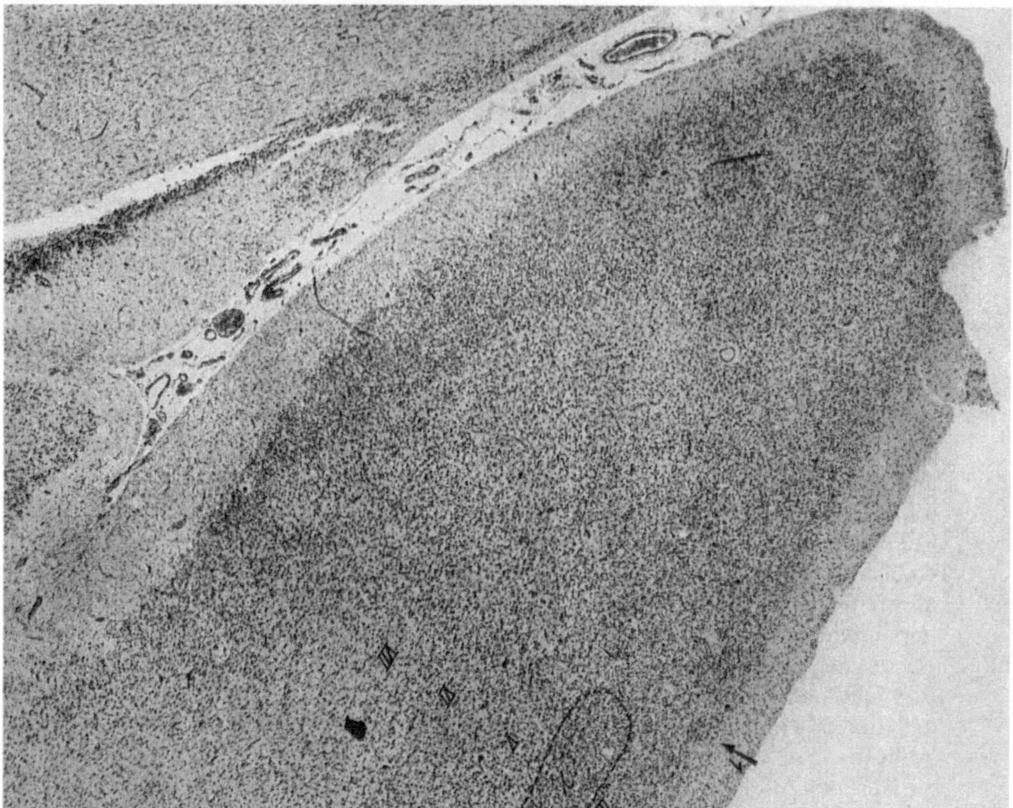

Abb. 30. Schnitt 335 l. Block 5. M. B. 54. Menschliches Gehirn. Vergr. 20mal.

übergehen, möchte ich nur noch hervorheben, daß von Economo und Koskinas in ihrem großen cytoarchitektonischen Atlas den eigenartigen anatomisehen

Bau der retrosplenialen Region bereits beschreiben und abbilden, ohne aber ihren Befund irgendwie auszuwerten. So haben sie bereits erkannt, daß die retrospleniale Region teilweise die II. und III. Schicht verlieren. Sie beschreiben dies S. 462 folgendermaßen: „Die IV (Körnerschicht), die die retrospleniale *granulöse* Formation ausmacht, entspricht nicht bloß der IV. Schicht, sondern auch den unteren Partien der III. Sie ist dadurch auffällig, daß sie, je tiefer wir gegen das Tal des Sulcus corporis callosi gehen, durch progrediente Verschmälerung der II und der restlichen oberen III immer näher an die Oberfläche kommt, so daß sie im unteren Drittel der Wand nach Verlust der II und III selbst unmittelbar unter die I zu liegen kommt. Letztere Partie ist also heterotypisch.“ In Tafel 52 bilden die Autoren diesen Befund ab.

S. 463 heißt es: „Es fällt auf, daß, wenn man von LC_3 (Area cinguli limitans posterior) nach rückwärts und ventral schreitet, die in LC_3 immerhin lockere IV recht rasch an Dichte der Körnerelemente sprunghaft zunimmt, und daß diese Körnerschicht auch gleichsam um eine Stufe höher im Rindenquerschnitt steigt; d. h., daß sie nicht in der direkten Fortsetzung der IV liegt, sondern eigentlich zum Teil wenigstens in der Fortsetzung der unteren Partien der III. Man hat stellenweise sogar den Eindruck von zwei inneren Körnerschichten, die übereinander liegen.“ Die Autoren fassen infolge dieses eigenartigen Baues diese Gegend als sensible Riechzone auf.

Wir stellen fest: von ECONOMO und KOSKINAS haben die Dinge beim Menschen ganz richtig gesehen, sie haben sie nur insofern falsch gedeutet, als sie diese eigenartige körnerhaltige Schicht (unsere γ) mit der isocorticalen IV identifiziert haben[1], während wir diese γ als Schicht sui generis auffassen und infolgedessen sie als granifere Schicht bezeichnen. Daß unsere Deutung die richtige ist, werden wir sogleich bei jungen Hunden im Entwicklungsstadium des 1., 6. und 11. Tages nach der Geburt beweisen.

Da es bisher üblich war, die retrospleniale Region mit der limbischen zusammen zu betrachten, da beide auf dem Gyrus cinguli liegen und sich in orocaudaler Richtung ablösen, so wollen wir diese Gepflogenheit beibehalten. Aber nicht nur aus historischen Gründen haben wir die limbische (cinguläre) Region in unsere Betrachtung mit einbezogen, sondern auch aus entwicklungsgeschichtlichen. Wir werden nämlich, das sei hier gleich vorweggenommen, zu der Feststellung kommen, daß beide Regionen, die limbische und die retrospleniale, ontogenetisch sich so verschieden verhalten, daß es im Sinne der *bisherigen* entwicklungsgeschichtlichen Betrachtungsweise unmöglich ist, sie unter einheitlichen Gesichtspunkten zusammenzufassen.

Abb. 31 zeigt uns die limbische Gegend von einem 1 Tag alten Hund (Schnitt 316). Wir befinden uns kurz vor dem Auftreten des Genu corporis callosi. Zwischen Pfeil 1 und 2 haben wir die eigentliche limbische Region vor uns, zwischen Pfeil 2 und 3 die Taenia tecti. Auf weitere Feinheiten gehe ich nicht ein, auch nicht in den folgenden Abbildungen, weil es hier auf die prinzipielle und nicht auf die architektonische Einteilung ankommt.

Die Rinde, die gegen rechts (den Balken) zu schmäler wird, ist äußerst mangelhaft differenziert. Wir erkennen mit größter Leichtigkeit die I, ebenso die sehr dunkle, streifenförmige, schmale II, die sich gegen die I sehr scharf und ziemlich scharf gegen die tieferen Schichten absetzt. Unterhalb der II

[1] Was übrigens auch BRODMANN getan hat.

haben wir es aber mit Schichten zu tun, die sich nur schwer gegeneinander abgrenzen lassen. Weder die III. noch die V. Schicht hebt sich irgendwie schärfer heraus, *eine IV. Schicht ist überhaupt nicht zu entdecken.* Auch die VI. Schicht ist kaum hervorgehoben, während die VII. Schicht durch ihre Aufhellung und ihre Armut an Zellen sich deutlicher abzeichnet. Diese geht auch ohne scharfe Grenzen in das Markweiß über.

Bei Pfeil 1 können wir nach der Furche zu zwar nicht sehr ausgesprochen, aber doch immerhin deutlich gut eine Körnerschicht feststellen, so daß hier

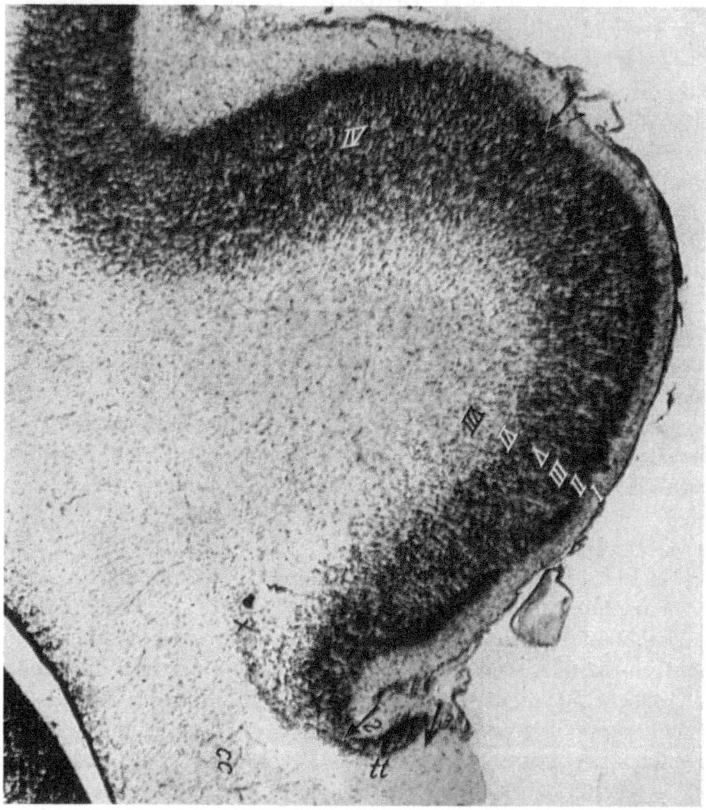

Abb. 31. Schnitt 316. 1 Tag alter Hund. M. B. 10. Vergr. 40mal.

eine körnerschichthaltige Partie der Hirnrinde, also ein richtiger 7schichtiger Isocortex vorliegt. (Es handelt sich bei diesem Gebiet um die Regio medioradiata und propeeuradiata Roses.) In dem zwischen Pfeil 1 und 2 gelegenen Gebiet handelt es sich aber zweifellos um ein agranuläres Gebiet, welches, da auch späterhin, wie wir noch beweisen werden, keine Körnerschicht mehr entsteht, als *primär agranulär* bezeichnet werden muß. Wir haben schon hervorgehoben, daß sich die II deutlich heraushebt. Unter ihr kann aber nach unseren Erfahrungen nur die III liegen. Wir werden noch klarer sehen, daß dies auch der Fall ist. Diese III geht in die V über. Die V ist schon andeutungsweise zu erkennen und hebt sich durch eine leichte Zunahme an Dunkelfärbung und ein Zusammenklumpen und Zusammenballen der Neuroblasten heraus.

Wir haben es folglich in der limbischen Region, die ja zweifellos dem entspricht, was Brodmann als Regio cingularis anterior bezeichnet hat, mit einer 6schichtigen Rinde zu tun (I, II, III, V, VI und VII), wobei die Körnerschicht (die IV. Schicht) von vornherein überhaupt nicht angelegt ist. Die Feststellung Roses, daß seine Lamina granularis primaria undifferenziert bleibt, ist nicht richtig. Sie differenziert sich, da wir sowohl eine II als auch eine III unterscheiden können, in ausgesprochener Form, infolge der fehlenden Körnerschicht (IV) hebt sich allerdings die III gegen die V schlecht ab. Es handelt sich also um eine wohldifferenzierte, aber schlecht und mangelhaft geschichtete Rinde.

Hervorzuheben ist noch der mit *x* bezeichnete Streifen, der am oberen Rand des Balkens verläuft, aus der Tiefe des Markweißes kommt und am Furchenboden des Sulcus corporis callosi in Richtung der Taenia tecti zieht, von Rose bei der Maus fälschlich als VII bezeichnet.

Die subgenuale Gegend, also die unter dem Genu corporis callosi gelegene Rindenplatte, verhält sich in der Schichtung sowohl als auch in der Differenzierung ganz ähnlich, nur ist hier die V von Anfang besser herausgehoben und enthält große Zellen. Ich lasse mich aber auf diese Frage nicht näher ein, da etwas prinzipiell Neues gegenüber der Abb. 31 nicht festzustellen ist. Es ist mithin die Regio subgenualis ebenfalls 6schichtig und primär agranulär. Ob ein dysgranuläres Gebiet besteht, habe ich nicht untersucht. Rose beschreibt diese Gegend nur beim Schimpansen und Menschen. Er unterscheidet beim Schimpansen ein frontales von einem caudalen Gebiet. Das erstere, seine Area subgenualis anterior, bildet den Übergang zum Isocortex, das letztere, seine Area subgenualis posterior scheine eine nahe architektonische Verwandtschaft zur infraradiären Region zu haben. In der Area subgenualis anterior (*Sbga*) sei die IV. Schicht nur angedeutet. In der Area subgenualis posterior (*Sbgp*) sei von einer Körnerschicht (IV) keine Spur.

Beim Menschen sind die Verhältnisse nach Rose analog. Auch hier ist in *Sbga* die Lamina granularis (IV) kaum angedeutet. Sie bildet keine deutlich begrenzte Schicht; Rose hat sie deshalb auf Tafel 26, Abb. 1, nicht eingezeichnet. Ihre Elemente liegen hauptsächlich in der V. Schicht zerstreut. Bei der Beschreibung von *Sbgp* spricht Rose nur von einer II—IV. Von einer Körnerschicht erwähnt er überhaupt nichts, so daß die Frage, ob eine solche besteht, von ihm offengelassen wird.

Diese Beschreibung ist insofern von Interesse, weil Rose an anderer Stelle (retrospleniale Region), wo die Körnerschicht ungleich stärker ausgeprägt ist, unbedenklich von agranulärem Gebiet spricht.

Abb. 32, die vom gleichen Hund (Schnitt 461) stammt und die von einer etwa 150 Schnitte weiter caudal gelegenen Gegend genommen ist, läßt im Vergleich mit Abb. 31 einen ganz anderen Entwicklungsmodus der Rinde erkennen. Während wir in Abb. 31 in diesem Stadium eine ziemlich einheitliche, zum mindesten schlecht geschichtete (allerdings noch unfertige) Rinde vor uns haben, ist hier die Schichtung äußerst merkwürdig und prägnant. Besonders zwischen Pfeil 2 und 3 fällt uns auf, daß die Rindenplatte durch eine aufgehellte Zwischenschicht (Lamina partialis intermedia — lim)[1] und zwei dichte dunkle Streifen,

[1] Von mir in die Abbildung nicht eingezeichnet.

die wir völlig unpräjudizierend als Lamina partialis externa (*le*) und Lamina partialis interna (*li*) bezeichnen wollen, eine unverkennbare Streifung erhält, die bis zu Pfeil 3 zu verfolgen ist. Durch diese Streifung unterscheidet sich die Rinde, die nichts anderes darstellt als die retrospleniale[1] Region, ganz prinzipiell von der limbischen Rinde der Abb. 31. Wenn wir den ganzen Rindenquerschnitt näher beschreiben wollen, dann stellen wir fest: Auf eine relativ dunkle und schmale I folgt die *le*, die einen sehr geschlossenen Eindruck macht und in ihrer Form wohl nichts anderes sein kann als die II. Schicht. Nach innen zu geht sie allerdings etwas diffus in die aufgehellte Zwischenschicht *lim* (Lamina partialis intermedia) über. Diese Schicht kann in ihren oberen, an die II angrenzenden Partien nur als die III angesprochen werden. Wir haben mithin eine gut entwickelte II aber noch mangelhaft entwickelte III vor uns. Die Lamina partialis interna (*li*) kann nichts anderes sein als die V. Schicht. Die VI. Schicht ist ziemlich zellarm und hell, was bei Pfeil 2 besonders deutlich wird, weil sie in dem Gebiet links von diesem Pfeil viel zellreicher und dunkler ist. Die VII. Schicht ist ebenfalls heller und zellärmer als links von Pfeil 1. Es handelt sich mithin nicht nur um eine eigenartig gestreifte Rinde (zwischen Pfeil 2 und 3), sondern auch um eine schlechtere Betonung sowohl der VI. als auch der VII. Schicht. Nun können wir aber unterhalb von *li* und oberhalb von VI eine, wenn auch weniger deutliche Aufhellung bemerken. Dazu kommt noch die direkt oberhalb der breiten dunklen *li* gelegene Aufhellung. Auf diese Weise wird *li* von zwei aufgehellten Rindenpartien eingerahmt, die, wie wir später noch beweisen werden, als zur V gehörig zu betrachten sind. Es besteht mithin die V in diesem Gebiet aus drei Unterschichten, die wir der Reihe nach als Va, Vb und Vc ansprechen wollen, wobei die Vb durch die *li* dargestellt wird. Aber noch ein ganz wesentlicher Punkt ist zu erwähnen. Nach links von Pfeil 1 sehen wir reine isocorticale Rinde mit einer bereits gut ausgeprägten Körnerschicht (weiß umrahmt). Bei Pfeil 1 hört die Prägnanz dieser Körnerschicht plötzlich auf, um zwischen Pfeil 1 und 2 nur noch andeutungsweise

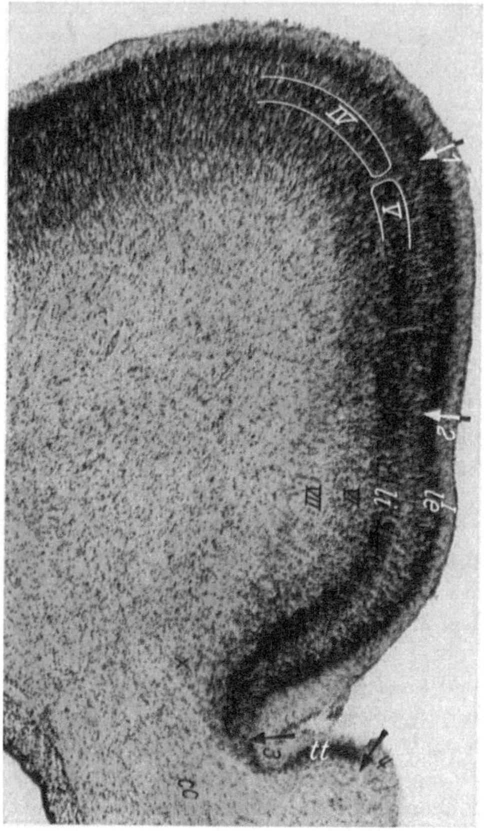

Abb. 32. Schnitt 461. 1 Tag alter Hund. M. B. 10. Vergr. 40mal.

[1] Die Bezeichnung retrosplenial ist insofern ungenau, als wir uns ja noch *vor* dem Retrosplenium befinden.

oberhalb der nur eine kleine Strecke weit weiß umrahmten Schicht zu verlaufen. Die weiß umrahmte Schicht selbst ist nichts anderes als die V; das kommt besonders bei Pfeil *2* klarer heraus. Die anatomischen Verhältnisse bei Pfeil 1 sind so wenig prägnant, daß man leicht in Versuchung gerät, die V als die direkte Fortsetzung der isocorticalen IV zu betrachten, was allerdings zu den größten Irrtümern führen würde. Die II und III sind in dem zwischen Pfeil 1 und 2 gelegenen Gebiet besser differenziert als in dem zwischen Pfeil 2 und 3 gelegenen, so daß ihre Eigenstellung hier deutlicher hervortritt.

Die bei Pfeil 1 noch scharf ausgeprägte und dann zwischen Pfeil 1 und 2 nur noch andeutungsweise vorhandene IV hört bei Pfeil 2 völlig auf, erscheint auch nicht wieder. Dadurch wird das zwischen Pfeil 2 und 3 gelegene Gebiet, bei dem wir nichts anderes als die retrospleniale granuläre Rinde der Autoren vor uns haben, *primär agranulär*.

Es hat also die retrospleniale Rinde nicht nur eine eigenartige Streifung und mangelhafte Betonung der VI und VII sowie eine Dreiteilung (also mächtige Entfaltung der V), sondern sie entbehrt auch die Körnerschicht (IV) des Isocortex.

Das zwischen Pfeil 1 und 2 gelegene Gebiet würde im Anschluß an ähnliche Verhältnisse beim Nyctipithecus, Macacus, Mantelpavian und Menschen als tenuigranuläre retrospleniale Region, als die Regio retrosplenialis *agranularis* der Autoren aufzufassen sein.

Zur Vervollständigung der Beschreibung der Abb. 32 sei noch hinzugefügt, daß zwischen Pfeil 3 und 4 die Taenia tecta liegt. x stellt den in Abb. 31 bereits erwähnten Streifen dar.

Abb. 33, die vom gleichen Hund stammt (Schnitt 520) und die die noch caudaler gelegene retrospleniale Region zur Darstellung bringt, zeigt im Prinzip die gleichen Verhältnisse wie Abb. 32. Auch hier hat das balkennah gelegene Rindengebiet ausgesprochen streifigen Charakter. Wir haben die Lamina partialis externa *(le)* und interna *(li)* vor uns, die durch die aufgehellte Lamina partialis intermedia getrennt wird. Die *le* ist breiter als in Abb. 32, hat also noch Zellzuwachs erhalten. Sie entspricht der II. und III. Schicht. Auch die *li* ist breiter geworden, während die VI und VII sich noch undeutlicher abheben als in Abb. 32. Eine Körnerschicht ist nicht vorhanden, diese hat bereits bei Pfeil 1 ihre Prägnanz eingebüßt und besteht zwischen Pfeil 1 und 2 nur andeutungsweise, sistiert aber bei Pfeil 2 vollkommen. Während also in dem links von Pfeil 1 gelegenen Gebiet die Körnerschicht (IV) sehr ausgeprägt, in dem zwischen Pfeil 1 und 2 gelegenen wenigstens andeutungsweise vorhanden ist, fehlt sie in dem zwischen Pfeil 2 und 4 gelegenen Gebiet völlig. Das heißt folglich, daß die retrospleniale Gegend hier agranulären Charakter besitzt. Was das zu bedeuten hat, werden wir noch genau erörtern.

Bei Pfeil 1 setzt nach Aufhören der isocorticalen IV als ihre scheinbare Fortsetzung die breite V ein, die unverkennbar in einer tieferen Ebene verläuft als die Körnerschicht, was aber nicht so prägnant herauskommt wie bei Pfeil 2, weil ihr noch Körner aufgelagert sind. Diese Körner nehmen gegen Pfeil 2 zu deutlich an Zahl ab.

Bei Pfeil 2 wird auch die links davon stark betonte VI. Schicht (sie ist schwarz umrahmt) plötzlich viel schwächer, ebenso die VII.

Bei Pfeil 4 kommt es zu einer Auflösung der *le*. Bei Pfeil 5 liegt die schwache Taenia tecta dem Balken auf.

Abb. 34 stammt von einem 6 Tage alten Hund (Schnitt 334). Im Vergleich mit der Abb. 31, die die gleiche Gegend (Regio limbica) beim 1 Tag alten Hund darstellt, erkennen wir wohl eine erhebliche Weiterentwicklung der Rinde, die in einer Zunahme der Rindenbreite und in einer besseren Distanzierung der

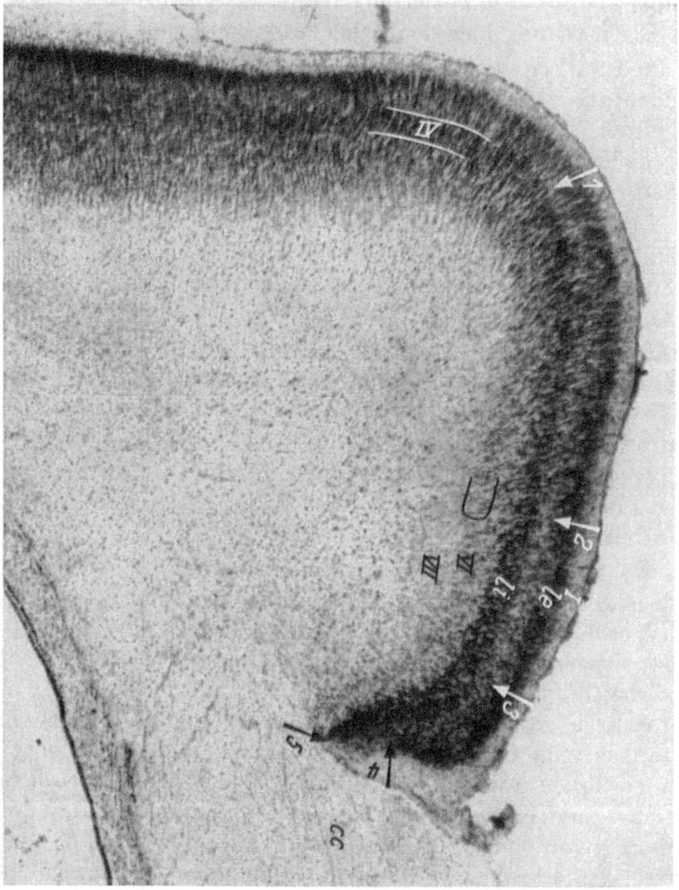

Abb. 33. Schnitt 520. 1 Tag alter Hund. M. B. 10. Vergr. 40mal.

einzelnen Elemente voneinander besteht, d. h. also, in einer besseren Anordnung zu einem einheitlichen Verband. Wir sehen zwischen Pfeil 3 und 4 genau so wie in Abb. 31 die Taenia tecta, wir erkennen, wie aus der Tiefe des Markweißes der Balkenstrahlung aufsitzend ein x-Streifen gegen die Taenia tecta zu zieht; wir sehen auch eine bessere Differenzierung in den tiefen Schichten der Rinde, besonders im Übergang zu dem Markweiß. Worin sich aber beide Abbildungen vollkommen gleichen, das ist in der mangelhaften Schichtung der Rindenelemente in dem balkennahen Gebiet. Wohl stellen wir sehr leicht die ziemlich zellreiche helle erste Schicht fest, ebenso die dunkel gefärbte II, die sich sehr gut heraushebt; die folgenden Schichten jedoch lassen eine stärkere oder deutlichere Differenzierung nicht ersehen. Trotzdem besteht kein Zweifel, daß wir es mit einer an die II anschließenden III, einer darauf folgenden V, einer VI nnd einer VII zu tun haben. Was dem Bild neben dieser mangelhaften Differenzierung aber das hauptsächlichste Gepräge gibt, *das ist die fehlende Körnerschicht.* Die IV hört bei Pfeil 1 auf, sie kann nur gegen die Furchentiefe zu verfolgt werden. Wir haben es also auch beim 6tägigen Hund mit einem limbischen Gebiet zu tun, bei dem die Körnerschicht auch nicht andeutungsweise vorhanden ist und, wie wir noch sehen werden, sich auch nicht entwickeln wird, so daß es sich hier um ein *primär agranuläres* Gebiet handelt. Die Tatsache einer deutlichen Differenzierung (s. besonders die II. Schicht) bei mangelhafter Schichtung zeigt uns einwandfrei, daß die Einteilung Roses bzw. seine Behauptung von der Existenz eines Cortex quinquestratificatus nicht stimmt. Die Rinde ist primär agranulär und 6schichtig. Nach der Furchentiefe zu, außerhalb von Pfeil 1, haben wir es mit der Regio propeeuradiata zu tun. Ob zwischen Pfeil 1 und 1° eine schwache Körnerschicht sich bildet im Sinne der Regio medioradiata (Rose), braucht uns hier nicht zu beschäftigen.

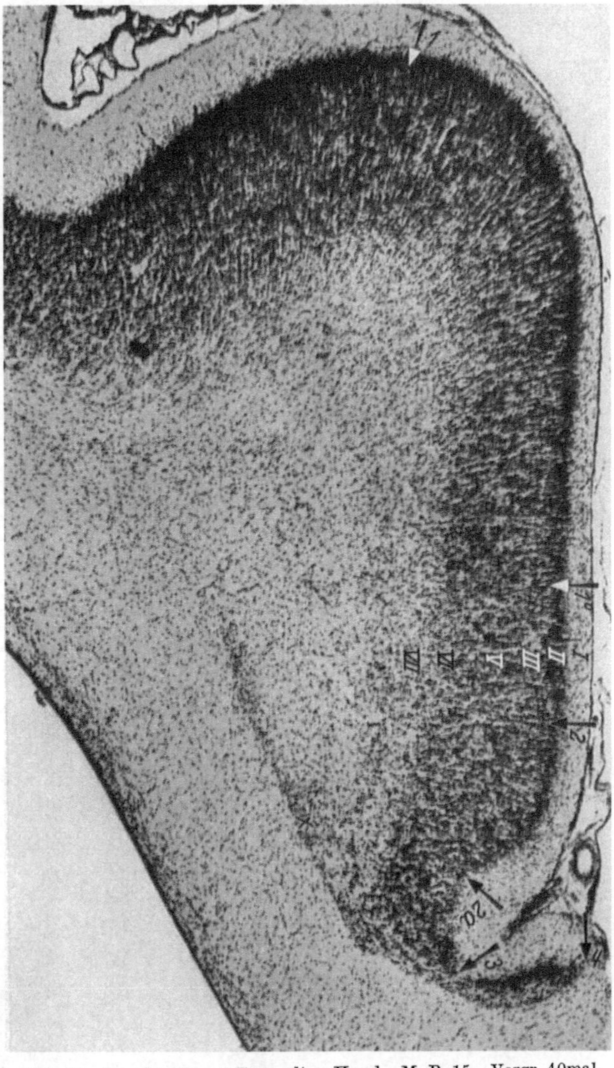

Abb. 34. Schnitt 334. 6 Tage alter Hund. M. B. 15. Vergr. 40mal.

Die **Abb. 35** zeigt uns vom 6 Tage alten Hund den Schnitt 421. Wir haben es wieder mit dem Gyrus cinguli limbicus (supracallosus) zu tun, dessen Rinde im Vergleich zur Abb. 34 etwas schmächtiger und mehr in die Länge gezogen ist. Nach außen von Pfeil 1 (links) haben wir eindeutig Isocortex vor uns, was an der Körnerschicht, die sich ziemlich scharf heraushebt, erkenntlich ist. In dem Gebiet zwischen Pfeil 1 und 1° ist diese Körnerschicht gerade noch andeutungsweise festzustellen. Wir müssen dieses Gebiet daher

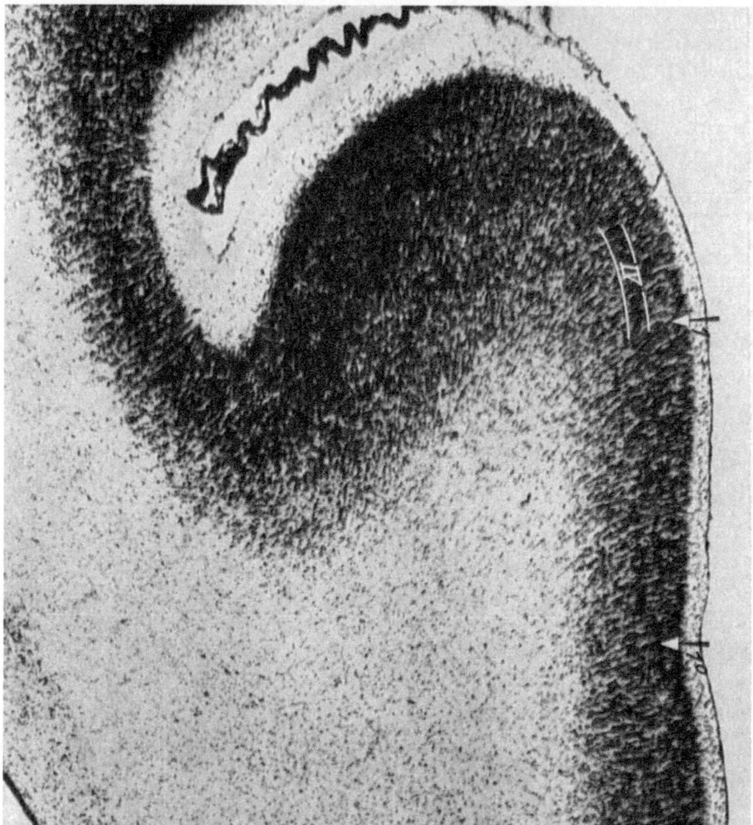

Abb. 35. Schnitt 421. 6 Tage alter Hund. M. B. 15. Vergr. 40mal.

als tenuigranulär bezeichnen. Es handelt sich bei beiden Gebieten um Felder, die nach Rose zur Regio medioradiata und Regio propeeuradiata gehören,

Gebiete, die ROSE wohl bei höheren Säugern nachgewiesen, bei niederen aber vermißt hat.

Bei Pfeil 1° verschwindet diese angedeutete Körnerschicht völlig, so daß von jetzt ab (zwischen Pfeil 1° und 4) ein agranuläres Gebiet vorliegt. Die Schichtung ist wie in der Abb. 34 und 31 nur sehr mangelhaft ausgeprägt, die scharfe Betonung der II ist nicht mehr so ausgesprochen wie in Abb. 34, sie ist es aber auch nicht in dem zwischen Pfeil 1 und 1° gelegenen Gebiet, das ja Isocortex darstellt. Etwas besser tritt hingegen die V. Schicht hervor, die hier schon etwas größere Elemente erkennen läßt. Es ist kein Zweifel, daß die oberhalb der V gelegene Schicht die III darstellt und die unter der I gelegene die II, so daß wir mit Sicherheit behaupten können, daß eine Differenzierung der Lamina granularis primaria, wie sie ROSE genannt hat, in eine II. und III. Schicht eingetreten ist. Noch deutlicher wird diese Schichtung in dem zwischen Pfeil 2 und 3 gelegenen limbischen Gebiet, wo die V als breites Band gut hervortritt. Zwischen Pfeil 4 und 5 haben wir es wieder mit der Taenia tecta zu tun. Wir sehen auch wieder den Streifen *x* gegen diese zu ziehen und finden eine mäßige Anzahl von Zellen innerhalb des Markweißes.

Wir befinden uns also auch in diesem Gebiet in einem äußerst mangelhaft geschichteten, *primär agranulären* Gebiete, das 6schichtig ist. *Es entspricht der Regio limbica anterior.*

Abb. 36 führt uns wieder in das caudalere, auf dem Gyrus limbicus gelegene Gebiet, in die retrospleniale Region. Die Abbildung stammt gleichfalls vom 6 Tage alten Hund (Schnitt 562). Gegenüber der Abb. 32 vom eintägigen Hund ist in dem zwischen Pfeil 2 und 4 gelegenen Gebiet kein prinzipieller Unterschied zu verzeichnen, wenngleich die Abb. 36 im ganzen einen modifizierten Eindruck macht. Dieser kommt dadurch zustande, daß die streifenartigen dunklen Schichten *le* (II + III) und *li* (Vb) viel breiter geworden sind und jeweils außer einer äußeren dunklen Zone eine breitere, etwas mehr aufgehellte Innenzone erkennen lassen. Wir ersehen daraus, daß die ursprüngliche Anlage von den dunklen Streifen aus vor sich geht und das in diesen wirkliche Differenzierungsvorgänge stattfinden. Die zwischen beiden dunklen Streifen liegende Aufhellung Va hat zugenommen, wir haben es mit einer lichten Schicht zu tun, die sicherlich bestimmte Anklänge an unsere aufgehellte δ-Schicht in der entorhinalen Rinde aufweist. Sie ist aber nicht zellos, sondern läßt kleinere rundliche Elemente erkennen. Insofern ist allerdings auch noch eine Änderung gegenüber Abb. 32 zu verzeichnen, als unterhalb des inneren dunklen Streifens (Vb) wieder ein aufgehellter (Vc) liegt und dieser nach innen abermals von einem, jedoch nicht so dunklen dünneren Streifen (VI) eingefaßt wird, eine Schichtung, wie sie in Abb. 32 eben erst angedeutet war. Wenn wir an die Identifizierung der Rindenschichten herangehen, so haben wir es unverkennbar mit einer I, mit einer II und III zu tun, mit einer mindestens dreiteiligen V (Va, Vb, Vc), einer VI und einer VII, so daß die Rinde eigentlich 8schichtig ist. Die Differenzierung der II fällt besonders auf, wenn wir das zwischen Pfeil 2 und 4 gelegene Gebiet mit dem zwischen Pfeil 2 und 1 vergleichen.

Von wesentlichem Interesse ist das Gebiet außerhalb (links) vom Pfeil 1 deshalb, weil wir hier eine ausgeprägte und breite Körnerschicht (IV) vor uns haben, die den Außenteil (*le* = II und III) der dort gelegenen Hirnrinde gewissermaßen abschließt oder nach innen begrenzt. Bei Pfeil 1 hört diese Körner-

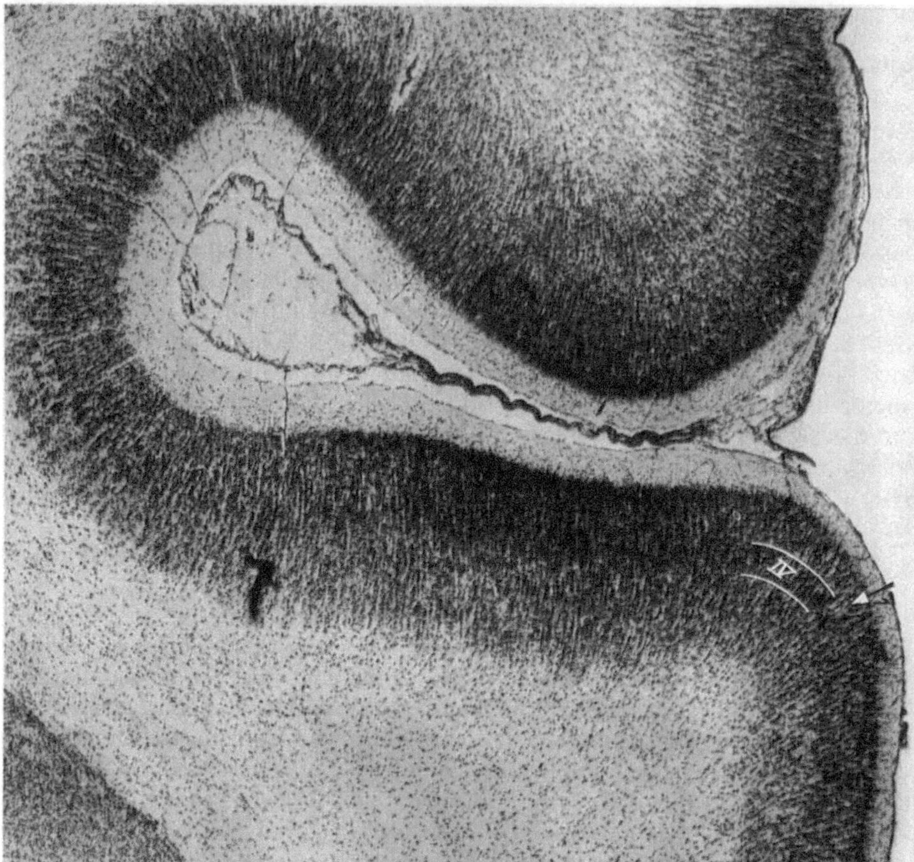

Abb. 36. Schnitt 562. 6 Tage alter Hund. M. B. 15. Vergr. 40mal.

schicht auf. Die zwischen Pfeil 1 und 2 gelegene Rinde ist insofern eigenartig, als die Körnerschicht nur angedeutet und uneinheitlich oberhalb der V weiterverläuft. Wir haben es daher in Parallele zur Abb. 33 ebenfalls mit einem tenuigranulären Typ zu tun (s. auch entsprechende Verhältnisse beim ausgewachsenen Hund).

Das zwischen Pfeil 2 und 3 gelegene Gebiet stellt aber bestimmt eine *agranuläre* Rinde dar, da von einer Körnerschicht nirgends etwas festzustellen ist. Oberhalb der aufgehellten Va sehen wir wohl zwischen Pfeil 2 und 3 die Elemente leicht zusammengeballt, verklumpt. Eine eigentliche Streifung (horizontal) kommt jedoch nicht zustande. Ein Zusammenhang dieser Rindenteile mit der schwach ausgeprägten isocorticalen IV zwischen Pfeil 1 und 2 besteht aber in keiner Form. Bei Pfeil 3 sehen wir wieder eine kleine Modifikation, die darin besteht, daß die III *bedeutend schmächtiger wird* und die aufgehellte Va undeutlicher. Zwischen Pfeil 4 und 5 liegt wieder die Taenia tecta. Der Streifen x ist nicht mehr gut zu erkennen.

Wir haben es also auch hier mit einem agranulären Gebiet zu tun. Die Schichtung ist im Gegensatz zur vorderen limbischen Rinde schon sehr weit gediehen und kommt auch teilweise klar heraus. Hervorzuheben ist schließlich noch, daß die ganze Gegend zwischen Pfeil 2 und 4 neben den in die Breite gewachsenen Streifen *le* (II + III) und *li* (Vb) durch etwas stärkere Betonung der VI (unter deutlicherer Aufhellung der Vc) *dreistreifig* geworden ist, ein Merkmal, das im späteren Stadium noch stärker auffallen wird und *das der retrosplenialen Gegend ein so markantes Gepräge verleiht, daß man sie daran ohne weiteres zu erkennen vermag.*

Abb. 37 (Schnitt 682) bringt vom gleichen Hund die caudalsten Partien der retrosplenialen Rinde mit Übergang in das Präsubiculum (bei Pfeil 5) zur Darstellung. Die Rinde ist im ganzen (wir befinden uns hinter dem Balken, also wirklich retrosplenial) schmäler geworden, was besonders im Vergleich zur vorhergehenden Abbildung auffällt. Bei Pfeil 1 sistiert die isocorticale Körnerschicht, die aus der Tiefe des Sulcus heraufsteigt, in der Hauptsache. Nur in leichterer Andeutung zieht sie noch bis zu Pfeil 2 und liegt hier der grobzelligen V auf. Bei Pfeil 2 hört sie aber bestimmt völlig auf. Als ihre scheinbare Fortsetzung sehen wir die Vb, die bis zu Pfeil 4 zieht und oberhalb eine gut aufgehellte Va, unterhalb eine etwas weniger aufgehellte Vc unterscheiden läßt. Die VI ist nur schwach betont, ebenso die VII. Dadurch kommt die bei Abb. 36 beschriebene Dreistreifung der Rinde weniger deutlich heraus.

Eine Körnerschicht können wir zwischen Pfeil 2 und 5 in keiner Form feststellen. Dafür liegt aber oberhalb der Va, zwischen Pfeil 2 und 3 weniger deutlich, stärker hingegen zwischen Pfeil 3 und 4 eine streifenförmige Schicht, die ich mit γ bezeichnet habe. Diese γ-Schicht begegnet uns beim Hund hier zum erstenmal. Ihre Eigenstellung muß man schon deshalb anerkennen, weil sie in einer Ebene verläuft, *die höher liegt als die isocorticale IV und mit ihr in keinem direkten Zusammenhang steht.* Wenn wir das von Pfeil 1 und 2 abgegrenzte Gebiet als tenuigranulär bezeichnen, weil dort die isocorticale IV noch andeutungsweise nachweisbar ist, müssen wir das zwischen Pfeil 2 und 4 gelegene Gebiet als *agranulär* ansprechen, da die IV einwandfrei fehlt. Die γ-Schicht, die, wie wir noch zwingender erkennen werden, mit der beim Nyctipithecus, Macacus, Mantelpavian und Menschen beschriebenen γ-Schicht identisch ist, enthält Körnerzellen. Wir bezeichnen sie deshalb in Gegenüberstellung mit der isocorticalen IV als granifere Schicht. Wir wollen mit dieser Bezeichnung zum

Ausdruck bringen, *daß es sich um eine ontogenetisch ohne Zusammenhang mit der isocorticalen IV sich entwickelnde eigene Schicht handelt, der eine besondere*

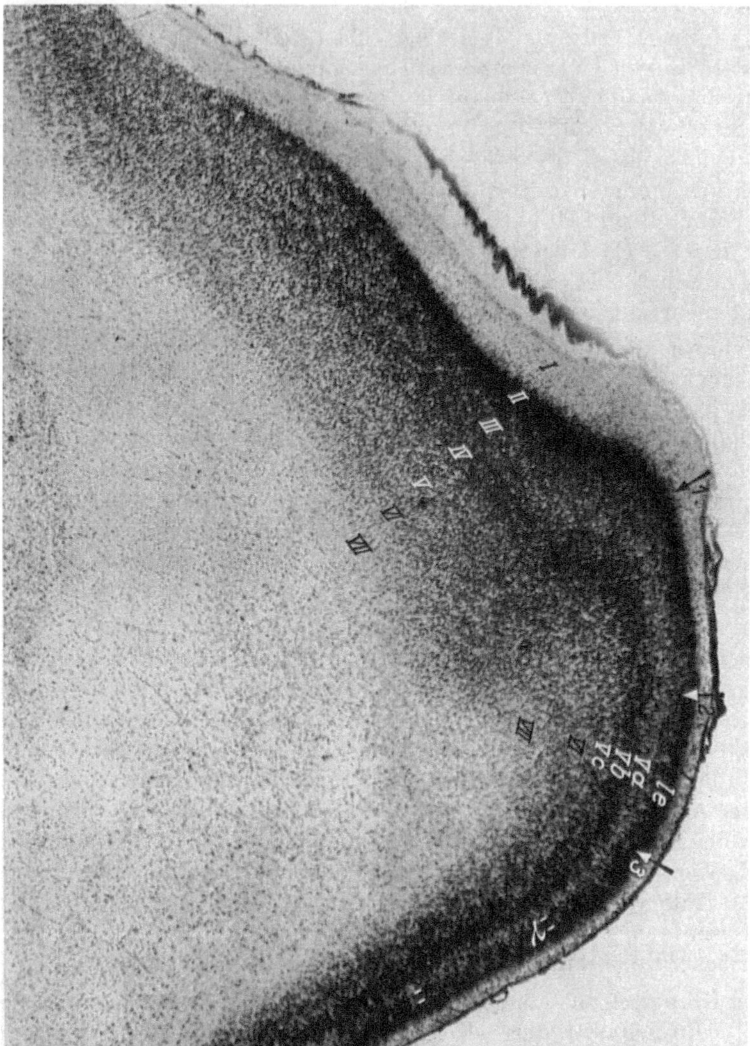

Abb. 37. Schnitt 682. 6 Tage alter Hund. M. B. 15. Vergr. 30mal.

Bedeutung zukommt. Berücksichtigen wir nun, daß die II. und III. Schicht sicherlich differenziert ist, rechnen wir die mindestens drei geteilte fünf als eine Schicht, so haben wir eine Rinde nach der Formel I, II, III, γ, V, VI, und VII, also eine einwandfreie 7schichtige Rinde vor uns. Mit dieser Feststellung haben wir aber den Anschluß an die beim Nyctipithecus, Macacus, Mantelpavian und Menschen beschriebene granifere retrospleniale Rinde hergestellt.

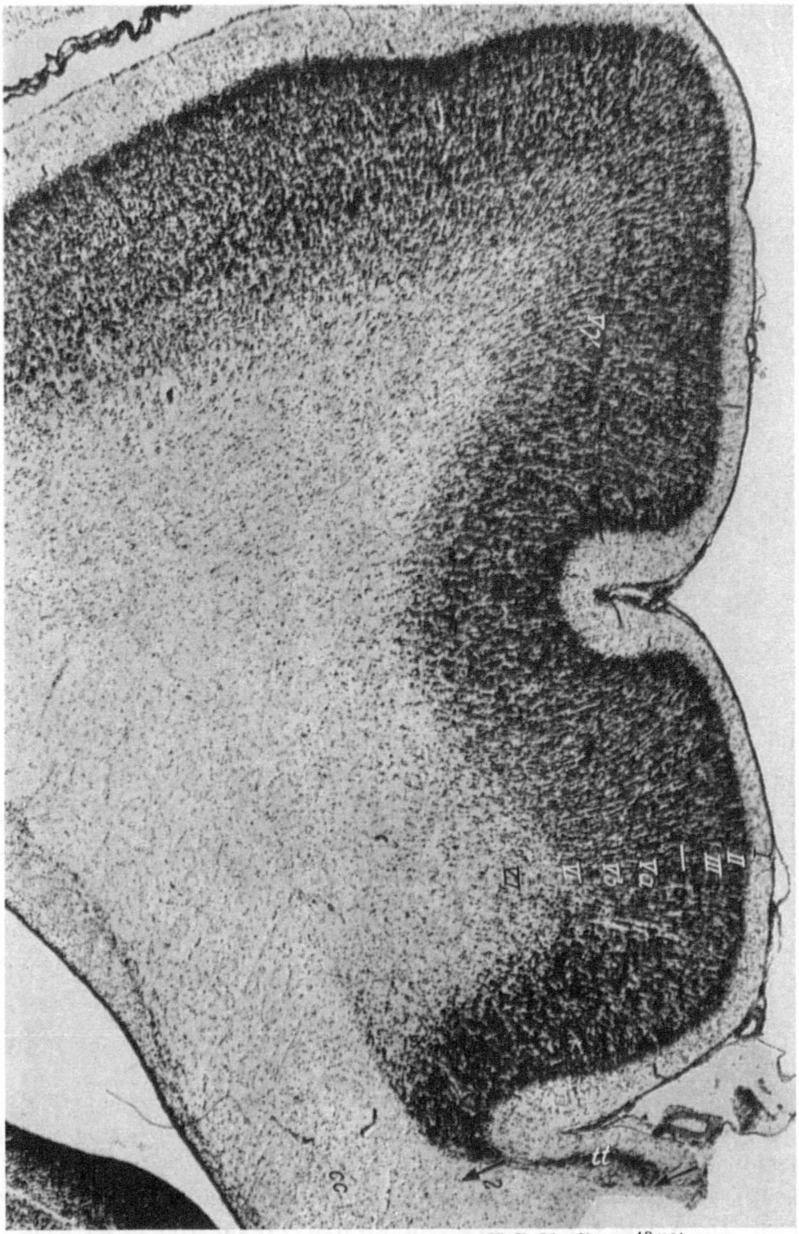

Abb. 38. Schnitt 418. 11 Tage alter Hund. M. B. 20. Vergr. 40mal.

Abb. 38 bringt uns die vordere limbische Rinde eines 11 Tage alten Hundes (Schnitt 418). Wir haben gegenüber den aus der gleichen Gegend stammenden Schnitten vom eintägigen (Abb. 31) und 6tägigen (Abb. 34) nichts prinzipiell

Neues festzustellen, obwohl die Rinde abermals an Breite und an Differenzierung zugenommen hat. Wir sehen wieder eine I, eine gut entwickelte streifenförmige II, auf die eine etwas aufgehelltere III kommt. Etwa in der Mitte der Rinde treffen wir dann auf die V. Schicht, die durch größere und mehr zusammengeballte Elemente herausfällt; letztere werden besonders klar erkennbar, wenn

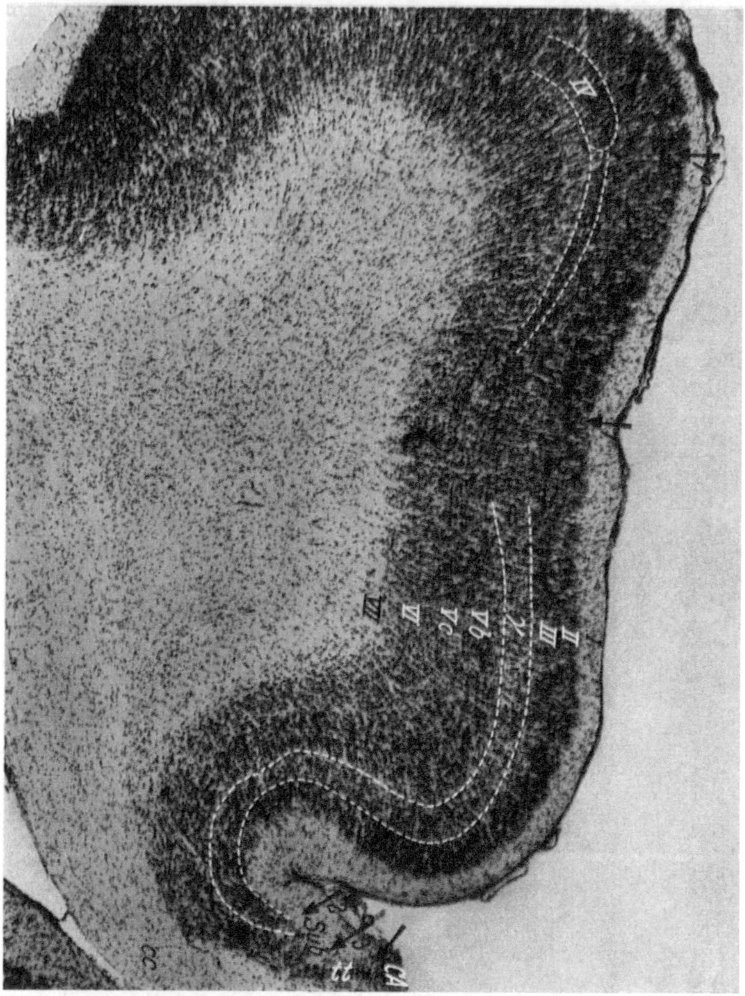

Abb. 39. Schnitt 740. 11 Tage alter Hund. M. B. 20. Vergr. 40mal.

wir den linken Teil der Abbildung ins Auge fassen, in dem wir es mit der Präzentralregion im sog. Gyrus genualis zu tun haben, und von dem aus wir die Riesenpyramiden bandartig gut nach dem Gyrus cinguli limbicus verfolgen können. Die V läßt eine Trennung in V a und V b zu. Die VI ist nicht deutlich abgehoben, die VII breit und zellarm. Eine Körnerschicht ist auch nicht andeutungsweise festzustellen.

Es handelt sich also auch hier wieder um ein schlecht geschichtetes Rindengebiet, in dem höchstens die V etwas deutlicher betont ist. Ganz einwandfrei ist aber die II. und III. Schicht differenziert. Sicher steht fest, daß es sich auch beim 11tägigen Hund in dieser vorderen limbischen Gegend um ein *primär agranuläres* Gebiet handelt, da von der Entwicklung einer Körnerschicht keine Rede sein kann.

In dem zwischen Pfeil 1 und 2 gelegenen Gebiet haben wir die Taenia tecta vor uns.

Sehr instruktiv ist **Abb. 39**, die gleichfalls vom 11 Tage alten Hund stammt und in Schnitt 740 wieder das caudale spleniale (retrospleniale[1]) Gebiet zur Darstellung bringt. Wir sehen im Vergleich zu Abb. 36 insoweit identische Verhältnisse, als die aus der Tiefe der Furche aufsteigende isocorticale IV bei Pfeil 1° an Prägnanz wesentlich verliert und in dem Gebiet zwischen 1° und 1 nur noch andeutungsweise vorhanden ist (weiß punktiert). Wir haben es also zwischen Pfeil 1° und 1 ebenfalls mit einem schwach granulären Gebiet zu tun. Bei Pfeil 1 hört jedoch die isocorticale IV auf. An dieser Stelle erscheint nun in einem höheren Niveau unsere kleinzellige γ-Schicht (gleichfalls weiß punktiert), die zwischen der III und der aufgehellten, jetzt aber sehr schmalen (nicht eingezeichnet) Va verläuft und in der Tiefe des Sulcus corporis callosi unterhalb der I landet (vor Pfeil 2). Es steht mithin die γ in keinem Zusammenhang mit der isocorticalen IV.

Von großer Bedeutung ist auch gerade im Vergleich zu Abb. 36, daß die γ[2] jetzt erst, also beim 11tägigen Hund in dieser Gegend deutlicher herauskommt, während sie beim 6tägigen Hund höchstens andeutungsweise festgestellt werden kann (deshalb von mir nicht eigens in Schnitt 562, Abb. 36, eingezeichnet).

Über die Differenzierung der II und III ist nicht viel zu sagen, ihre viel intensivere Dunkelfärbung gegenüber γ und ihre größeren Elemente sprechen für sich. Die Vb ist breit und streifenförmig, die Vc nicht mehr so aufgehellt wie bisher, die VI ist besser betont, die VII zellarm.

Die vorne schon erwähnte Dreistreifung dieses Gebietes ist sehr deutlich, ebenso ihr Beginn bei Pfeil 1.

Wir haben also in Abb. 39 in der retrosplenialen Region zwischen Pfeil 1 und 2 ein *primär agranuläres, dafür aber graniferes Rindengebiet* vor uns.

Abb. 40, Schnitt 864, vom gleichen Hund, die uns in das caudale retrospleniale Gebiet führt (was wir an dem Verschwinden des Balkens leicht erkennen können), zeigt uns in besonders eindringlicher Weise die Verhältnisse der retrosplenialen Rinde. Bei Pfeil 1 (die Abbildung liegt seitenverkehrt) geht die isocorticale Rinde in die retrospleniale über. Die Körnerschicht, die im rechten Teil der Abbildung sehr scharf heraustritt, verschwindet plötzlich bei Pfeil 1 und tritt auch nicht mehr auf. Ihre scheinbare Fortsetzung bildet die Vb (man ist immer wieder versucht, diese V als direkte Fortsetzung der IV zu betrachten, man erkennt aber, abgesehen von den Pyramidenzellen, wie diese IV höher liegt als die Vb und letztere als breites Band sich nach der Tiefe der Rinde zu ausbuchtet). Das zwischen Pfeil 1 und 2 gelegene Gebiet ist unverkennbar dreistreifig. Dabei sind die beiden äußeren Streifen, die ursprüngliche Lamina partialis externa *(le)*, jetzt II, III und γ, und Lamina partialis interna *(li)*, jetzt

[1] Siehe Anmerkung S. 72.

[2] Ich habe in Abb. 39 die Strichelung der γ-Schicht absichtlich nicht bis zu Pfeil 1 durchgeführt, um den Leser sich von der Selbständigkeit der γ-Schicht überzeugen zu lassen.

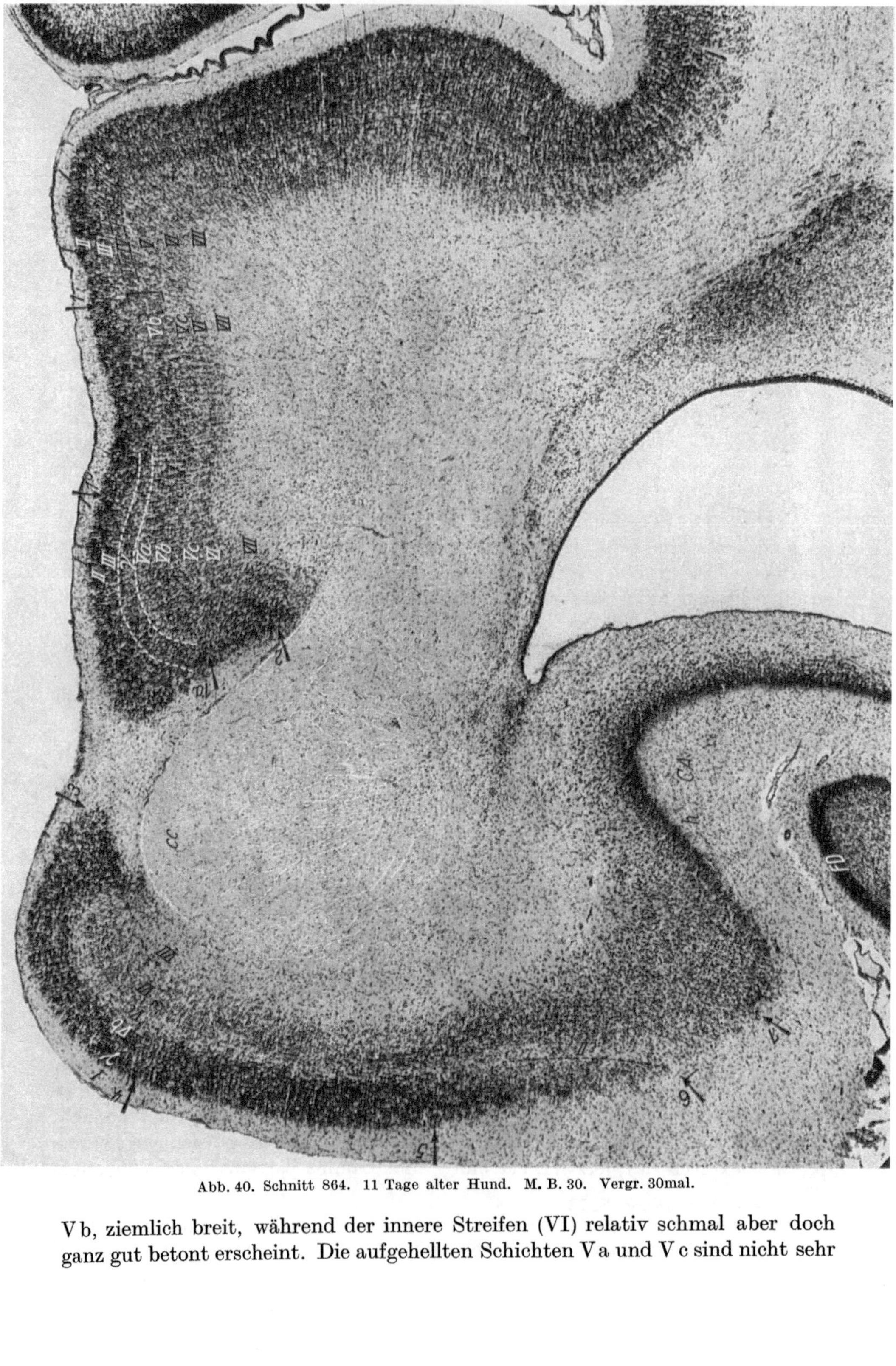

Abb. 40. Schnitt 864. 11 Tage alter Hund. M. B. 30. Vergr. 30mal.

Vb, ziemlich breit, während der innere Streifen (VI) relativ schmal aber doch ganz gut betont erscheint. Die aufgehellten Schichten Va und Vc sind nicht sehr scharf ausgeprägt, aber doch ganz deutlich, wobei die Va eigentlich etwas besser herauskommt als die Vc. Etwa 1 cm links vom Pfeil 1 sehen wir in klarer Form oberhalb der IV den Beginn des Streifens γ, unserer graniferen Schicht, der sich bis Pfeil 1° und von da unter allmählicher Verbreiterung bis Pfeil 2 hin verfolgen läßt. Bei seiner relativen Schmalheit ist es erklärlich, daß die oberhalb gelegenen Schichten noch ihre Selbständigkeit behalten, was in der Ausbildung der III und der II seinen Ausdruck findet, wie ja überhaupt die Möglichkeit des Abhebens dieser graniferen Schicht schon eine unzweifelhafte Weiterdifferenzierung der *le* zur Voraussetzung hat. Bei Pfeil 1° setzt eine zunehmende Verkörnelung beider Schichten (II und III) ein. Im linken Teil der Abbildung zwischen Pfeil 3 und 5 handelt es sich um ein modifiziertes retrospleniales Gebiet (da es unterhalb des Balkens liegt, kann man es auch als ventrales retrospleniales Gebiet bezeichnen und von dem dorsalen oberhalb des Balkens gelegenen trennen), indem wir nur eine *Zweistreifung* feststellen können. Diese Zweistreifung kommt dadurch zustande, daß lediglich die Vc eine aufgehellte Schicht darstellt, die die Vb von der ungemein breiten aber ziemlich hellen VI trennt. Die Vb ist zwar als dunkle Schicht von der oberhalb gelegenen Schicht γ deutlich zu differenzieren, besonders in dem zwischen Pfeil 3 und 4 gelegenen Gebiet, aber eine Trennung durch eine aufgehellte Va-Schicht, wie wir dies in dem zwischen Pfeil 1 und 2 gelegenen Gebiet vor uns haben, existiert nicht. Es besteht in diesem Merkmal ein prinzipieller Unterschied gegenüber dem dorsalen retrosplenialen Gebiet (zwischen Pfeil 1 und 2). Bei diesem ventralen Abschnitt handelt es sich um ein Stadium, das noch nichts Endgültiges darstellt. Bis zum ausgewachsenen Hund kommt es noch zur graniferen Veränderung der oberhalb der Vb gelegenen Schicht, wie wir an Präparaten vom ausgewachsenen Hund noch sehen werden (s. Abb. 45).

Die zwischen Pfeil 5 und 6 gelegene Rinde stellt Praesubiculum dar, in dem unsere ε II-Schicht[1] gegen die Oberfläche zu zieht und bewirkt, daß der äußere Teil der Rindenplatte abgespalten wird. ε II mündet bei Pfeil 5 in die Vc der ventralen retrosplenialen Rinde ein. Zwischen Pfeil 6 und 7 liegt das Subiculum, auf das die *h*-Felder mit der Fascia dentata folgen.

Abb. 40 stellt also in dem Gebiet zwischen Pfeil 1 und 2 eine ausgesprochen granifere Rinde dar. In dem zwischen Pfeil 3 und 5 gelegenen Gebiet ist die granifere Schicht noch nicht schärfer herausdifferenziert. Es ist dieses Gebiet auch nur zweistreifig.

Ich betone nochmals, daß in dieser Höhe die jenseits des Balkenspleniums, also im ventralen Gebiet nach dem Ammonshorn zu gelegene Rinde einen völlig anderen Aspekt bietet als die dorsal gelegene. *Letztere ist dreistreifig mit einer graniferen Schicht, erstere zweistreifig ohne besondere Abhebung der graniferen Schicht,* mit völligem Ausfall der Va. In dem dorsalen graniferen retrosplenialen Gebiet ist die γ wie bisher ohne direkten Zusammenhang mit der isocorticalen IV und verläuft in einer höheren Ebene.

Abb. 41, die ebenfalls vom 11 Tage alten Hund stammt und den Schnitt 882 darstellt, läßt uns etwas weiter caudal die retrospleniale Rinde erkennen. Die Ausprägung der einzelnen Schichten besonders auch die Dreistreifung in dem dorsalen retrosplenialen Gebiet ist infolge stärkerer Betonung der VI noch deutlicher geworden, während das ventrale Gebiet wieder zweistreifig erscheint.

[1] Siehe Beschreibung der entorhinalen Rinde.

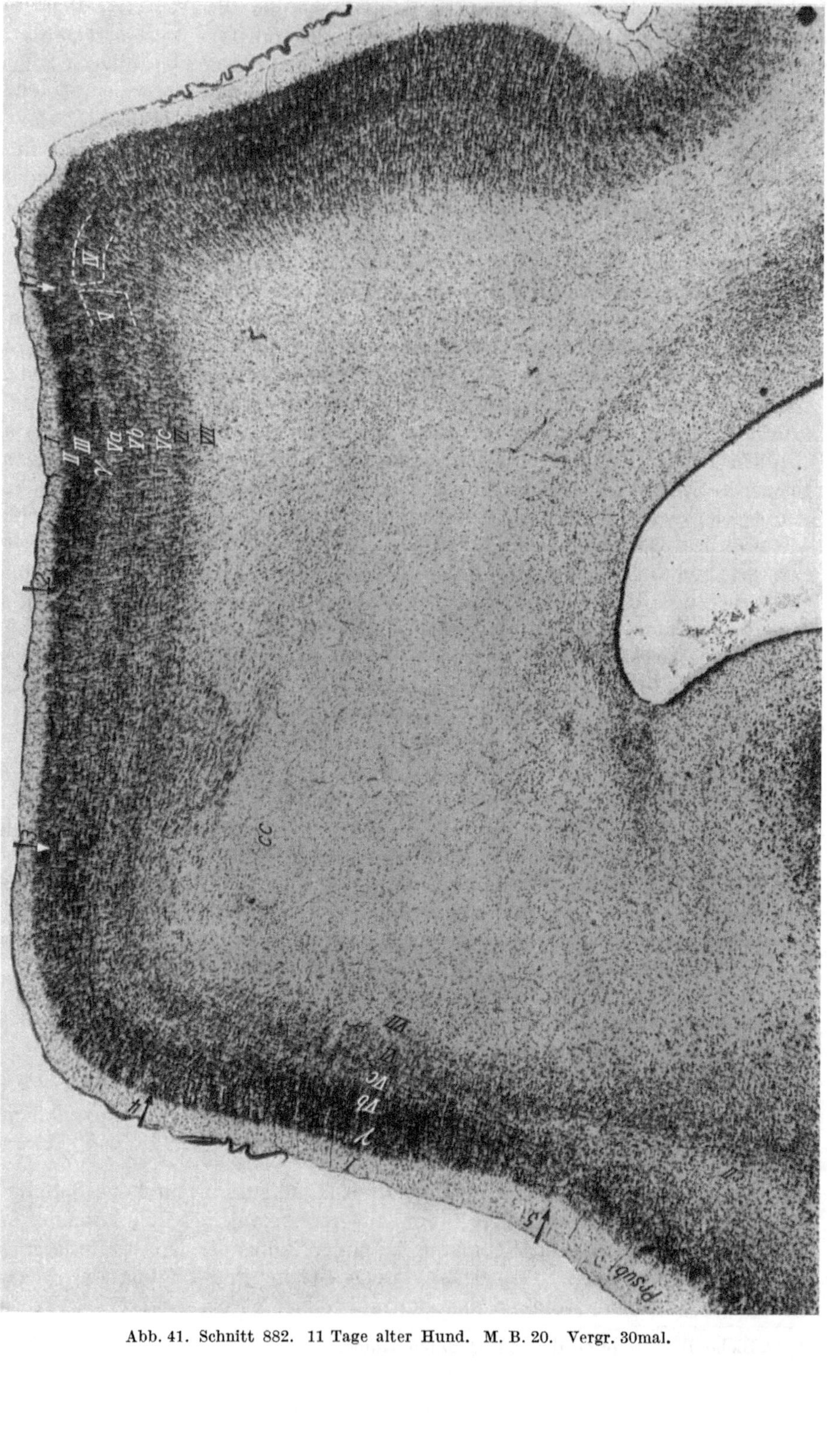

Abb. 41. Schnitt 882. 11 Tage alter Hund. M. B. 20. Vergr. 30mal.

Wir sehen bei Pfeil 1 das Aufhören der Körnerschicht des Isocortex, die auch in keiner Form wieder erscheint, sehen, wie als vermeintliche Fortsetzung dieser Körnerschicht eine ungemein breite und dunkel gefärbte Vb auftritt. Wir stellen fest, wie ohne Zusammenhang mit der IV und in einer höher gelegenen Ebene die granifere Schicht γ, die besonders schön zwischen Pfeil 1, 2 und 3 zu erkennen ist, zur Darstellung kommt (der zwischen Pfeil 1 und 2 gelegene Teil ist dunkler als der zwischen Pfeil 2 und 3 gelegene). Weiter erkennen wir, wie dann bei Pfeil 3 die Va (aufgehellte Schicht) wieder aufhört, wie aber die Vb im großen und ganzen unverändert, nur etwas dunkler gefärbt sich weiter erstreckt, so daß wir zwischen Pfeil 3 und 5 ventral wieder ein zweistreifiges Gebiet vor uns haben. In diesem Gebiet ist der granifere Streifen γ ebenfalls noch nicht schärfer differenziert. Beherrscht wird das ganze Bild in dem zwischen Pfeil 3 und 5 gelegenen Gebiet durch die Aufhellung in der Vc, die in die gleichnamige Schicht zwischen Pfeil 1 und 3 einmündet. Bei Pfeil 5 sehen wir den Übergang der ventralen retrosplenialen Rinde in das Praesubiculum. Wir stellen abermals fest, daß sich die Vc kontinuierlich in die ε II fortsetzt.

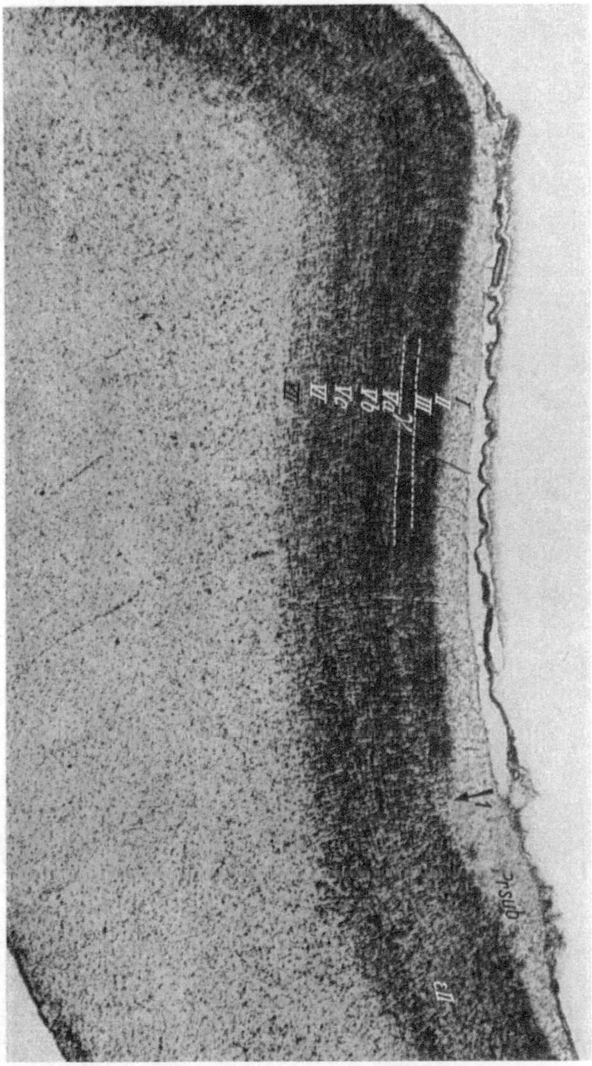

Abb. 42. Schnitt 921. 11 Tage alter Hund. M. B. 20. Vergr. 30mal.

Schließlich haben wir in **Abb. 42**[1] (Schnitt 921) vom 11 Tage alten Hund das caudalste Gebiet der retrosplenialen Rinde und zwar ihres ventralen, unmittelbar in das Ammonshorn hinüberführenden Anteils dargestellt. Hier finden wir im Gegensatz zur vorhergehenden Abbildung ein mit dem dorsalen Gebiet völlig identisch gebautes Retrosplenium, das jetzt ebenfalls dreistreifig

[1] Die Abbildung liegt im Vergleich zu Abb. 41 und 40 seitenverkehrt.

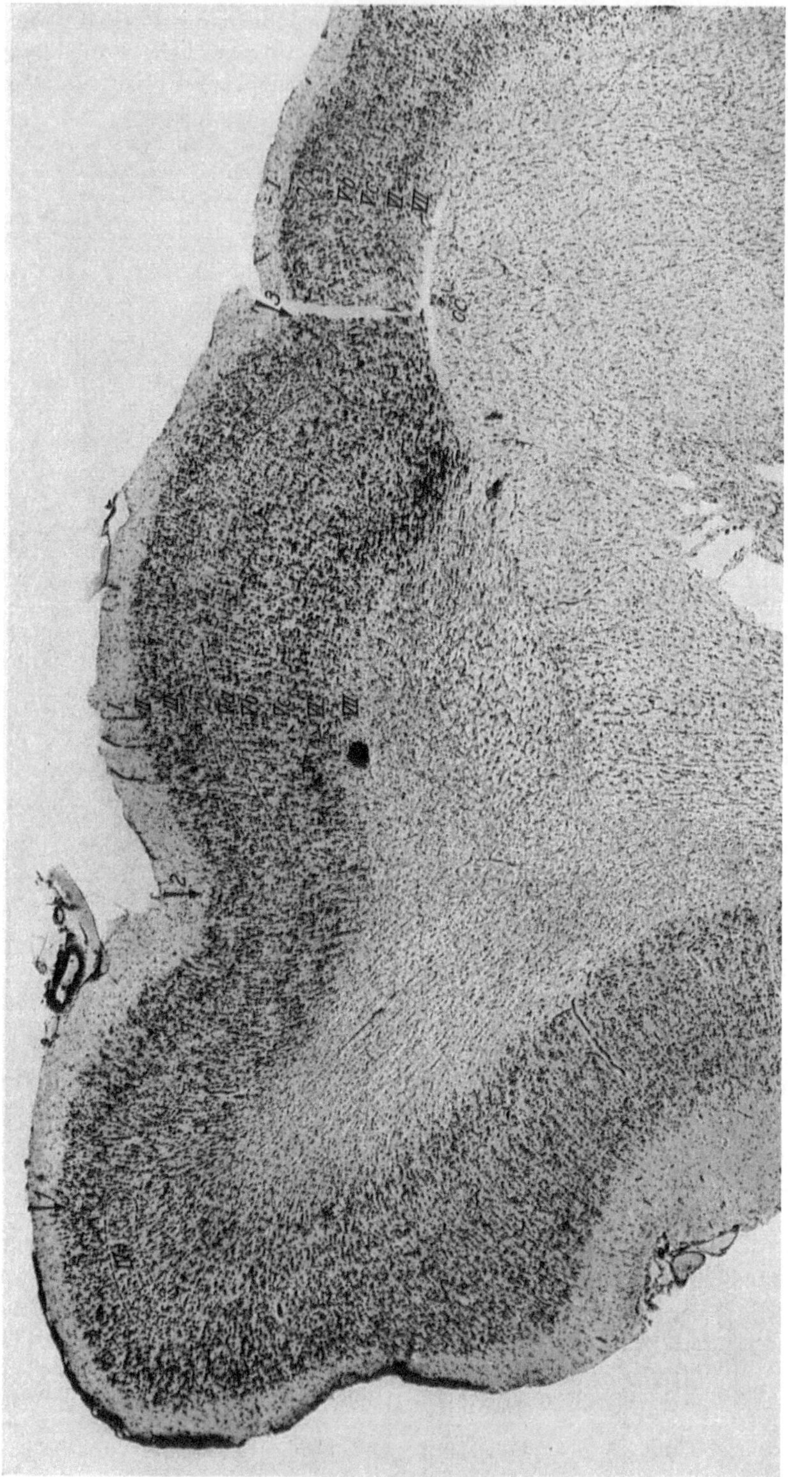

Abb. 43. Schnitt 2104. Ausgewachsener Hund. M. B. 8. Vergr. 20mal.
(*Va* ist zwischen Pfeil 2 und 3 etwas zu tief eingezeichnet.)

ist. Die beiden äußeren Streifen, die ursprünglichen *le* und *li*, erscheinen besonders breit. Sehr wesentlich ist, daß wir jetzt auch im ventralen retrosplenialen Gebiet eine granifere Schicht vor uns haben (unsere γ-Schicht), die nichts mit der isocorticalen IV zu tun hat und, trotzdem sie körnerähnliche Gebilde aufweist, auch nicht als Unterteil der IV aufgefaßt werden darf. Diese granifere Schicht ist ein Entwicklungsprodukt des äußeren Hauptteiles der Rindenplatte und trennt diese von der V ab.

Die aufgehellte Va ist relativ schmal, während die Vb verhältnismäßig breit ist, auch die Vc. Besonders schön und streifenförmig erscheint uns hier die VI, die in ihrer Herausdifferenzierung starke Fortschritte gemacht hat. Bei Pfeil 1 kommt es zu einer besonders eindringlichen Modifizierung der Rindenplatte insofern, als wir rechts davon wieder eine zweistreifige Rinde vor uns haben, die das Praesubiculum darstellt. Auch hier mündet die Vc in ε II ein, *während die Vb an der Einmündungsstelle bei Pfeil 1 aufhört, im Praesubiculum also nicht mehr existiert.* Es ist diese Feststellung für unsere spätere Betrachtung von großer Bedeutung.

Betrachten wir nun noch die limbische und retrospleniale Region beim *ausgewachsenen Hund,* dann finden wir unsere Feststellungen samt und sonders bestätigt. Ich übergehe dabei die primär agranuläre limbische Region, da bildlich dabei nichts besonderes Neues darzustellen ist und die Verhältnisse durchaus die gleichen sind wie beim 11 tägigen Hund, nur mit dem Unterschied, daß die Rinde breiter und die Zellen ausgereifter sind. Ich gehe daher gleich zu der graniferen retrosplenialen Region über, wie sie in **Abb. 43**, die vom ausgewachsenen Hund stammt (M.B. 8 meiner Sammlung, Schnitt 2104), zur Darstellung kommt. Wir befinden uns in der caudalen retrosplenialen Region, in der der Balken (*cc*) bereits von Rinde überzogen wird.

Bei Pfeil 1 sehen wir, wie die isocorticale Körnerschicht, die aus der Tiefe des Sulcus als geschlossene Schicht heraufkommt, plötzlich an Prägnanz verliert. In dem zwischen Pfeil 1 und 2 gelegenen Gebiet können wir oberhalb der V nur noch eine ganz verdünnte Körnerschicht feststellen, so daß wir es mit einem schwach granulären oder propeagranulären Typ zu tun haben. Bei Pfeil 2 haben diese Körner aufgehört. Dafür tritt aber in einem höheren Niveau unsere γ-Schicht (schwarz umrahmt) auf, die wir bis zu Pfeil 3 und darüber hinaus sehr gut verfolgen können. Nach rechts von Pfeil 3 zieht sie unter die I und hat am rechten Rand der Abbildung die II und III völlig verdrängt. Es liegen also hier die gleichen Verhältnisse wie beim Nyctipithecus, Macacus, Mantelpavian, und Menschen vor. Bei Pfeil 2 setzt aber auch noch die beim 11 tägigen Hund bereits herausgehobene Auffälligkeit ein, nämlich der dreistreifige Charakter der ganzen Rinde, der durch die aufgehellte Va und Vc und die besondere Betonung der II und III, der breiten V und großzelligen, ebenfalls breiten und dunkel gefärbten VI zustande kommt. Nach außen von Pfeil 3 (rechts), wo die Rinde bedeutend schmäler ist, wird die Rinde wieder zweistreifig, da die γ nicht scharf von der Vb getrennt ist (es fehlt die aufgehellte Va).

Dieser nach rechts von Pfeil 3 gelegene Rindenabschnitt ist deshalb von besonderer Bedeutung, weil er unsere γ-Schicht, die wir in Abb. 40 und 41 nicht schärfer herausdifferenziert fanden, ganz deutlich zur Darstellung bringt.

Abb. 44, Schnitt 2139 vom gleichen Hund, also nur 35 Schnitte weiter caudal, zeigt uns wieder fast die gleichen Verhältnisse wie Abb. 43. Bei Pfeil 1

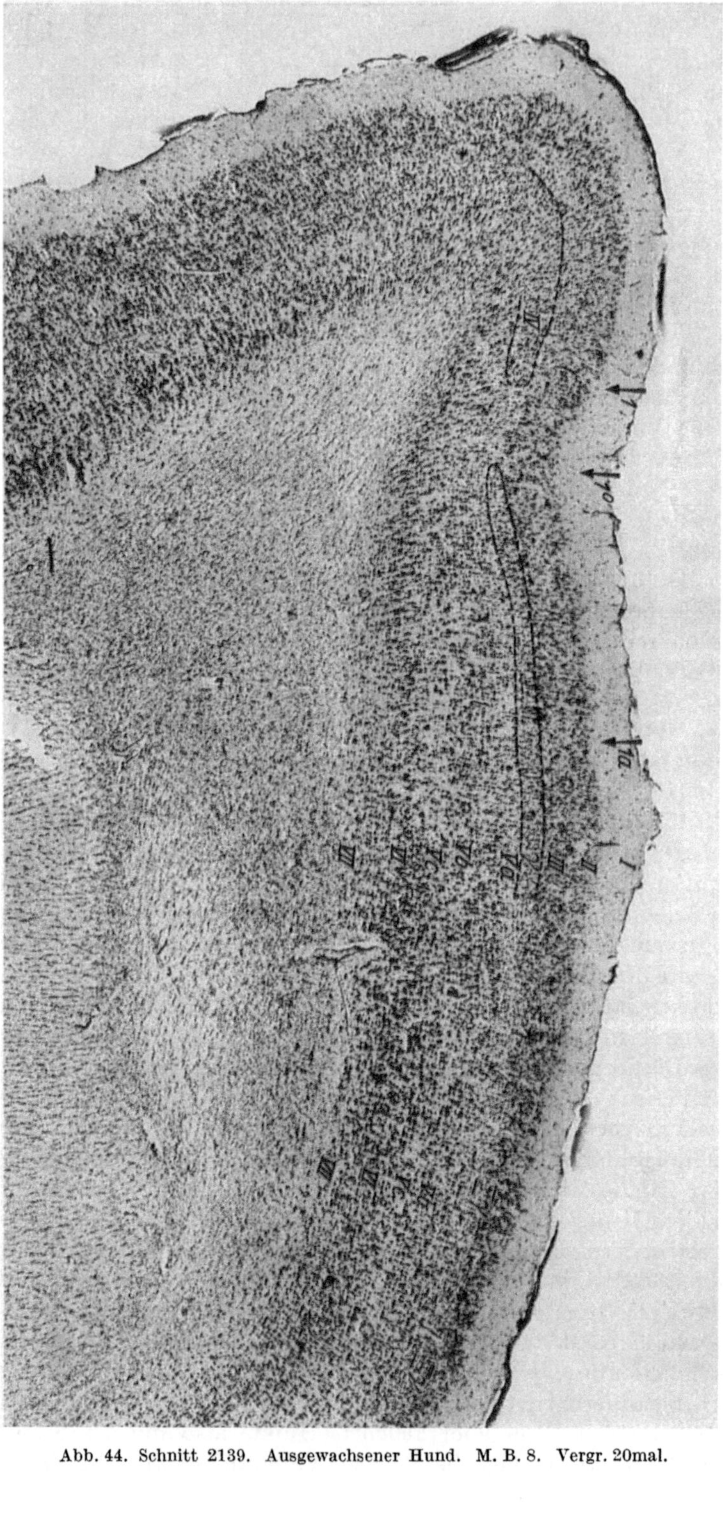

Abb. 44. Schnitt 2139. Ausgewachsener Hund. M. B. 8. Vergr. 20mal.

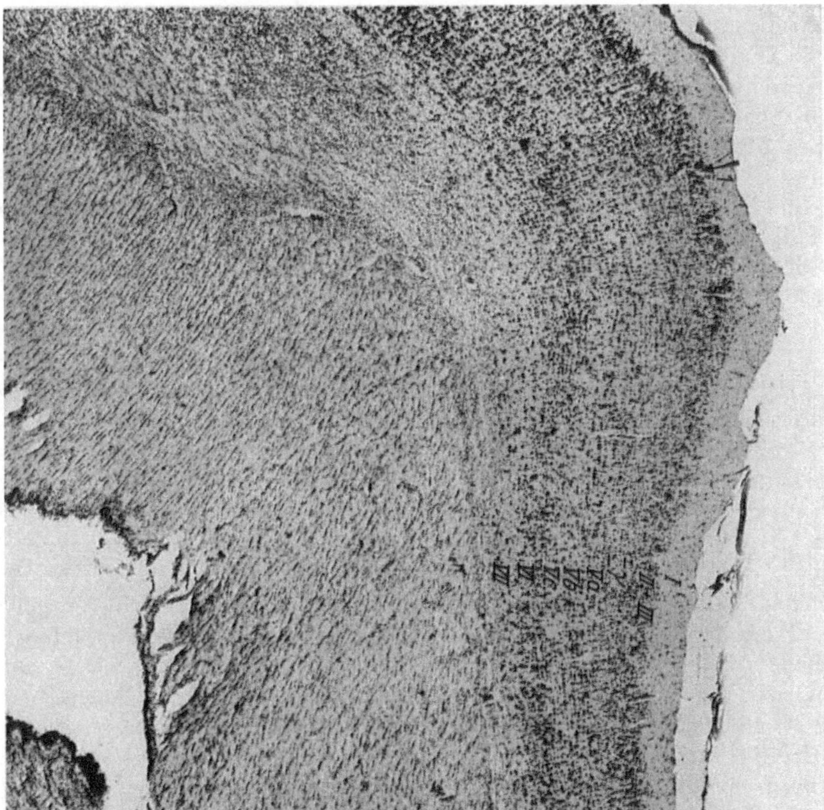

Abb. 45. Schnitt 2139. Ausgewachsener Hund. M. B. 8. Vergr. 20mal.

sistiert die als geschlossene Schicht aus der Tiefe des Sulcus heraufkommende isocorticale IV. Zwischen Pfeil 1 und 1° sind nur spärliche Körner, die außerdem kleiner erscheinen, festzustellen. Bei Pfeil 1° tritt die granifere Schicht zunächst andeutungsweise, von Pfeil 1a ab mehr streifenförmig in einem höheren Niveau als die IV des Isocortex auf und zieht bis zum rechten Rand der Abbildung, wo sie schon bis dicht unter die I aufgerückt ist. Die II und III verkörneln gegen rechts zu immer mehr.

Bei Pfeil 1° setzt auch die bereits in den vorhergehenden Abbildungen hervorgehobene Dreistreifung der Rinde ein, die im rechten Teil der Abbildung, also im ventralen retrospinalen Gebiet wieder zweistreifig ist (durch Verlust der aufgehellten Va).

Abb. 45 läßt in instruktiver Form die gleichen Verhältnisse ersehen, wie wir sie beim 11tägigen Hund (Schnitt 921, Abb. 42) kennen gelernt haben. Die Rinde ist hier in dem zwischen Pfeil 1 und 1a gelegenen Gebiet dreistreifig. Die Vb ist deutlich durch eine helle Va von den äußeren Rindenteilen (γ, II und III) getrennt. II und III sind hier im ganzen verkörnelt und erinnern dadurch ohne weiteres an die Verhältnisse beim Nyctipithecus (s. Abb. 23). Der Streifen γ, die granifere Schicht, besteht aus feinen Staubkörnern, die viel feiner sind als die Körner der isocorticalen IV. Vereinzelt kommen allerdings auch etwas größere Zellen vor, besonders mehr nach der I zu. Spätestens bei Pfeil 1a ist die γ-Schicht unter Verdrängung der II und III unter der I angelangt. Die Vb ist breit, ziemlich großzellig und ist von der VI durch eine aufgehellte, allerdings nicht zellose, sondern nur zellarme Schicht Vc getrennt. Die VI ist etwas kleinzelliger als die Vb. Bei Pfeil 2 geht die granifere retrospleniale Rinde in das Praesubiculum über. Die Vb hört hier wieder auf.

Wir sehen so, daß beim ausgewachsenen Hund die Entwicklungsverhältnisse noch ganz klar erkenntlich sind. Gegenüber dem 11tägigen Hund hat sich nichts prinzipiell Neues ereignet, nur die γ-Schicht hat eine größere Präzision erhalten, was dafür spricht, daß die granifere Schicht ontogenetisch *hinter der Ausbildung der isocorticalen IV zurücksteht.*

Genau die gleichen, höchstens etwas modifizierten Verhältnisse haben wir vor uns, wenn wir in der Tierreihe absteigen. So sehen wir in **Abb. 46**, Schnitt 967 die retrospleniale Rinde eines ausgewachsenen Kaninchens. Rechts von Pfeil 1a befinden wir uns im Occipitallappen (Regio striata mit der breiten IV), links von Pfeil 1 kommen wir in das retrospleniale Gebiet. Die in der Striata gelegene Körnerschicht (IV) hört bei Pfeil 1 plötzlich auf. Bei Pfeil 2 sehen wir in einem höheren Niveau die γ, die hier als sehr selbständige und breite Schicht imponiert und aus bedeutend kleineren Zellen besteht wie die Körner der isocorticalen IV, so daß hier die granifere Schicht in noch stärkerem Maße als bisher ihr eigenes Gepräge zeigt. Die Differenzierung dieser graniferen γ-Schicht gegenüber den außerhalb gelegenen Schichten III und II ist unverkennbar. Die Va ist kaum als eigene Schicht zu erkennen, da die graniferen Elemente ein ziemlich breites Band bilden. Die Vb ist großzellig und breit, die Vc ist kleinzellig, beinahe granulär ohne besonders auffallende Aufhellung, die VI ist stark hervortretend, was bei Pfeil 3 plötzlich nachläßt. Eine Verbindung der IV der Regio striata mit der γ besteht nicht, aber doch hat man den Eindruck, daß in dem zwischen Pfeil 1 und 2 gelegenen Gebiet gewisse kleine Elemente eine etwas undeutliche Straße nach γ hinaufführen. Dadurch werden wir unmittelbar an die anatomischen Verhältnisse beim Nyctipithecus und Macacus erinnert, wo wir ebenfalls Körnerzellen von der isocorticalen IV nach der graniferen Schicht ziehend beschrieben haben. Der Übergang der Regio

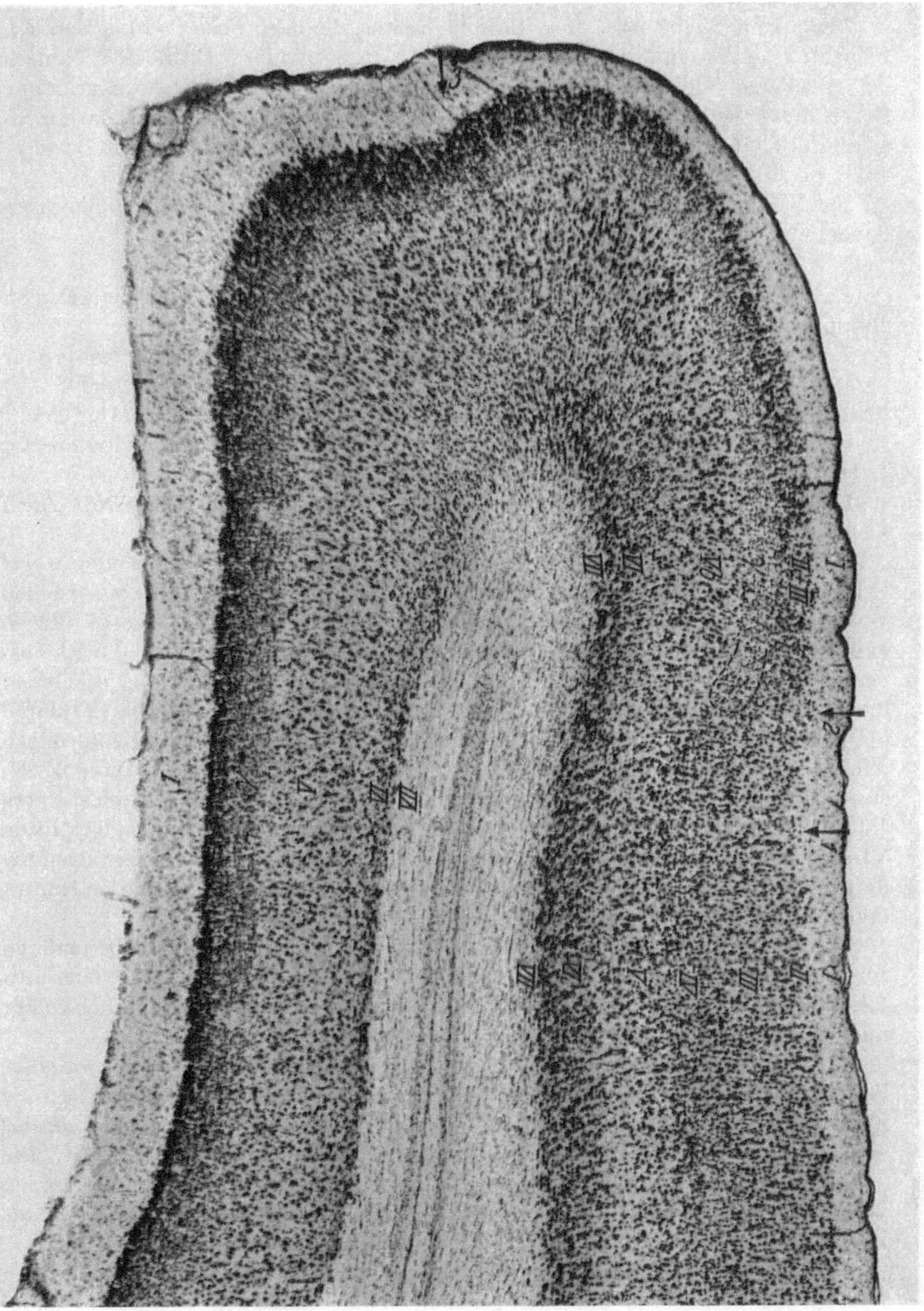

Abb. 46. Schnitt 967. Ausgewachsenes Kaninchen. M. B. 1. Vergr. 36mal.

striata in die retrospleniale Rinde ist auch nach anderen Richtungen hin noch sehr interessant, ich kann mich aber an dieser Stelle nicht weiter dazu äußern.

Links vom Pfeil 3 wird die γ-Schicht breiter, die nach oben davon gelegenen Schichten werden immer kleinzelliger, sie nähern sich in ihrer Größe den Körnern der graniferen Schicht. Ganz links sieht es so aus, als ob nur noch granifere Zellen unter der I liegen, die allerdings in der Höhe der II stärker zusammengeklumpt sind und damit Streifen bilden. Wir haben somit im Prinzip dasselbe Bild wie in Abb. 23 beim Nyctipithecus.

Bei der Ratte und der Maus haben wir die gleichen Verhältnisse, Abbildungen davon muß ich mir allerdings ersparen.

Fassen wir jetzt unsere Ergebnisse für die limbische und retrospleniale Region zusammen, dann stellen wir fest:

1. Wir können ein vorderes limbisches Gebiet unterscheiden, das primär agranulär und schlecht geschichtet ist. Die isocorticale Körnerschicht (IV) fehlt also. Alle übrigen Schichten, insbesondere aber die II. und III. Schicht sind gut entwickelt. Wir haben mithin eine Rinde vor uns nach der Formel I, II, III, V, VI, VII, d. h. eine 6schichtige.

Genau so verhält sich das subgenuale Gebiet (wenigstens teilweise). Auch dieses ist primär agranulär, im übrigen 6schichtig.

2. Das caudale limbische Gebiet vor und hinter dem Balkensplenium, das teilweise das granuläre retrospleniale Gebiet der Autoren darstellt, weist einen vom vorderen limbischen Gebiet völlig differenten, in der Ontogenie bereits äußerst prägnant zum Ausdruck kommenden differenten Bau auf. Es ist ausgezeichnet geschichtet, läßt beim 1tägigen Hund eine Zweistreifung erkennen, indem die streifenförmige dunkel gefärbte Lamina partialis externa (*le*) durch die aufgehellte Lamina partialis intermedia von der ebenfalls streifenförmigen dunkel gefärbten Lamina partialis interna (*li*) getrennt wird. Diese Zweistreifung geht beim 11tägigen Hund in eine Dreistreifung über, die durch stärkere Differenzierung und Betonung der ebenfalls streifenförmigen dunkel gefärbten VI (bei aufgehellter Vc) zustande kommt. Die Zwei- bzw. spätere Dreistreifung der retrosplenialen Region ist so charakteristisch, daß sie als eines der Haupterkennungsmerkmale anzusehen ist.

3. In der retrosplenialen Rinde der Autoren kommt es zu einer ganz besonderen Ausprägung und Weiterdifferenzierung der V. Schicht. Wir können eine aufgehellte Va, eine dunkle, breite Vb, die öfters noch eine Weiterteilung zuläßt und eine ebenfalls wieder aufgehellte Vc unterscheiden.

4. Die retrospleniale granuläre Rinde der Autoren ist *zwar primär agranulär*, läßt dafür aber eine körnerhaltige Schicht erkennen, unsere γ. *Diese ist ohne Zusammenhang mit der isocorticalen IV und verläuft in einer höheren Ebene*, sie strebt unter die I. und verdrängt stellenweise die II. und III. Schicht. Die *γ-Schicht bildet sich aus dem äußeren Teil der Rindenplatte — unserer Lamina partialis externa — als eigene Schicht und erscheint später als die isocorticale Körnerschicht, was ihre Eigenstellung besonders eindringlich erscheinen läßt.*

Die granifere Schicht hat bereits beim Nyctipithecus durch ihren eigenartigen Bau auf uns besonderen Eindruck gemacht. Dieser Eindruck wird beim Hundegehirn noch dadurch verstärkt, daß bei ihm die Zellen in der γ unverkennbar feiner sind als die Zellen der isocorticalen IV. Man braucht nur in Abb. 44 die Zellen der Körnerschicht bei Pfeil 1 mit den graniferen Zellen in Abb. 45 (zwischen Pfeil 1 und 2) zu vergleichen. Noch deutlicher kommt dieser Unterschied in Abb. 46 heraus, wenn wir die Körner rechts von Pfeil 1a und die in der γ-Schicht einander gegenüberstellen. Wir haben daher den Eindruck, daß die γ-Zellen bedeutend kleiner sind als die isocorticalen Körner, wenngleich auch in letzterer ähnlich kleine Zellen vorkommen wie in γ.

Durch diesen auffälligen Befund wird die Eigenstellung der γ-Schicht noch viel schärfer herausgehoben als durch die anderen schon oben beschriebenen Merkmale.

Sowohl die II. als auch die III. Schicht ist unverkennbar differenziert. Im graniferen Gebiet werden beide Schichten teilweise verkörnelt, teilweise sogar verdrängt.

5. In der graniferen retrosplenialen Region können wir ein dorsales Gebiet (oberhalb des Balkenspleniums [und ein ventrales], unterhalb des Balkenspleniums) unterscheiden. Letzteres wieder läßt eine Trennung in einen oralen und einen caudalen Teil zu.

Die dorsale granifere Rinde ist ebenso wie die ventrale caudale dreistreifig (trizonal), das ventro-orale ist zweistreifig (bizonal).

6. Das agranuläre retrospleniale Gebiet der Autoren ist auch beim Hunde schwach granulär. Es weist eine schwache Körnerschicht auf. Diese Körner entstammen aber der isocorticalen IV. Es besteht deshalb für uns kein zwingender Grund es aus dem Isocortex besonders herauszunehmen, wie das Rose getan hat, da es zu dem Isocortex in keinem prinzipiellen Gegensatz steht.

All diese so auffallenden Merkmale können wir nicht nur am ausgewachsenen Gehirn feststellen (ich verweise an die eindringlichen Befunde beim Nyctipithecus, Macacus, Mantelpavian und Menschen, beim Hund und beim Kaninchen), sondern auch — und das ist sehr wesentlich — in der Ontogenie des Hundegehirnes. Dadurch werden unsere Befunde fest unterbaut und erbringen den Beweis, daß die Lehre Roses vom Cortex quinquestratificatus mit ausbleibender Differenzierung der Lamina granularis primaria (Rose) falsch ist. Aber auch die Zusammenfassung der vorderen limbischen Region mit der retrosplenialen agranulären und granulären (Rose) ist falsch, da beide eine völlig differente Entwicklung haben, die übrigens auch im myelo-architektonischen Bild ihren Ausdruck findet, indem nämlich die vordere limbische Region infraradiär, die retrospleniale supraradiär ist.

Was nun den Schichtentypus angeht, so ist die vordere limbische Region 6schichtig nach der Formel I, II, III, V, VI, VII. Die retrospleniale granifere Region ist, obwohl primär agranulär, 7schichtig nach der Formel I, II, III, γ, IV, V, VI, VII (wir haben dabei die V, die ja teilweise drei Unterschichten erkennen läßt, als eine Schicht gerechnet). Dort wo die II. und III. Schicht von der graniferen Schicht γ verdrängt wird, ist die retrospleniale Rinde sogar nur 5schichtig nach der Formel I, γ, V, VI, VII.

Wir haben mithin bisher folgende Rindentypen kennengelernt:

1. Den 5schichtigen Rindentypus nach der Formel I, γ, V, VI, VII.
2. Den 6schichtigen Rindentypus nach der Formel I, II, III, V, VI, VII.
3. Den 7schichtigen Rindentypus nach der Formel I, II, III, γ, V, VI, VII.

Von diesen drei Typen paßt weder der 6- noch der 7-Schichtentypus zu der Brodmannschen Lehre vom tektogenetischen Grundtypus. Der 6schichtige deshalb nicht, weil er sich gar nicht aus einem 6/7-Schichtentypus wie das Brodmann lehrt, herausentwickelt hat, der 7schichtige deshalb nicht, weil er ebenfalls nicht aus dem 6/7-Schichtentypus des Isocortex entstanden ist und durch seine eigenartige Morphogenie in ganz anderer Weise als der Isocortex zu einem 6/7-Schichtentypus geworden ist. Der Fundamentalsatz vom tectogenetischen Grundtypus wird damit nach zwei Richtungen hin gesprengt. Außerdem stellt sich heraus, daß es mindestens zwei Arten von 6/7-Schichtentypus gibt.

Was das heißt, werden wir später noch eingehend zu erörtern haben.

Mit diesen Feststellungen haben wir die Eigenarten der retrosplenialen Rinde noch keineswegs erschöpft. Die hier zusammenstoßenden Regionen sind noch in ganz anderer Weise von größter Auffälligkeit und geeignet unsere Kenntnisse wesentlich zu erweitern und zu vertiefen.

Greifen wir auf die Abb. 19 zurück. Wir haben hier die sehr ausgeprägte granifere retrospleniale Region bereits S. 50 beschrieben und darauf hingewiesen, wie sie bei Pfeil 2 in dem Moment, in dem sie zum 5-Schichtentypus nach der Formel I, γ, V, VI, VII geworden ist, aufhört. Genauer gesehen, hört sie aber nur teilweise auf, da ja ihre tiefen Schichten V, VI und VII über Pfeil 2 hinaus sich in das mit *jsub* bezeichnete Gebiet bis zu Pfeil 5 erstrecken. Auf diese Weise haben wir zwischen Pfeil 2 und 5 eine Rinde vor uns, die *obwohl sie den ganzen Rindenquerschnitt einnimmt*, nur aus den tiefen Schichten besteht (von der I abgesehen). An dieser Sachlage würde auch dann nichts geändert, wenn man annehmen wollte, daß das granifere retrospleniale Gebiet und das mit *jsub* bezeichnete nur ineinander geschoben wären, die zwischen Pfeil 1 und 2 gelegenen tiefen Schichten V (diese nur teilweise), VI und VII gar nicht der retrosplenialen Rinde, sondern dem *jsub* Gebiet angehörten. Die Tatsache, *daß diese tiefen Schichten bei Pfeil 1 nur wieder in die tiefen Schichten der retrosplenialen Rinde einmünden, könnte dadurch in keiner Weise berührt werden.* Hingegen müßten wir uns sofort die Frage vorlegen, wo in diesem Falle die tiefen Schichten der retrosplenialen Rinde geblieben wären. Hätten sie sich mit denen von *jsub* vermischt, dann müßte man das sehen, die Grenze bei Pfeil 1 (Abb. 19) könnte nicht so scharf und schroff sein. Würden sie fehlen, dann hätten wir zwischen Pfeil 1 und 2 eine Rinde nach der Formel I, II, III, γ und V vor uns, bei der II und III ständig abnehmen (bis zu Pfeil 2) und V teilweise rudimentär wäre, also eine ganz komplizierte Struktur.

Wie dem auch sei, soviel steht jedenfalls fest, daß in Abb. 19 und 24 die Rinde zwischen Pfeil 2 und 5 nur aus den tiefen Schichten (V), VI und VII besteht[1].

In Abb. 21 haben wir zwischen Pfeil 2 und 3 wieder eine andere Rinde vor uns. Ihre Außenschichten werden abgesehen von der I nur von γ repräsentiert, während die Innenschichten aus der V, VI und VII bestehen. Das gleiche gilt für Abb. 23 zwischen Pfeil 1a und 2 und für Abb. 24 zwischen Pfeil 1b und 2. Es fehlen also die II. und III. Schicht völlig.

Diese Befunde sind nun nicht nur für die anatomische Betrachtungsweise von größtem Interesse, sondern auch für die funktionelle. Wenn auch bei der Übertragung anatomischer Befunde ins Funktionelle die größte Vorsicht am Platze ist, so dürfen wir doch nicht dort, wo der Hinweis des einen auf das

[1] In Abb. 24 ist der rudimentäre Bau der V. Schicht besonders gut zu erkennen.

andere ganz eindeutig ist, vor der Ausdeutung einer solchen Eigenart halt machen. Letzten Endes soll der anatomische Befund doch nur dem Verständnis der funktionellen Vorgänge dienen. Unter einer solchen funktionellen Betrachtung müssen wir folgendes feststellen: Vorausgesetzt, daß die Schichten auch eine horizontale Funktion haben (was ernstlich gar nicht bestritten werden kann), haben wir in *jsub* 1—3 solche Felder vor uns, bei denen die Funktionen der II., III. und IV. Schicht völlig ausfallen müssen, da diese ja nicht vorhanden sind. Es können nur die Schichten V, VI und VII funktionieren, wobei die V. Schicht mehr minder rudimentär ist, infolgedessen auch nur eine ebensolche Funktion haben wird. *Es handelt sich also um eine Rinde, die mit Ausnahme der rudimentären V einen Funktionsträger der nur tiefen Schichten VI und VII darstellt* (von der in der ganzen Hirnrinde vorhandenen I, die ja wohl überall die gleiche Funktion haben wird, abgesehen). *Die Funktion dieser tiefen Schichten geht aber nicht diffus in eine andere Rinde über, sondern führt wieder nur in die der gleichnamigen Schichten in der graniferen retrosplenialen Region, wenn auch unter modifizierten Verhältnissen. Das heißt aber, daß die gesamte Funktion der jsub-Felder nur der Funktion der tiefen Schichten der graniferen retrosplenialen Region entspricht.* In der letzteren Gegend haben wir teilweise ein Gebiet, in dem alle 7 Schichten vertreten sind, also auch alle 7 Funktionsträger darstellen, teilweise fallen aber die Schichten II und III aus. *Es kommt mithin zu einer Funktion, bei der lediglich die γ-Schicht als Vertreterin der Außenschichten mit den tiefen Schichten V, VI und VII zusammenarbeitet. Dies stellt einen ganz neuen funktionellen Apparat dar, besonders noch, wenn wir bedenken, daß die γ-Schicht eine auffällige Entwicklung erfahren hat, und daß sie mit der isocorticalen IV nicht identisch ist.* Dieser Rinde kommt mithin, funktionell betrachtet, eine eigene Stellung zu. Streckenweise (zwischen Pfeil 1 und 2, Abb. 19) kommt es dann sogar noch zu einer Vermischung der Funktion von *jsub* und der retrosplenialen graniferen Region, wobei in letzterer nur die tiefen Schichten V, VI und VII funktionell beeinflußt werden.

Diese Feststellungen sind nicht nur deshalb von so großer Wichtigkeit, weil sie neue Funktionsmodalitäten aufdecken, sondern vor allem den exakten Nachweis liefern, daß es eine Rinde gibt, die nur aus den tiefen Schichten der Rinde, denen allgemein effektorische Funktionen zugeschrieben werden, besteht. Noch eindringlicher wird aber unser Befund, wenn wir der Frage nachgehen, was unsere *jsub*-Felder denn eigentlich darstellen.

Wie die Abb. 19 und 24 mit aller Deutlichkeit erkennen lassen, sind die *jsub* Felder dem Ammonshorn unmittelbar vorgelagert. Sie gehen in Abb. 19 und 24 direkt in das Subiculum und die *h*-Felder über. Ihr Bau ist insofern eigenartig, als eine, wenn auch rudimentäre V. Schicht besteht. Man kann sie infolgedessen weder als Praesubiculum noch als Pro- oder Parasubiculum bezeichnen. Ich schlage deshalb für sie den Terminus Juxtabiculum (*jsub*) vor. Ihre Unterteilung in $jsub_1$, $jsub_2$ und $jsub_3$ ergibt sich am besten aus der Abb. 24, in der wir das unterschiedliche Verhalten der rudimentären V bis zu Pfeil 5, wo das Subiculum beginnt, verfolgen können.

Nach der Roseschen Einteilung der Rinde müßten wir unsere *jsub*-Felder als Holocortex auffassen, in dem sämtliche Schichten sich aus der eigentlichen Rindenplatte entwickelt hätten, ohne aber zu einer weitergehenden Differenzierung gekommen zu sein. Keine Schicht der Rinde dieses Gebietes wäre nach Rose mit einer entsprechenden der homogenetischen Rinde zu identifizieren, vielmehr entsprächen alle Schichten allen Schichten des Isocortex (wie dies Rose für das Subiculum und die *h*-Felder ausgeführt hat). Daß dies aber nicht richtig ist, geht aus unseren Ausführungen zwingend hervor. Wir stellen nämlich fest, daß die Außenschichten überhaupt nicht zur Entwicklung gekommen sind, sondern nur die Innenschichten. Diese entsprechen aber nur den gleichnamigen Innenschichten der 7schichtigen und 5schichtigen retrosplenialen Rinde.

Das gleiche gilt auch für das Subiculum, ebenso für die *h*-Felder, in welche oralwärts unsere *jsub*-Felder übergehen.

Mithin ist die Rosesche Lehre, auch was die Morphogenie des Ammonshorns angeht, falsch.

III. Die Insel.

Wir erinnern uns, daß Rose für die Insel ebenfalls einen eigenen Entwicklungsmodus festgestellt hat. Während der Cortex quinquestratificatus nach Rose gewissermaßen einen Übergang von dem Cortex holoprotoptychos bistratificatus (Cornu Ammonis, Taenia tecta, Fascia dentata, Regio retrobulbaris) zur homogenetischen Rinde bildet, wie ja in dem Namen Mesocortex angedeutet ist, soll die Inselrinde dadurch eine Eigenstellung einnehmen, daß sie ihr Zellmaterial teils aus der Matrix der homogenetischen Rinde, teils aus der des Striatums erhält. Daher der Name Cortex pallio-striatalis sive bigenitus.

Zur Insel gehört nach Rose auch das Claustrum. Dieses entwickle sich beim Menschen noch vor der Bildung der übrigen Schichten in der Rindenplatte. Mit dem Auftreten der Capsula extrema werde das Claustrum zu einem selbständigen Gebilde. Demnach sei das Claustrum weder vom Striatum noch von der VI. Rindenschicht abgespalten, es entstamme vielmehr dem inneren (ventralen) Teile der Rindenplatte und könne mit keiner Rindenschicht des Holocortex homologisiert werden.

Die Insel teilt Rose, nachdem bereits von Economo und Kokinas erkannt hatten, daß der frontale Teil der opercularisierten Insel beim Menschen ähnlich wie der caudale eine, wenn auch schwach ausgeprägte Körnerschicht aufweist, in eine agranuläre, propeagranuläre und granuläre ein.

In seinem Kaninchenatlas hat Rose auch eine Area praeinsularis beschrieben. Sie habe mit der Area praecentralis granularis, besonders aber mit der Regio insularis gewisse gemeinsame Merkmale. Man könne sie auch zwanglos zur letzteren zählen, obwohl sie kein Claustrum besitzt. Es handele sich hier zweifellos um einen Mischtypus, welcher im Grenzgebiet auftrete. Infolge seiner Größe und typischen Ausprägung fasse er sie jedoch als eine Area sui generis auf und zähle sie zur Regio insularis. Die Area praeinsularis habe keine Körnerschicht, sei also agranulär.

Außer einem eigenen Entwicklungsmodus stellt Rose aber auch noch sonstige Besonderheiten in der Insel fest. So kommt es im ventralen Teil der Insel (*ai*) überhaupt nicht zu einer Stratifikation der Lamina granularis primaria. Dieser Teil der Insel bleibe für immer 7schichtig (das Claustrum und die Capsula extrema eingeschlossen). Beim Menschen entwickle sich in einem Teil des agranulären Inselcortex in der Lamina granularis primaria die II. Schicht nur stellenweise, während die III. und IV. Schicht sich nicht gesondert differenziert hätten. Die Inselrinde sei demnach mit Einschluß der I, der Capsula extrema und des Claustrums bei deutlicher Ausprägung der V, VI und VII 7schichtig.

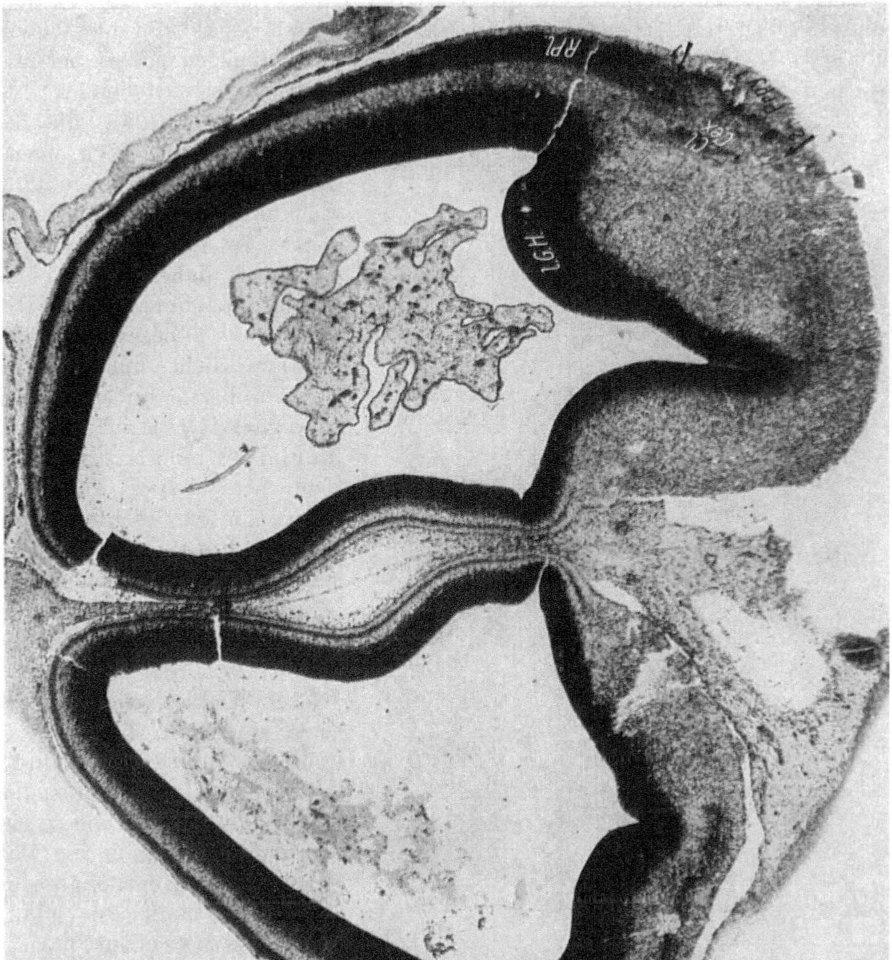

Abb. 47. Schnitt 335. Menschlicher Embryo von 30 mm SSL. M. B. 92. Vergr. 27mal.

Im propeagranulären Inselgebiet beim Menschen sei die IV kaum angedeutet, der granuläre Inselcortex sei mit Einschluß des Claustrums und der Capsula extrema 9schichtig.

Beim Menschen komme es schon im 6. bzw. 7. Fetalmonat zur Gliederung in einen agranulären, propeagranulären und granulären Inseltypus, bei der Maus und beim Kaninchen differenziere sich die Lamina granularis primaria erst nach der Geburt.

Zunächst muß zu der ROSEschen Lehre festgestellt werden, daß die Ansicht, derzufolge sich das Claustrum erst im 6. Monat herausdifferenziert, nicht richtig ist. ROSE stützt sich dabei auf DE VRIES, der in seiner, auch von ROSE zitierten und akzeptierten Arbeit[1] sagt, ein Claustrum finde sich beim menschlichen Embryo bei 10,5 cm Kopf-Fußlänge noch nicht, hingegen sei es bei einem solchen von 14 cm in Frontalschnitten schon deutlich festzustellen.

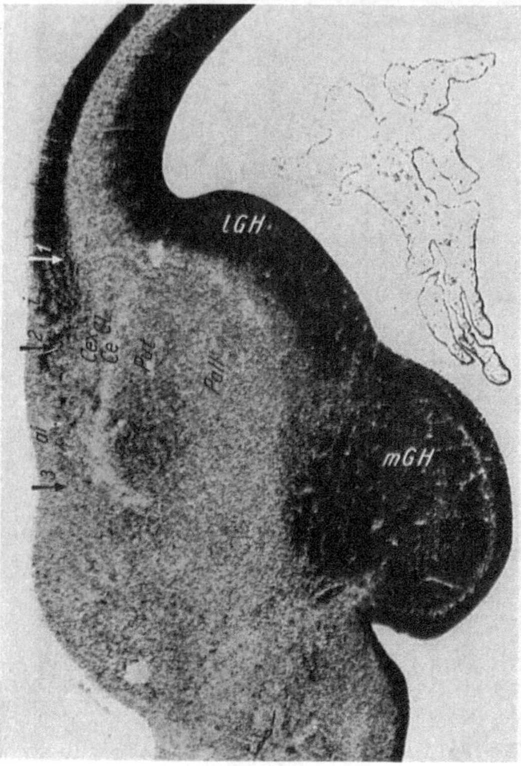

Abb. 48. Schnitt 239. Menschlicher Embryo wie in Abb. 47. Vergr. 27mal.

Abb. 47 und **48**, die beide von einem 30 mm (SSL.) menschlichen Embryo stammen, bringen die vorderen Gehirnteile zur Ansicht. In **Abb. 47**, Schnitt 335, sehen wir dabei in der rechten Hemisphäre unterhalb der Rinde das mit *Cl* bezeichnete Claustrum. Nicht nur, daß seine Lage äußerst typisch ist und rindenwärts eine aufgehellte, als Capsula extrema anzusprechende helle Schicht liegt, könnten wir uns auch gar nicht vorstellen, was in dieser Gegend noch gelegen sein sollte. Auch die zur Hirnrinde orientierte Lage ist völlig normal, indem das Claustrum von der Insel in die Gegend der präpyriformen Rinde sich hineinerstreckt.

Der Schnitt ist deshalb noch von besonderem Interesse, weil er erkennen läßt, wie in einem so frühen Stadium die Matrix im lateralen Hemisphärengebiet besonders breit ist und die Rindenplatte einen nach der Dorsal- und dorsalen Medianseite hin ständig an Breite abnehmenden Streifen darstellt. Ventral von Pfeil 2 sehen wir, daß die restlichen *Prpy*-Formationen noch in keiner Weise, die Area diagonalis (ROSE) nur andeutungsweise gebildet sind, wie die Rindenplatte überhaupt noch nicht zur Anlage gekommen ist (besonders eindringlich in der linken Hemisphäre). Die mediobasalen Hemisphärenabschnitte bleiben also in der Formierung einer Rindenplatte wesentlich zurück. Von Bedeutung ist schließlich noch, daß bei Pfeil 1, am Übergang der Inselrinde in die präpyriforme ($Prpy_1$) die Rindenplatte wohl am breitesten ist, aber aufgefasert und uneinheitlich.

Die **Abb. 48**, die von dem wesentlich weiter caudal gelegenen Schnitt 239 stammt, läßt ebenso wie Abb. 47 das Claustrum erkennen; es bildet hier einen stabförmigen noch ziemlich zellarmen Körper, der durch die Capsula externa

[1] ERNST DE VRIES: Bemerkungen zur Ontogenie und vergleichenden Anatomie des Claustrums. Fol. neurobiol. 4 (1910).

vom Putamen und durch die Capsula extrema von der Rindenplatte getrennt ist. Rein topographisch betrachtet, kann es sich hier auch um gar nichts anderes handeln, als um das Claustrum, das im Bereich der Insel und der Stammganglien liegt.

Der ventral gelegene Inselteil (*ai*) ist in der Bildung der Rindenplatte noch weit zurück, wie ohne weiteres aus der Abbildung hervorgeht. Die übrigen ventralen Teile lassen ebenfalls eine Ausbildung der Rindenplatte vermissen. Das Putamen und das Pallidum sind durch Helligkeitsgrade deutlich voneinander unterschieden. Die Matrix der Stammganglien (Ganglienhügel) zeigt einen schwächer ausgebildeten lateralen und einen stärkeren medialen Wulst (*l.G.H.*, *m.G.H.*).

In Ergänzung unserer Abb. 47 und 48 möchte ich noch anführen, daß bereits KODAMA in seiner Arbeit über die Entwicklung des striären Systems beim Menschen[1], bei einem ebenfalls 30 mm langen Fetus (SSL.) die „inselförmige" Anlage des Claustrums abgebildet hat (s. seine Abb. 2a). In seiner Abb. 3 bringt er die Anlage des Claustrums bei einem 40 mm langen Embryo (SSL.) zur Darstellung.

Wir erkennen mithin aus unseren Abbildungen, daß das Claustrum nicht nur zu einem sehr frühen Zeitpunkt bereits vorhanden ist, sondern auch schon in seiner ersten Anlage *in keinem Zusammenhang mit der Rinde steht, also ein Gebilde sui generis darstellt und damit einen Kern, der sich so früh und so spät wie das Striatum bildet. Zweifellos ist das Claustrum auch ein den zentralen Ganglien zugehöriges Gebilde.* Was ROSE in diesem Falle irre geführt hat, ist der Umstand, daß er das Claustrum beim menschlichen Fetus früherer Stadien zu weit caudal gesucht hat. Zu so früher Zeit besitzt es noch nicht die große Ausdehnung wie in späteren Stadien, es wächst in fronto caudaler Richtung. Das geht auch aus der Tatsache hervor, daß es oral sehr zellreich und massiv ist, dorsal aber zusehends zellärmer und schwächer wird (vgl. Abb. 47 und 48). Wenn man infolgedessen einen Schnitt untersucht, auf den die zentralen Ganglien bereits in voller Höhe getroffen sind (s. **Abb. 49**, Schnitt 189, vom gleichen Embryo), so befindet man sich zu weit caudal und kommt zu dem folgenschweren Irrtum, das Claustrum sei noch gar nicht angelegt.

Daß das Claustrum kein Teil der Rinde, insbesondere nicht der VI. Schicht sein kann, geht auch daraus hervor, *daß es sich zu einem Zeitpunkt differenziert, in dem sich die Rindenplatte teilweise* (s. Abb. 48) *überhaupt noch kaum gebildet, erst recht aber noch nicht mit der Differenzierung begonnen hat.*

Mit unserem Befund stimmt auch überein, daß das Claustrum bei vielen Säugern, z. B. beim Hund und bei der Katze, ein mächtiges Gebilde darstellt, das aus ganz charakteristischen Spindelzellen formiert ist, aber auch noch Zellen anderer Art aufweist und sich aus mehreren Kernen, die teils kleiner, teils größer sind, zusammensetzt. Das allein muß uns schon davor warnen, das Claustrum als einen Abkömmling der Rinde zu betrachten. Zudem sehen wir nirgends in der Ontogenese, daß sich aus der Rinde so ganz charakteristische und völlig anders gebaute Formationen entwickeln. Es würde sich mithin um einen ganz vereinzelt dastehenden Fall der Abspaltung eines Kernes aus der Hirnrinde handeln, was bisher, so weit ich sehe, nicht bewiesen werden konnte, auch nicht von ROSE. Im übrigen sieht man auch an den Abbildungen ROSEs,

[1] Orell Füssli Verlag, Zürich/Leipzig/Berlin 1927.

die er als Beweis anführt, immer noch einen hellen Streifen zwischen dem Claustrum und der Rindenplatte.

Noch ein anderer Befund spricht für die Unabhängigkeit des Claustrums von der Hirnrinde. In **Abb. 50** haben wir ein schwer verändertes Gehirn von

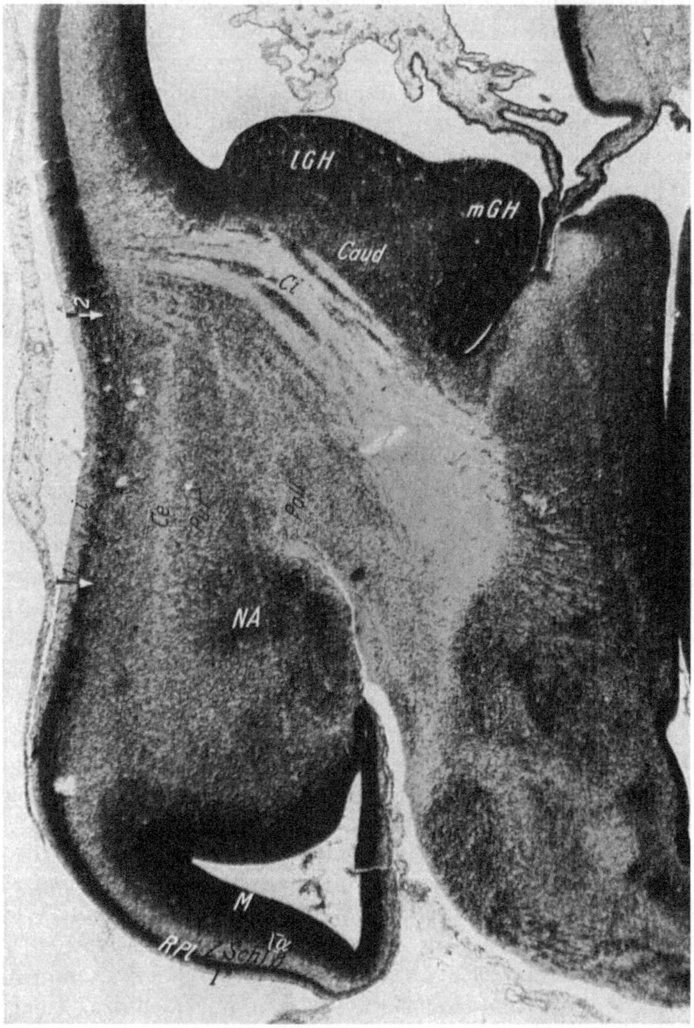

Abb. 49. Schnitt 189. Menschlicher Embryo wie in Schnitt 47 und 48. Vergr. 27mal.

einem etwa 2jährigen Knaben (M. B. 99, Bl. II, Schnitt 1054 meiner Sammlung) vor uns. Es fehlt der Olfactorius beiderseits, der Balken, der Fornix, die Hemisphären sind oral nicht getrennt, der Schläfenlappen ist nur im Pol angelegt, es fehlen die Anlage der vorderen und hinteren Zentralwindung und die zugehörigen Furchen, ebenso fehlen auch ihre entsprechenden architektonischen Zentren. Die Querwindungen mit ihren architektonischen Zentren fallen ebenfalls aus. Die Hirnrinde ist, soweit sie angelegt ist, mangelhaft differenziert, läßt aber den 7-Schichtentypus erkennen. *Trotz der mangelhaft differenzierten*

Rinde haben wir aber ein atypisch gelagertes Claustrum, das ein besonders stark hypertrophisches und sogar in zwei Kerne sich teilendes Gebilde darstellt. Eine solche Mißbildung wäre aber nicht möglich, wenn das Claustrum sich aus dem inneren Teil der Rindenplatte entwickelt hätte oder wenn es gar ein Abspaltungsprodukt der VI. Schicht wäre. Bei der mangelhaften Differenzierung der Hirnrinde müßten alle Teile darunter leiden. Nirgends findet sich aber in diesem mißbildeten Gehirn ein Hinweis darauf, daß gerade die tiefen Rindenschichten, insbesondere die VI besonders gut differenziert wären.

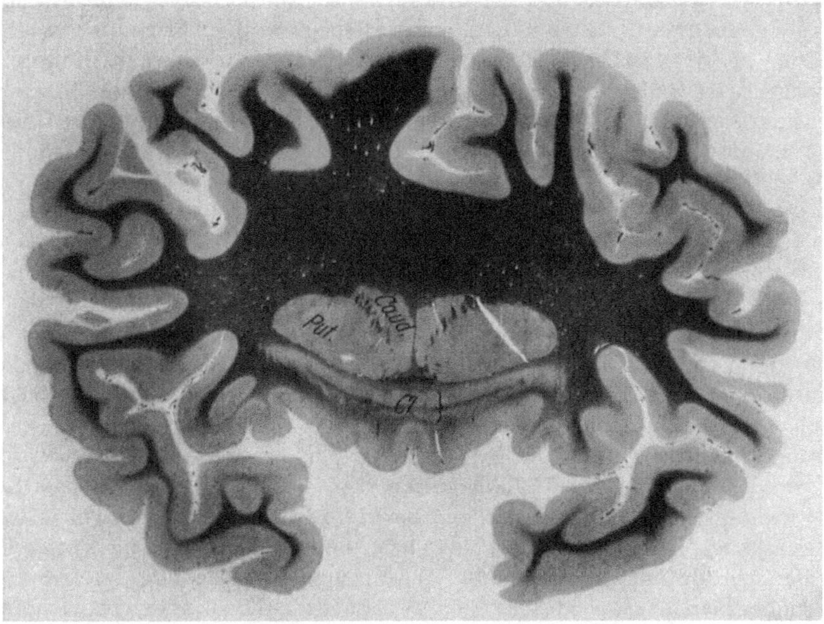

Abb. 50. Menschliches Gehirn. Schnitt 1054 Bl. II. M. B. 99. Näheres im Text S. 102 u. 103. Verkl. 3/4.

Mit diesen Feststellungen fallt schon ein großer Teil aller von Rose *gezogenen Schlüsse hinsichtlich der Indelrinde,* insbesondere kann von einem Cortex novemstratificatus und einem agranulären septemstratificatus keine Rede sein, da man ja zwei Schichten, das Claustrum und die Capsula extrema abziehen muß.

Aber auch sonst sind die Befunde Roses nach jeder Richtung hin anfechtbar. Wir brauchen nur daran zu denken, daß Rose in seine Inselrinde die Area praepyriformis I einrechnet, die nach ihm einen Cortex quattuorstratificatus darstellt, während er die übrige präpyriforme Rinde zu seiner semipartietinen Rinde zählt. Dabei ist die präpyriforme Rinde nichts anderes als ein Cortex semiparietinus im Roseschen Sinne, wenn wir von den vier Schichten das Claustrum und die Capsula extrema abziehen. Des weiteren muß darauf hingewiesen werden, daß es nicht angeht, lediglich auf Grund der Lage eines Kernes unter einer Rinde, diese anders einzuteilen als ihren benachbarten ziemlich gleich gebauten Rindenteil. *Die Trennung der Regio praepyriformis ist somit ein unnatürliches, den tatsächlichen Verhältnissen Zwang antuendes Vorgehen.* Das schimmert übrigens bereits bei Brodmann durch. Wenn er auch in Anlehnung an MEYNERT und WERNICKE die Inselrinde dahin definiert hat, daß sie überall dort vorhanden sei, wo subcortical das Claustrum verläuft — also ubi Claustrum ibi insula — so hat er doch dazu bereits gleich wieder kritisch Stellung genommen und seine Bedenken geäußert, die dann von anderen sehr stark unterstrichen worden sind, so von DE VRIES[1], MOTT und KELLEY[1] für die Lemurengehirne und von MOTT[1], SCHUSTER[1] und HELLIBURTON[1] für den Hapale.

Daß auch noch andere, frühere Autoren schon für die Unabhängigkeit des Claustrums eingetreten sind, sei nur der Vollständigkeit halber erwähnt. So LANDAU[2], VON ECONOMO und KOSKINAS u. a. VON ECONOMO und KOSKINAS stellten bereits das Claustrum in gleiche Reihe mit dem Striatum, es gehöre nicht zur VI, sei überhaupt keine Schicht der Rinde, jedoch mit ihr in steter Begleitung und Zusammenhang. Die Entwicklung der Inselrinde bezeichnen VON ECONOMO und KOSKINAS als eine eigenartige. Man könnte die Insel in gewissem Sinne zum allogenetischen Cortex rechnen (am besten zum sog. Cortex striatus).

Was die Lehre ROSEs vom Cortex bigenitus angeht, so können wir uns dieser nicht anschließen. Es ist in keiner Weise von ROSE überzeugend dargestellt worden, daß sein Streifen X, der bekanntlich die Elemente aus der Matrix des Palliums bzw. der totoparietinen Rinde und gleichzeitig aus der des Striatums führen soll, wirklich einzig und allein das Zellmaterial zum Aufbau der Inselrinde liefert, dieser Streifen X also gewissermaßen die Matrix der Inselrinde bilde, während die zwischen X und der Rindenplatte liegende schmale helle Zone eine Art Zwischenschicht bedeute. Hier hat sich ROSE in seiner eigenen Lehre gefangen. Es sieht so aus, als schwebte ihm der Gedankengang vor: Wenn es eine striatale, eine isocorticale und eine mesocorticale Rinde gibt, warum soll es dann nicht auch eine striopalliale geben. Dabei ist ROSE aber durchaus nicht konsequent geblieben; denn für das Septum pellucidum führt er aus, daß dort eine ähnliche Ansammlung der Elemente an der Hemisphärenoberfläche zu sehen sei wie im Striatum. Diese Elemente stammten teilweise *auch* aus der Matrix der totoparietinen Rinde. Den Schluß, daß dann das Septum pellucidum ebenfalls einen Bicortex darstelle, genau so wie die Inselrinde, zieht aber ROSE nicht; für ihn bleibt es eine semiparietine oder striatale Rinde.

Wir wollen im folgenden an Hand eigener Präparate die ROSEsche Lehre nachprüfen. Dabei werden wir uns aber nicht lediglich darauf beschränken, einen Streifen X zu suchen. Wir werden darüber hinaus auch zur Morphogenie der Insel Stellung nehmen und an Hand eigener Befunde die Entwicklungsvorgänge darlegen.

Die schon erwähnte **Abb. 47** zeigt uns zunächst auf der rechten Seite, wenn wir vom Claustrum jetzt absehen, an der lateralen Hemisphärenwand eine von oben her immer dicker werdende Rindenplatte, die am Übergang zur Basis bei Pfeil 1 am dichtesten ist. Hier spaltet sich die Rindenplatte auf, ihr äußerster Teil zieht als verhältnismäßig dünnes, aber gar nicht kontinuierliches Streifchen eine Strecke weit weiter (bis zu Pfeil 2). Oberhalb dieses Streifchens haben wir eine sehr breite Zonalschicht (I), unterhalb eine mit dunklen Elementen

[1] Zitiert nach BRODMANN: Vergleichende Lokalisationslehre usw.

[2] LANDAU: Anatomie des Großhirns, formanalytische Untersuchungen. Bern: Ernst Bircher 1923.

vermischte Zone, die nicht ganz so breit ist wie der untere Teil der Rindenplatte oberhalb der Aufsplitterung. Es folgt dann nach innen zu eine helle Zwischenschicht, die nichts anderes darstellt, als die Capsula extrema, dann das vorne beschriebene massive Claustrum, die Capsula externa und die Stelle, an der weiter caudal das Striatum herauskommt, von dem hier aber noch nichts Spezifisches zu erkennen ist. Einen Streifen X wie Rose ihn dargestellt hat, finden wir nicht, aber zweifellos ziehen die Zellen teils vom lateralen Ganglienhügel nach der Rinde zu und in der lateralen Hemisphärenwand von der Matrix zur Rindenplatte. Straßenähnliche Züge können wir allerdings noch nicht feststellen.

Abb. 48 zeigt links im Prinzip die gleichen Verhältnisse. Die Rindenplatte der Insel ist noch weniger zusammenhängend als in Abb. 47. Das Claustrum ist dünn und tritt wenig hervor. Stärker ist die Capsula externa und das Striatum nebst Pallidum ausgebildet, wobei das Putamen bedeutend dunkler und zellreicher ist als das Pallidum. Das Claustrum ist wieder durch die Capsula extrema von der Rindenplatte getrennt. Von einem Streifen X ist auch hier nicht das Geringste zu konstatieren. *Es wird also an einer Stelle, an der das Claustrum unverkennbar ausgebildet ist, der für seine Bildung von* Rose *als charakteristisch angesehene Streifen vermißt.*

Abb. 49 stellt einen Schnitt (189) vom gleichen Fetus dar, der weiter caudal liegt. Von einem Claustrum ist hier nichts zu sehen. Die Rindenplatte läßt zwischen Pfeil 1 und 2 ihre nach oben und unten davon gelegene Geschlossenheit vermissen[1]. Nur ihr äußerer Teil ist dichter, bildet aber kein kontinuierliches Band. Ihr innerer Teil ist wohl dicht und dunkel gefärbt, aber nur diffus. Wir erkennen sehr deutlich die Capsula externa, das Putamen und das Pallidum, in letzterem können wir sogar ein Innen- von einem Außenglied unterscheiden. Es findet sich jedoch weder ein Claustrum noch eine Capsula extrema. Da wir *Cl* aber in Abb. 47 und 48, die vom gleichen menschlichen Embryo nur weiter oral stammen, bereits ausgeprägt gefunden haben, so kann sein Fehler hier nur soviel bedeuten, daß es anlagemäßig zuerst oral erscheint und dann später caudal zu sich weiter entwickelt. Von einem Streifen X ist nirgends etwas festzustellen. Auffallend ist aber, daß der untere Teil der Rindenplatte sehr diffus ist und diskontinuierlich. Anscheinend sammeln sich hier erst die von weit herkommenden Elemente, die zum Aufbau der Insel Verwendung finden. Diese haben nämlich einen sehr weiten Weg durch die Zentralganglien hindurch. Das ist ganz einwandfrei, das ist wohl auch der Grund, warum die Rindenplatte nur ganz unvollkommen zur Ausbildung gelangt. Aber zweifellos sind die Elemente, die in sie ziehen, ganz spezifische und nicht irgendwelche beliebigen. Es wäre ja sonst nicht einzusehen, warum sie nicht im Striatum liegen bleiben sollten oder warum es nicht zu einer viel luxuriöseren Auswanderung von entsprechenden Elementen aus der Matrix des Striatums kommen sollte.

Daß das Striatum der einzige Hinderungsgrund für die rechtzeitige und vollkommene Ausbildung der Rindenplatte der Insel bildet, beweist uns die Abb. 49 ebenfalls. Wir befinden uns nämlich topographisch betrachtet caudalwärts nicht weit vor der Endigung der Zentralganglien. Als Anzeichen dafür

[1] Schon Rose meinte, daß die Rindenplatte im Bereiche der Insel lockerer gefügt sei als in der totoparietinen Rinde und stellenweise keine zusammenhängende Zellage bilde.

dürfen wir den Befund werten, daß sich die Rindenplatte (zwischen Pfeil 1 und 2) nicht mehr so deutlich wie oral (s. Abb. 47 und 48) von der Rindenplatte der lateralen und ventralen Hemisphärenwand unterscheidet. Gehen wir nämlich noch etwas weiter caudal in die Gegend, in der die Ganglien ganz oder fast ganz verschwunden sind, dann ist die Rindenplatte an der Stelle, an der vorher das Claustrum und die Insel sich befunden haben, völlig normal und unterscheidet sich in nichts mehr von der übrigen Rinde der lateralen Hemisphärenwand.

Wir stellen mithin fest, daß ein von ROSE bei der Maus und beim Kaninchen[1] beschriebener Streifen X beim Menschen nicht oder zum mindesten nicht in dem von ROSE angenommenen Maße als Stelle für die Rindenbildung der Insel in Frage kommt. Ich will damit nicht sagen, daß es keinen Streifen X gäbe, sonst hätte ihn ROSE ja nicht abbilden können. Ich selbst habe ihn natürlich auch gesehen, aber die Deutung, die ROSE diesem Streifen gibt, ist deshalb falsch, weil zahlreiche Zellstränge von dorsal nach ventral und von oral nach caudal verlaufen, ohne daß man ihnen zunächst ansehen kann, wohin sie ziehen, wo sie enden und welches Material sie mit sich führen. ROSE behauptet allerdings, daß die Neuroblasten aus dem Streifen X zur Rindenplatte wandern, was aus der Richtung ihrer Spitzenfortsätze erkennbar sei.

Diese Zellstränge, die von der Matrix der Stammganglien und der Hemisphäre in die verschiedensten Richtungen ziehen, illustrieren unsere **Abb. 51** bis **54**, die alle von einem 115 mm langen menschlichen Embryo (SSL.) stammen (Fet 2908 aus der Forschungsanstalt für Psychiatrie). So sehen wir z. B. in **Abb. 51** (Schnitt 314, r) wie die Zellstränge aus dem Ganglienhügel (bei Pfeil 2) und aus dem Caudatum (bei Pfeil 1) durch die innere Kapsel hindurch basalwärts zunächst in das Putamen, bei Pfeil 1 a in das Pallidum ziehen. *Am lateralen Ventrikelfortsatz kommen aber auch aus der Matrix der lateralen Hemisphärenwand Zellstränge* (bei Pfeil 3), *die gleichfalls durch die innere Kapsel ventralwärts verlaufen und den Weg zunächst in das Putamen nehmen.* Außer diesen ziehen aber noch zahlreiche andere Zellstränge aus der hier reich gegliederten Zwischenschicht der lateralen Hemisphärenwand basalwärts. Wir können fünf Unterschichten der Zwischenschicht unterscheiden, *a*, *b*, *c*, *d*, *e*. Von diesen sehen wir ganz eindeutig von *a*, *b*, *c* und *d* Zellstränge ventralwärts wandern. *a* und *b* dringen bei Pfeil 4 durch die innere Kapsel in das Putamen ein; dazu scheint sich noch *c* zu gesellen. Der Hauptteil von *d* legt sich bei Pfeil 5, durch eine schmale helle Zone von ihm getrennt, der lateralen oberen Ecke des Putamens an. Eine nennenswerte Einwanderung dieser Zellen in das Putamen kommt hier nicht in Frage. Dieser Streifen *d* stellt wohl den von ROSE bei der Maus mit X bezeichneten dar[2]. Er verjüngt sich basalwärts immer mehr, hört aber bereits auf der halben Höhe des Putamens auf. Wesentlich ist nun, daß dieser Streifen X ganz bestimmt nicht einen einzigen Zellstrang aus der Matrix des Striatums erhält. Es steht dieser Befund also im strikten Gegensatz zur ROSEschen Lehre.

---

[1] Im übrigen meint ROSE, daß der Ursprung der Neublasten aus der Matrix des Striatums und der totoparietinen Rinde bei der Maus viel anschaulicher sei, jedoch sich auch beim Kaninchen verfolgen lasse.

[2] Siehe auch Tafel 23 in ROSEs Arbeit: Die Ontogenie der Inselrinde. J. Psychol. u. Neur. **36**, H. 3 u. 4.

Nach außen von X haben wir die innere Kapsel und das Claustrum vor uns. Die Capsula extrema ist gerade angedeutet. Das Claustrum zeigt uns im Gegensatz zum Streifen X gerade in *der* Höhe seine größte Breite und Zelldichte, in

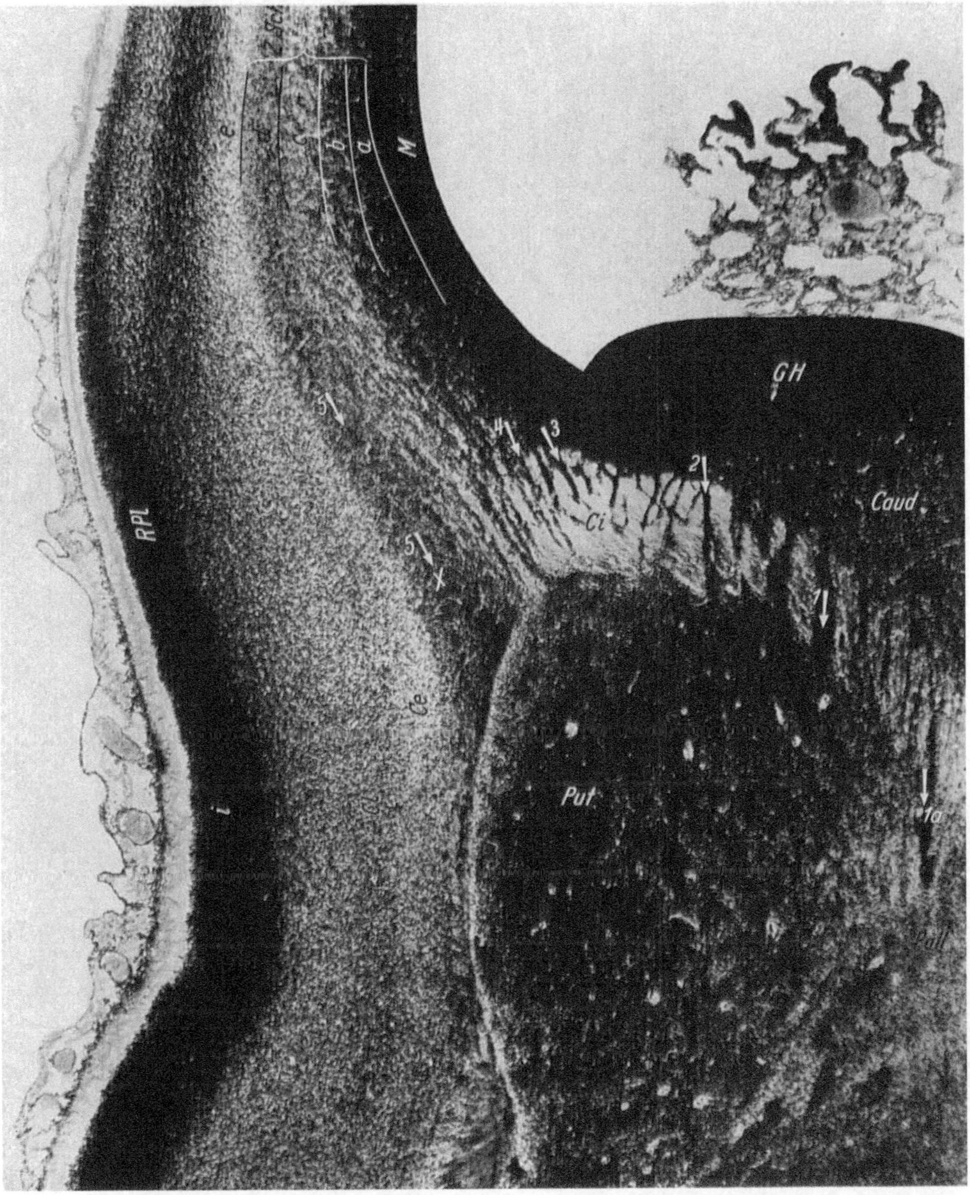

Abb. 51. Schnitt 314r. Menschlicher Embryo von 115 mm SSL. Vergr. 27mal.

der der Streifen X bereits nicht mehr vorhanden ist. Schon aus diesem Grunde halte ich die Ansicht Roses, daß X gewissermaßen die Matrix für das Claustrum (und die Inselrinde) darstelle, für abwegig; denn in diesem Falle müßte das Claustrum in der Höhe von X besonders gut ausgeprägt sein.

In **Abb. 52**, die vom gleichen Fetus stammt (Schnitt 341, r) haben wir die gleichen Verhältnisse vor uns. Die Zellzüge nehmen vom Caudatum ihren

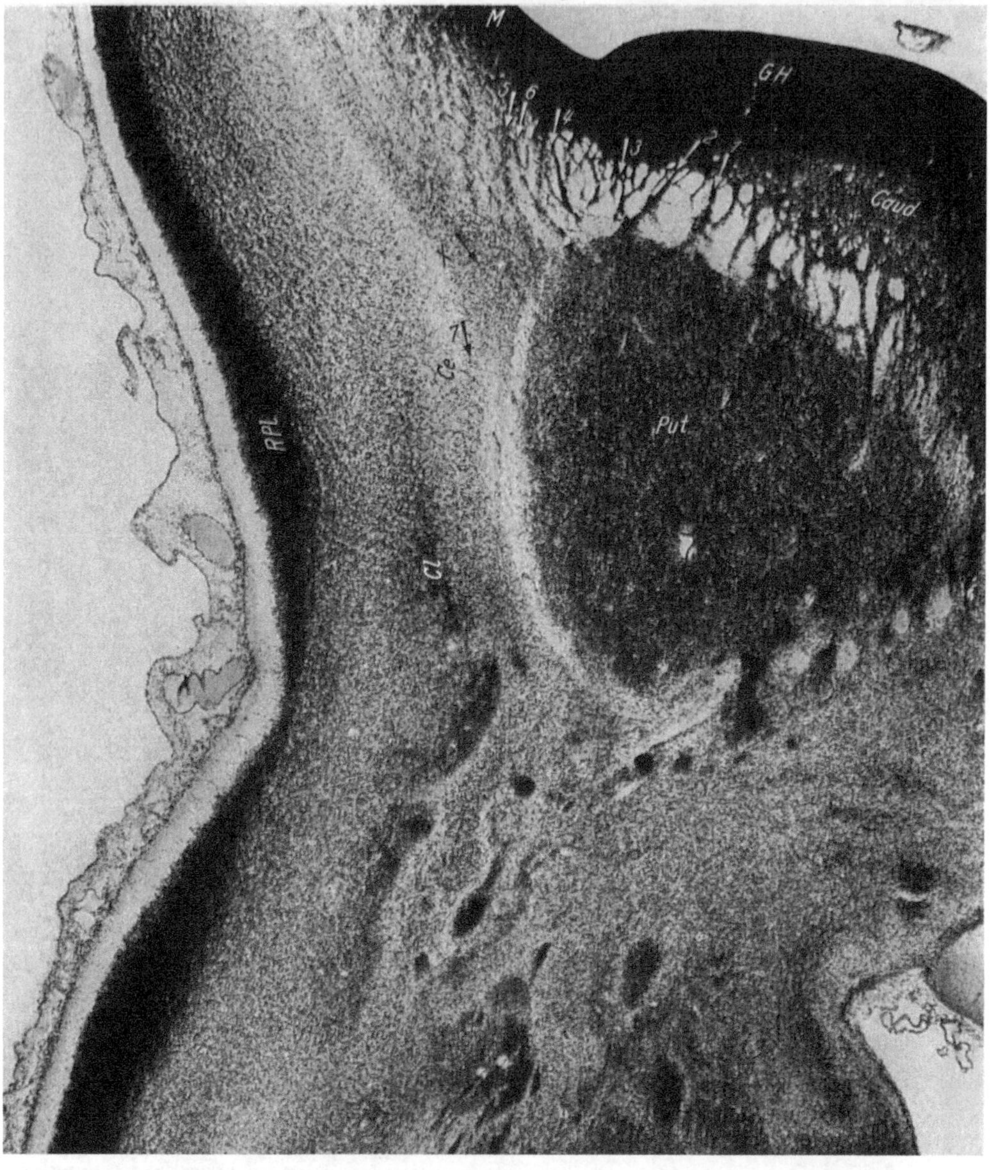

Abb. 52. Schnitt 341r. Menschlicher Embryo wie in Schnitt 51. Vergr. 27mal.

Weg durch die innere Kapsel in das Putamen, vom Ganglienhügel (bei Pfeil 1, 2 und 3) ebenfalls durch die innere Kapsel ins Putamen. Bei Pfeil 4, 5 und 6 ziehen die Zellen aus der Matrix der lateralen Hemisphärenwand durch die Capsula interna abermals in das Putamen. Der Streifen X hingegen schickt keine nennenswerten Zellzüge in das Putamen, dafür hat es sogar den Anschein, als ob Zellzüge aus der Matrix der lateralen Hemisphärenwand durch ihn laufen würden (Pfeil 5). X ist am ausgeprägtesten wieder am lateralen oberen Rande

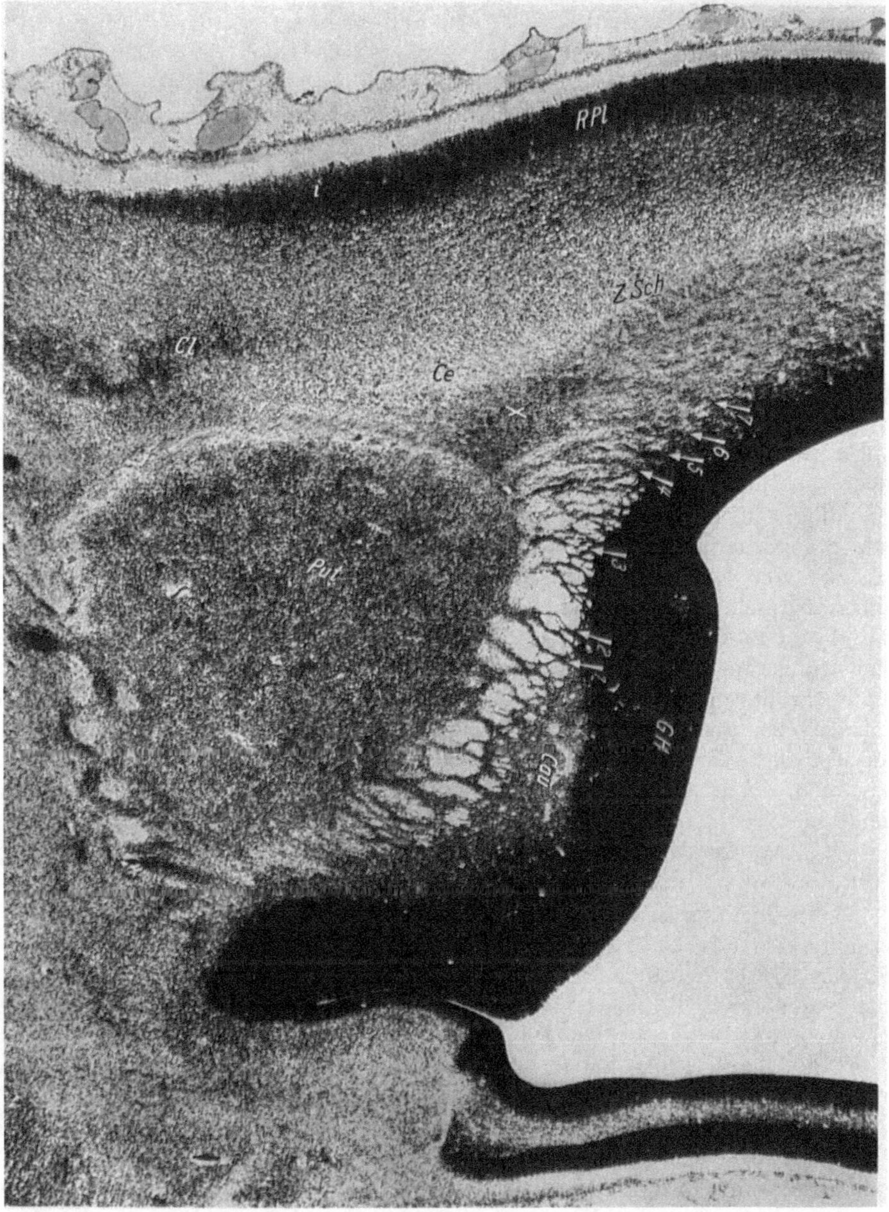

Abb. 53. Schnitt 344r. Menschlicher Embryo wie in Schnitt 51 und 52. Vergr. 27mal.

des Putamens. Es erschöpft sich hier bereits. Nur ein schmaler Saum wandert (Pfeil 7) ventralwärts. Daß dieser aber als Matrix für das Claustrum oder gar für die Rindenplatte der Insel in Frage käme, kann man nicht gut annehmen.

Auch für Abb. 52 ist es einwandfrei, daß der Streifen X nicht einen einzigen Zellstrang aus der Matrix des Striatums erhält[1], hingegen das Striatum sein Zellmaterial sowohl aus seiner eigenen als auch aus der Matrix der lateralen Hemisphärenwand bezieht.

Die Capsula extrema ist gut ausgeprägt, das Claustrum sehr massiv und breit, es wird zweifellos von zahlreichen, rindenwärts ziehenden Zellen durchwandert. Die Capsula extrema ist noch nicht gut zu erkennen, eine Andeutung von ihr aber sicher bereits feststellbar. Wenn wir nämlich die Rindenplatte genau betrachten, stellen wir fest, daß sie einen sehr breiten, dunklen und dichten äußeren und einen stark aufgelockerten inneren Teil (nach der Tiefe zunehmend) aufweist. Das gilt sowohl für den Isocortex wie für die Inselrinde. Wenn nun die Inselrinde nach diesem aufgelockerten Teil wieder von einem dichten, sehr zellreichen gefolgt wird, so kann das keine Rinde mehr sein, es muß sich um etwas anderes handeln. Dieses ist das Claustrum.

Die Inselrinde zeigt teilweise nur eine dürftige Rindenplatte. Eine dazugehörige Matrix können wir auf dieser Höhe nicht nachweisen, was um so auffälliger ist, als sie an anderen Stellen (Stammganglien und laterale Hemisphärenwand) noch sehr mächtig ist, die Neuroblastenwanderung sich also noch voll im Gange befindet.

Abb. 53 vom gleichen Embryo (Schnitt 344, r) läßt die gleichen Verhältnisse wie die vorhergehenden Bilder erkennen. Auch hier ziehen zahlreiche Zellstränge vom Caudatum und Ganglienhügel (bei Pfeil 1, 2 und 3) durch die innere Kapsel in das Putamen, ebenso aus der Matrix der lateralen Hemisphärenwand (bei Pfeil 4, 5 und 6). Der mächtige Streifen X, der dieses Mal ebenfalls Zellstränge aus der Matrix der lateralen Hemisphärenwand (bei Pfeil 7) erhält, endet größtenteils wieder am lateralen oberen Rand des Putamens, ohne eine einzige Zelle aus der Matrix des Ganglienhügels zu beziehen. Er kann mithin als dislozierte Matrix für das Claustrum und die Inselrinde gar nicht in Frage kommen. Eine eigentliche Mutterschicht für das Claustrum und die Insel fehlt hier.

Das Claustrum ist stark entwickelt, die Rindenplatte der Insel sehr dürftig. Für die Capsula extrema und externa gilt das für Abb. 52 ausgeführte.

Schließlich haben wir in **Abb. 54**, die vom gleichen Embryo (Schnitt 260, r) stammt, ein äußerst instruktives Bild vor uns. Während wir bisher die Zellstränge, sei es aus dem Striatum, sei es aus der lateralen Hemisphärenwand alle ventralwärts wandern sahen, schlagen sie hier einen anderen Weg ein. Sie ziehen teils dorsalwärts (Pfeil 6, 7, 8), teils in senkrechter Richtung (Pfeil 1, 2, 3, 4) und haben den direkten Weg zur Rindenplatte eingeschlagen (was unter dem Mikroskop noch deutlicher zu beobachten ist). Diese Zellzüge stammen bei Pfeil 6, 7, 8 aus der Matrix der lateralen Hemisphärenwand, bei Pfeil 1, 2, 3, 4 und 5 aus der des caudalen Ganglienhügels, der die Matrix für den Caudatumschwanz bildet. Dies kommt deutlich bei Pfeil 5 heraus, wo wir am Zusammenstoß der Matrix des Ganglienhügels und der lateralen Hemi-

[1] Ich will damit nicht behaupten, daß der Streifen X überhaupt kein Zellmaterial von der Matrix der Stammganglien erhält. In anderen embryonalen Gehirnen konnte ich eine solche Zellwanderung selbst feststellen. Man wird wohl den tatsächlichen Verhältnissen am nächsten mit der Annahme kommen, daß die Richtung in der die Neuroblasten wandern, zu verschiedenen Entwicklungsstadien sich ändert.

sphärenwand den ersteren sich ventralwärts ausdehnen sehen. Das heißt aber, daß die Rindenplatte ihr Zellmaterial *teils aus der Matrix des Ganglienhügels, teils aus der der lateralen Hemisphärenwand bezieht.* Und während wir weiter oben nachgewiesen haben, daß das Striatum Zellen sowohl aus seiner eigenen Mutterschicht als auch aus der der lateralen Hemisphärenwand erhält, sehen wir hier,

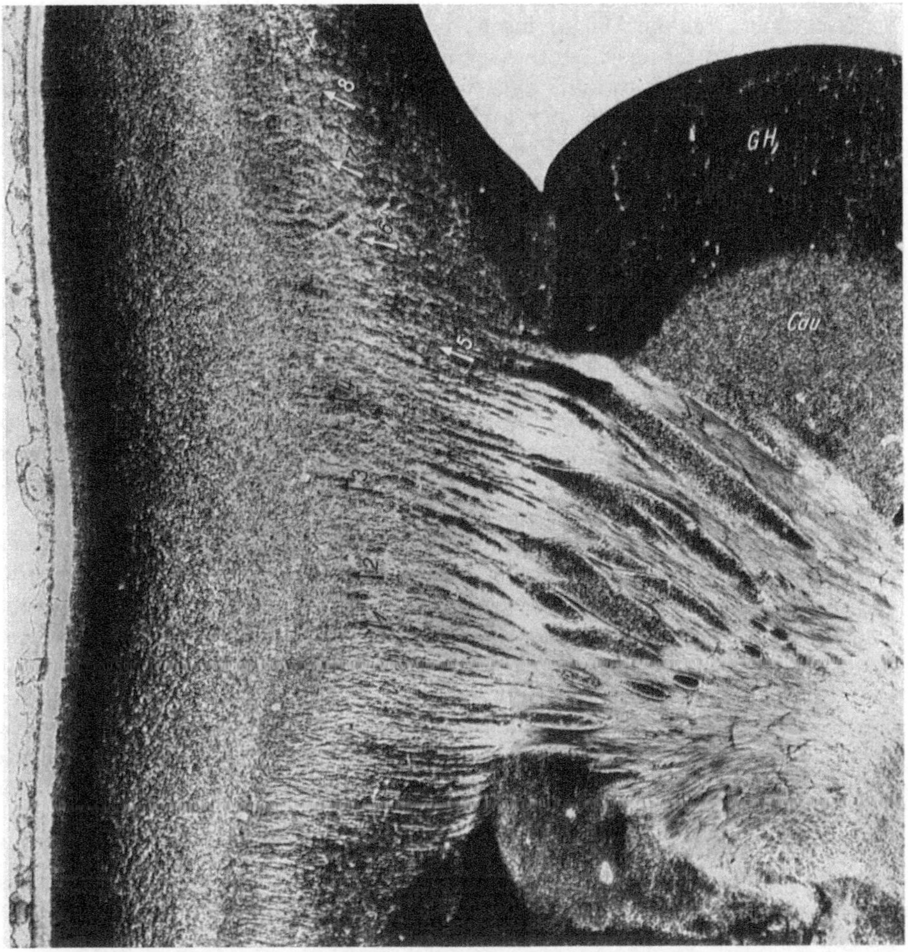

Abb. 54. Schnitt 260 r. Menschlicher Embryo wie in Abb. 51, 52 und 53. Vergr. 27mal.

wie auch das Striatum bzw. sein caudaler Ganglienhügel Zellmaterial für die Rindenplatte abgibt. Es findet mithin ein reger Austausch zwischen der Matrix des Striatums und der der lateralen Hemisphärenwand statt. An dieser Tatsache würde sich auch dann nichts ändern, wenn man behaupten wollte, die Zellstraßen zögen in anderer, also entgegengesetzter Richtung; denn, wenn sie in dem einen Fall von der Mutterschicht zu den Stammganglien ziehen, dann im anderen Fall von den Stammganglien zur Mutterschicht, was auf das gleiche hinauskommt. Immer wird dadurch nur bewiesen, daß die Stammganglien ihr Material nicht nur aus ihrer Matrix (Ganglienhügel) erhalten, sondern auch aus der lateralen Hemisphärenwand. Zweifellos müssen dabei einzelne Zellstränge einen sehr weiten Weg zurücklegen, was wohl der Hauptgrund für die verzögerte Ausbildung der Rindenplatte in solchen Gegenden ist, in denen infolge der subcorticalen Entwicklung der Stammganglien, kein Platz für eine eigene Matrix vorhanden ist. Eine solche Gegend stellt aber unverkennbar die Inselrinde dar.

Endlich ist noch die **Abb. 49** insofern instruktiv, als hier weiter oral mächtige Zellzüge durch die Capsula interna *rindenwärts* wandern.

Der allenfallsige Einwand, daß die Zellzüge, die aus der lateralen Hemisphärenwand kommen, aus der anderen Hemisphäre stammen könnten und hier doch von den Stammganglien ausgingen, ist nicht stichhaltig, weil bei dem 115 mm Embryo, von dem die Abbildungen genommen sind, in der Balkenanlage dann Zellzüge angetroffen werden müßten, was aber nicht der Fall ist.

Diese Feststellung wirft natürlich erneut die Frage auf: Was sind das für Elemente, die sich auf die Wanderung begeben? Woher wissen die aus der Matrix der lateralen Hemisphärenwand auswandernden, daß sie in die Stammganglien ziehen müssen, woher wissen die aus den Stammganglien kommenden, daß sie zur Rindenplatte sollen? Warum wandern nur so viel, als gebraucht werden, aus? Diese Differenzierung kann nicht erst an Ort und Stelle, also nach der Erreichung des Zieles stattfinden, denn sonst müßte es zu einer viel luxuriöseren Auswanderung kommen. Was zuviel wäre, müßte untergehen oder zurückwandern. Die Entscheidung, was aus den einzelnen Zellen wird, muß also schon viel früher fallen, schon am Ort ihrer Entstehung [1].

Auch die Frage wird aufgeworfen, ob die in diesem Entwicklungsstadium von der Matrix der Stammganglien herkommenden Zellen überhaupt noch die oberen Schichten der Rindenplatte erreichen können oder nicht vielmehr zum Aufbau der tieferen Schichten Verwendung finden, *eine Frage, die auf die Entstehung der tiefen Schichten der Rinde ein neues Licht zu werfen imstande wäre.* Diese Frage ist um so berechtigter als ich die Ansicht Roses, daß sämtliche Zellen erst zur Rindenplatte wandern und dann erst die Schichtenbildung vonstatten gehe, nicht für zutreffend halte. Anläßlich der Beschreibung der Ontogenie der entorhinalen Rinde habe ich ja bereits wiederholt darauf hingewiesen, daß dies nicht richtig sein kann.

Wir sehen mithin, daß die Lehre Roses von einem Bicortex, der sein Zellmaterial teils aus der Rinde, teils aus den Ganglienhügeln bezieht, nicht richtig ist, d. h., nicht in dem Sinne, als ob ein solches Verhalten für diese Rinde etwas Spezifisches darstellen würde. Das Zellmaterial der Rindenplatte sowohl wie das der zentralen Ganglien stammt teilweise aus der Matrix der Rindenplatte, teilweise aus der Matrix der Ganglienhügel, so daß daher das Zellmaterial aus den Ganglienhügeln sowohl zum Aufbau der Rinde als auch zum Aufbau der Ganglien selbst genommen wird und umgekehrt. Ob dies allerdings für das ganze Gehirn, also für die ganze Hirnrinde und für sämtliche Stammganglien-

[1] Ich habe den Verdacht, daß nicht nur der mediale und laterale Ganglienhügel in seiner Bedeutung für die Lieferung von Zellmaterial nicht gleichwertig und einheitlich, sondern der jeweilige Ganglienhügel in sich selbst uneinheitlich ist. Immer wieder ist es mir aufgefallen, daß die Färbung in den Ganglienhügeln in verschiedener Stärke ausgeprägt ist, so daß man mehrere Unterzonen unterscheiden kann. Es mag das rein technisch bedingt sein, möglicherweise kommt darin aber doch eine unterschiedliche morphogenetische Bedeutung zum Ausdruck.

teile stimmt, ist eine Frage, die noch der weiteren Untersuchung bedarf und vielleicht unsere Vorstellung über die Rindenbildung wesentlich erweitert. Neue Erkenntnisse können sich schon daraus ergeben, daß, wie ich das bei unserem Fet 2908 bereits angedeutet habe, in den oraleren Teilen eine Wanderung von Zellsträngen von dorsal nach ventral stattfindet, während caudal diese Wanderung sich umkehrt und die Elemente von ventral nach dorsal zu ziehen.

Mit diesen Feststellungen fällt natürlich auch die Ansicht Roses, daß die granuläre Inselrinde in ihren Außenschichten (7 Schichten) der Rinde des Isocortex anatomisch äquivalent sei, aber nicht homolog, wie ja überhaupt, darauf werden wir noch genauer zurückkommen, sämtliche Vorstellungen Roses über die anatomische Äquivalenz und Homologie nicht nur der Rindenfelder, sondern auch einzelner Schichten falsch sind.

Wir haben mithin gesehen, daß die Ansicht Roses von der Ontogenie der Insel nicht richtig ist, daher auch alle daraus gezogenen Schlußfolgerungen einer Korrektur bedürfen. Wir müssen infolgedessen für die granuläre und agranuläre bzw. propeagranuläre Rinde nach einem neuen Entwicklungsmodus fahnden. Wir müssen uns überhaupt fragen, ob denn ein solcher notwendig sein muß; denn wenn die Rosesche Ansicht, daß die Inselrinde ihr Aufbaumaterial zum Teil aus der Matrix der Stammganglien und zum Teil aus der Matrix des Isocortex bezieht, nicht richtig ist bzw. nichts Charakteristisches darstellt, dann ist es vielleicht überhaupt nicht nötig, für die granuläre Rinde, die ja einen 7-Schichtentypus aufweist, einen eigenen Entwicklungsmodus zu suchen. Zunächst ist gar nicht einzusehen, warum dieser 7-Schichtentypus von dem 7-Schichtentypus des sonstigen Isocortex unterschieden werden soll. Es bleibt nämlich nach Abzug der Roseschen morphogenetischen Vorstellungen nur die Tatsache übrig, daß dieser 7-Schichtentypus der Insel auf der Höhe des Claustrums zu finden ist. Das Claustrum als Ausgangspunkt für einen Inseltypus hat aber nur dann einen Sinn, wenn es wirklich aus der Rinde der Insel entstanden oder irgendwie einen innigeren Zusammenhang mit ihr besitzt. Daß aber das Claustrum mit der Inselrinde nichts zu tun hat, vielmehr ein Stammganglion, ähnlich wie das Caudatum, das Putamen und der Nucleus amygdalae darstellt, habe ich vorne schon dargelegt. Es entsteht also jetzt wieder die Frage, was soll denn dann überhaupt das Claustrum mit der Insel zu tun haben. Man könnte mit demselben Recht sonst das Caudatum, oder was viel näher liegt, das Putamen als Kriterium zur Abgrenzung eines entsprechenden Rindentyps wählen.

Daß das Claustrum mit der Inselrinde als solcher überhaupt nichts zu tun hat, kommt auch darin zum Ausdruck, daß wir einerseits und zwar oral unzweifelhaft Claustrumgebilde haben, das auf der Höhe von *reinem Isocortex* liegt, daß wir weiter caudal Claustrum haben, das sowohl auf der Höhe von *reinem Isocortex als auch von reinem Inseltyp liegt* und schließlich ganz *caudal das Claustrum überhaupt nichts mehr mit der Insel zu tun hat*, sondern im isocorticalen Schläfenlappen zu finden ist, wie ich an geeigneten Photogrammen nachzuweisen imstande bin. Es läßt sich mithin das Claustrum als integrierender Bestandteil der Insel völlig ausschalten. Trotz allem haben wir aber einen Typus finden können, der unzweifelhaft als Inselrinde angesprochen werden darf und muß, der auch vom Claustrum gewissermaßen begleitet wird oder präziser ausgedrückt, in dessen Höhe das Claustrum ebenfalls verläuft. Dieser Inseltyp ist so markant gebaut, daß er nicht übersehen werden kann. Gerade sein charakteristischer Aufbau ist es wohl auch gewesen, der ohne genaue ontogenetische Kenntnis die früheren Autoren veranlaßt hat, sein Auftreten mit dem Claustrum in engere Beziehungen zu setzen.

Wir werden jetzt im folgenden diesem Typus näher nachgehen. Dabei nehmen wir Gelegenheit, die Inselbildung in toto beim 1tägigen, 6tägigen und 11tägigen Hund genauer zu untersuchen.

Die Beurteilung des Inseltypus beim Hund stößt, das sei noch vorausgeschickt, deshalb auf gewisse Schwierigkeiten, weil es häufig schwer ist zu sagen, was Körnerschicht ist und was nicht. Bekanntlich erleiden die Körner beim Hund eine gewisse Umbildung. So hat schon KLEMPIN in seiner Architektonik der Großhirnrinde des Hundes[1] in bezug auf die Körnerschicht folgendes ausgeführt: „Ferner erfahren beim Hund die Zellen der IV. Schicht eine außerordentlich weitgehende progressive Differenzierung, verlieren ihre Neuroblastenform und nehmen vielgestaltige, zum Teil größere Formen an, die sich wenig oder gar nicht von den Zellen anderer Schichten unterscheiden. Nur an Jugendformen gelingt es in derartigen Fällen den ursprünglich granulären Charakter dieser Zellschicht zu erkennen und mit absoluter Gewißheit die Schicht zu identifizieren."

Diese Feststellung KLEMPINS trifft, wenigstens für die Inselrinde in vollem Maße zu. Freilich nicht für alle Gegenden der Hirnrinde. Wir haben schon beim Beschreiben der retrosplenialen Rinde gesehen, daß dort die Körner vielfach nichts an Differenzierung zu wünschen übrig lassen, ja sogar feiner sind als an anderen Stellen des Gehirns. Noch auffälliger ist es aber, daß gerade beim Übergang des Isocortex in die Inselrinde die Körnerschicht des Isocortex in geradezu erstaunlicher Ausprägung herausfällt und dadurch eine scharfe Abgrenzung zuläßt, während in der Inselrinde selbst diese Körner eine andere Form (eine progressive im Sinne KLEMPINS) angenommen haben, was übrigens einen Hinweis dafür gibt, *daß Körnerschicht nicht gleich Körnerschicht zu sein braucht und hier unsere Kenntnisse zweifellos noch der Vertiefung und Erweiterung bedürfen.* Dieses Problem fällt uns auch in der Inselrinde des Menschen und des Affen besonders auf, wo die Körner im Vergleich zu der sonstigen Körnerschicht des Isocortex einen ganz eigentümlichen Aspekt bieten, wodurch wieder die Frage aufgeworfen wird, ob nicht vielleicht doch für die Körnerschicht der Inselrinde eine andere Genese in Frage kommen könnte, wie für die des Isocortex, in ähnlicher Form etwa, wie ich das für die γ-Schicht in der retrosplenialen Rinde bereits nachgewiesen habe.

Ich habe weiter oben bereits ausgeführt, daß das Claustrum mit der Inselrinde an sich nichts zu tun hat. Ich habe auch betont, daß dennoch das Claustrum und die Inselrinde wenigstens teilweise gewissermaßen gekoppelt sind, und daß so die Ansicht der bisherigen Autoren in der Definition — ubi claustrum ibi insula — verständlich wird. Noch verständlicher, wenn wir die Tatsache hervorheben, daß in Wirklichkeit so ungefähr mit dem Auftreten des Claustrums oral auch ein Typ, den man der Insel zurechnen muß, erscheint, der seine eigene Genese aufweist und sich so, wenn auch nicht sehr markant, aber doch deutlich genug, von dem Isocortex abhebt.

[1] KLEMPIN: J. Psychol. u. Neur. **26**, H. 5 u. 6 (1921).

Betrachten wir zunächst die **Abb. 55**, die den Schnitt 253 eines 1tägigen Hundes zum Gegenstand hat. Wir erkennen zwei Gyri. Der untere (links)

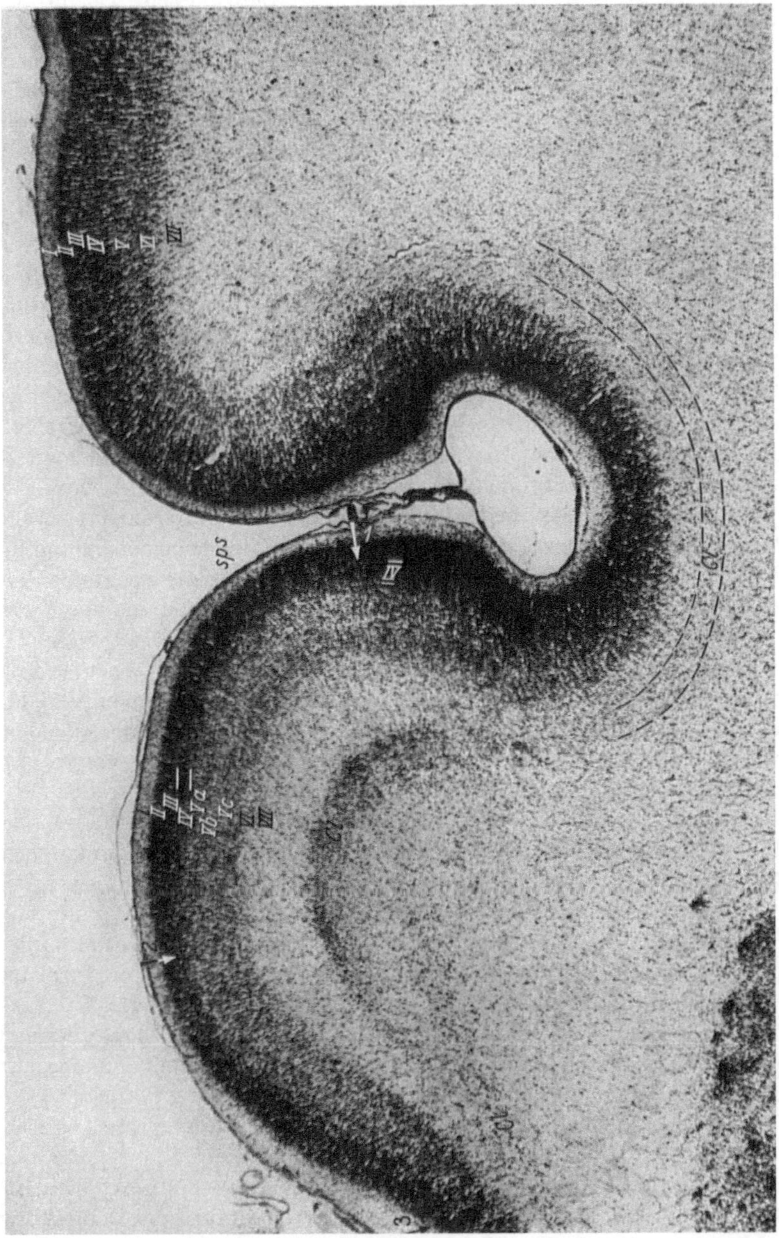

Abb. 55. Schnitt 253. 1 Tag alter Hund. M. B. 10. Vergr. 27mal.
(Zwischen Pfeil 2 und 1 sind bei der Beschriftung V c und VI etwas zu tief eingezeichnet.)

ist der Gyrus sylvius, der obere der Gyrus coronalis. Wir befinden uns weit oral in einem Gebiet, in dem die präpyriforme Rinde noch keine Verbindung mit dem übrigen Vorderhirn eingegangen ist. Die Stammganglien sind gerade im Erscheinen begriffen, unterhalb der Rinde des Gyrus sylvius entdecken wir zwei Kerne, die als Claustrum angesprochen werden müssen. Der größere Kern zieht vom Gyrus sylvius in schwacher Ausprägung (schwarz punktiert) nach dem Gyrus coronalis (weiter caudal kommt dieser Teil des Claustrums schärfer heraus). Wenn wir die über dem Claustrum befindliche Rinde des Gyrus sylvius mit der rechts auf dem Gyrus coronalis gelegenen vergleichen, so erkennen wir ganz deutlich Unterschiede. Rechts auf dem Gyrus coronalis haben wir einen typischen Isocortex vor uns. Die Rindenplatte besteht dort aus einem bereits aufgelockerten dichten Außenteil, der von einer aufgehellten Schicht begrenzt wird (die V. Schicht), auf die dann wieder die gut betonte schmale VI. Schicht folgt. Der Außenteil ist breiter als der Innenteil. Unverkennbar hebt sich im Außenteil der Rinde oberhalb der V eine ziemlich dichte und breite IV ab. Dieser oben beschriebene Typus, der also kurz ausgedrückt, hauptsächlich auf einer Aufhellung der V und einer stärkeren Betonung der VI beruht, und der in dieser Form den isocorticalen Entwicklungstypus überhaupt darstellt, ist auf dem Gyrus sylvius wesentlich modifiziert. Zunächst zerfällt hier die Rindenplatte ebenfalls in einen dichteren Außenteil und einen helleren Innenteil, wobei der letztere breiter ist als der erstere. Der Außenteil aber ist gegenüber dem Isocortex bedeutend weniger weit differenziert, was in der dunkleren Färbung und vor allen Dingen auch in der enormen Schmalheit zum Ausdruck kommt. Der Innenteil ist aufgehellt, läßt eine schmale Va, großzellige Vb und aufgehellte Vc unterscheiden, die Aufhellung der Vc ist aber nicht so eindeutig wie im Isocortex. Infolgedessen hebt sich auch die VI keineswegs so scharf und klar gegenüber der V ab, wie wir das im Isocortex festgestellt haben. Wie wir später noch sehen werden, ist das beim 6tägigen und 11tägigen Hund noch ausgesprochener. Aber noch ein anderer Unterschied besteht. Während wir im Isocortex eine breite und ziemlich dichte IV festgestellt haben, sehen wir hier eine schmale, gerade angedeutete IV.

Dieser eben charakterisierte Typus tritt bei Pfeil 1 auf, erfährt bei Pfeil 2 eine Modifikation insofern, als der äußere dunkle Teil der Rindenplatte noch schmäler, die IV noch kärglicher, die V aufgehellter und weniger differenziert wird, so daß man die drei Unterschichten Va, Vb und Vc kaum unterscheiden kann. Die V und VI gehen mehr diffus ineinander über. Bei Pfeil 3 tritt erneut eine Änderung auf, indem ein kurzer Abschnitt agranulärer Inselrinde zum Vorschein kommt (auf der Abbildung nicht mehr zu sehen). In diesem Teil ist der Innenteil der Rinde kaum aufgehellt. Nur die VI erscheint etwas weniger gefärbt. Die oberen Schichten gehen ohne scharfe Grenze ineinander über, lediglich die II. Schicht hebt sich deutlicher ab (von der I natürlich abgesehen).

Wir haben mithin bei Beschreibung der Abb. 55 mehrere Auffälligkeiten kennengelernt. 1. Das Claustrum besteht aus zwei Kernen, von denen der rindennähere schärfer ausgeprägt ist. 2. Dieser Kern erstreckt sich nicht nur innerhalb des Gyrus sylvius, sondern reicht in schwächerer Ausprägung bis in den Gyrus coronalis. 3. Der Gyrus coronalis ist von typischem Isocortex überzogen, der Gyrus sylvius von einer atypischen Rinde (gegenüber dem Isocortex). 4. Der Gyrus sylvius ist nicht einheitlich gebaut; er läßt mindestens drei Unterfelder erkennen, davon ein agranuläres Inselfeld. *Daraus ergibt sich, daß das Claustrum oral innerhalb dreier Haupttypen liegt, von denen der eine Isocortex, der andere granuläre und der dritte agranuläre Inselrinde darstellt. Das heißt, daß das Claustrum als Kriterium für das Vorliegen der Inselrinde nicht brauchbar ist.*

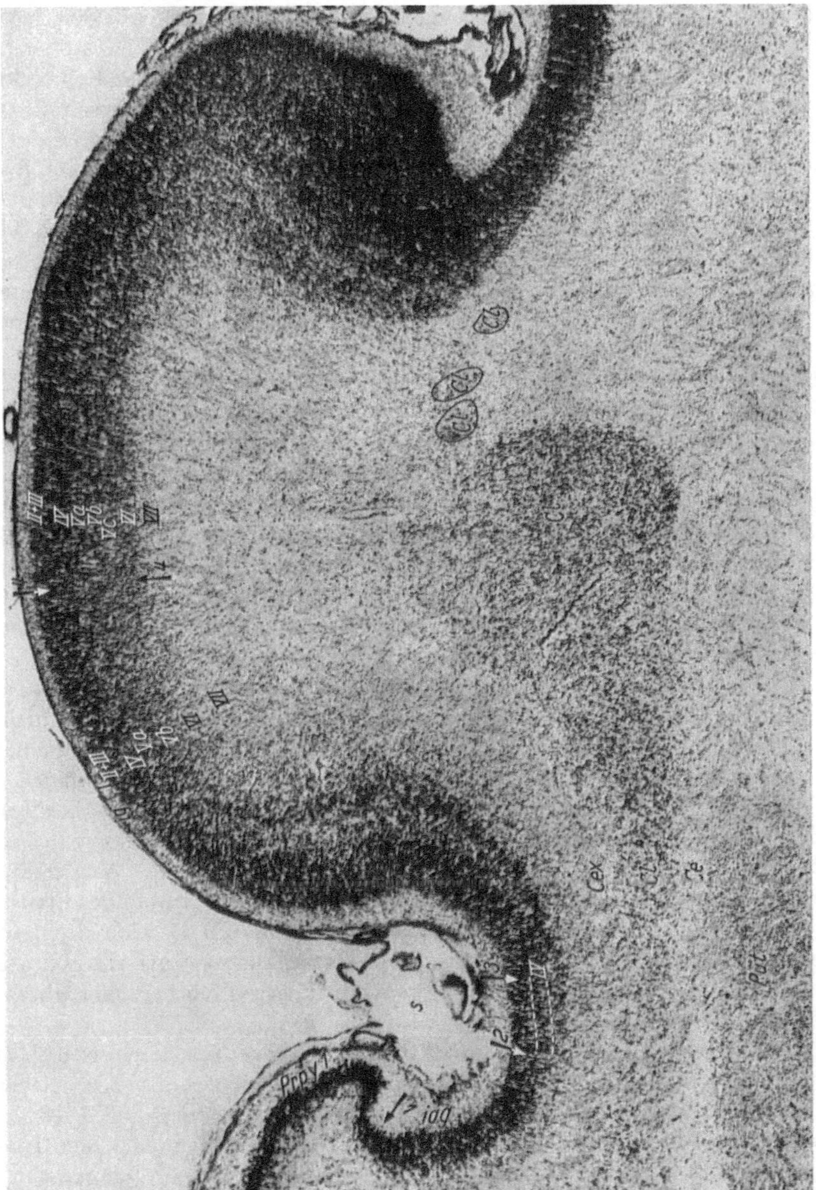

Abb. 56. Schnitt 436. 1 Tag alter Hund. M. B. 10. Vergr. 27mal. (Zwischen Pfeil 3 und 4 ist bei der Beschriftung die V b zu tief eingezeichnet. Sie gehört auf den reihenförmig angeordneten Zellstreifen.)

Daß wir uns mit Abb. 55 noch nicht in dem charakteristischen Inselgebiet befinden, sondern erst in seinem oralsten Gebiet, beweist die Abb. 56.

Abb. 56, die ebenfalls vom eintägigen Hund stammt und den Schnitt 436 darstellt, gibt uns die Insel in einer caudaleren Gegend wieder. Wir haben auf der Mitte des Gyrus, der sich über dem Claustrum wölbt (Gyrus sylvius anterior), an der Stelle des Pfeiles 4 eine ungeheuer scharfe Grenze, die den Isocortox von der Inselrinde in geradezu klassischer Form trennt. Nach außen (rechts von Pfeil 4) ist die markanteste Bildung die scharf herausfallende VI. Schicht, die an der Stelle des Pfeiles plötzlich aufhört und mehr diffusen Charakter annimmt. *Dieses unvermittelte Aufhören der VI. Schicht bildet durch das ganze Gehirn hindurch die klassische Grenze für die Insel bzw. die Grenze des Isocortex zur Insel.* Der nach links davon gelegene Teil der Insel fällt aber nicht nur durch die schlecht betonte VI auf, sondern durch die ungemein markante Vb, die aus größeren Zellen, die reihenförmig angeordnet sind, besteht, und die von der ziemlich schwach entwickelten IV durch eine aufgehellte Va getrennt ist. Wir haben also in der Insel ähnlich wie in der retrosplenialen Rinde eine Aufhellung, die den inneren Teil der Rindenplatte von der äußeren trennt. Wir können diese typische Bildung bis zu Pfeil 3 sehr gut verfolgen, zwischen Pfeil 3 und 2 läßt diese markante V etwas in der Ausprägung nach, ist aber doch noch in schwächerer Form zu erkennen, ja, auch noch nach links von Pfeil 2 können wir eine Strecke weit die V verfolgen, die sich dann erst gegen Pfeil 1 zu immer mehr verliert. Während zwischen Pfeil 2 und 3 eine ausgeprägte IV gut zu erkennen ist, fehlt diese in dem zwischen Pfeil 2 und 1 gelegenen Gebiet. Letzteres ist also als agranulär zu bezeichnen. Bei Pfeil 1 geht die Inselrinde in das präpyriforme Gebiet ($Prpy_1$) über. Die Ausprägung der Capsula extrema, des Claustrums, der Capsula externa und des Putamens sind so unverkennbar, daß darüber weiter nichts gesagt zu werden braucht.

In dem zwischen Pfeil 2 und 4 gelegenen Inselgebiet haben wir also eine 7schichtige Rinde vor uns mit einer schwach ausgeprägten Körnerschicht und einer ebenso schwach ausgeprägten VI, die sich von der 7schichtigen Rinde des Isocortex (nach rechts von Pfeil 4) ganz klar unterscheidet. *Was nun an der Abbildung das Wesentliche ist, ist die Tatsache, daß die Grenze des Isocortex zu der Insel sich keineswegs an das Claustrum hält, sondern gewissermaßen innerhalb seines Hauptteiles bzw. seiner größten Anschwellung*[1] *liegt.* Wir haben oberhalb des Claustrums aber auch noch kleinere ausgestreute Inseln des Claustrums, die ebenso wie der obere Hauptteil des Claustrums im Bereich des Isocortex gelegen sind. Wir sehen hier erneut, daß das Claustrum als ein Kennzeichen der Inselrinde nicht brauchbar ist, was mit unseren vorher gebrachten Ausführungen übereinstimmt.

Abb. 57 vom gleichen Hund (Schnitt 595) führt uns noch weiter caudal. Auch hier haben wir, wie schon im vorhergehenden Schnitt beschrieben, die deutlich herausfallende Grenze des Isocortex zu der Insel bei Pfeil 3. Der zwischen Pfeil 2 und 3 gelegene Teil läßt abermals ein gegenüber dem Isocortex abgeschwächte VI erkennen, die mit einer scharf betonten V einhergeht. Zum Unterschied zu dem vorhergehenden Bild ist aber die Aufhellung der Va nur angedeutet, sie kommt erst in dem unteren Teil der Insel bei Pfeil 2 stärker heraus. Wir können infolgedessen lediglich auf Grund der Charakteristika einen oberen von einem unteren Inselteil unterscheiden. Der zwischen Pfeil 3

[1] Dieser Teil des Claustrums, also der dorsale, ist strukturell anders gebaut wie der ventrale. Der dorsale ist dichter, der ventrale großzelliger.

und 2 gelegene Inselteil läßt aber auch wie in der vorhergehenden Abbildung eine Körnerschicht erkennen, so daß wir es ebenfalls mit einem granulären

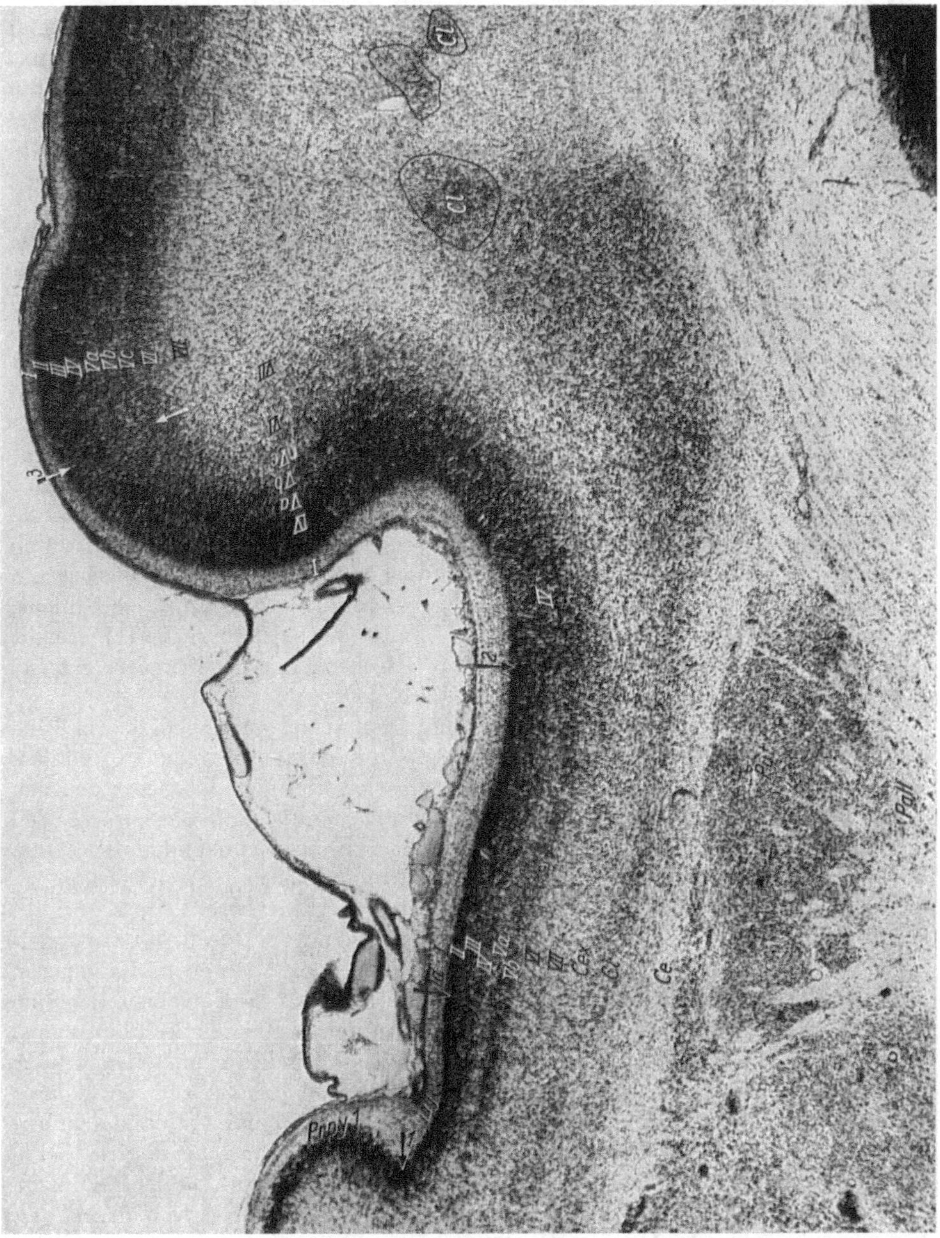

Abb. 57. Schnitt 595. 1 Tag alter Hund. M. B. 10. Vergr. 27mal.

Typus zu tun haben. Der zwischen Pfeil 2 und 1a gelegene Teil der Insel zeigt die sehr scharfe Aufhellung der Va und die streifenförmige Vb. Die Körnerschicht (IV) ist hier nur schwach ausgeprägt, sie ist aber leidlich gut erkennbar.

Die VI und VII sind noch schwächer. Bei Pfeil 1a hört die Körnerschicht auf. Es ist folglich der zwischen Pfeil 1a und 1 gelegene Teil der Insel agranulär. Bei Pfeil 1 geht die Insel in die präpyriforme Rinde über.

Auch hier stellen wir wieder fest, daß das Claustrum als Erkennungsmerkmal der Insel ungeeignet ist, einmal, weil der Beginn der Insel innerhalb der Claustrumhöhe einsetzt, das andere Mal, weil das Claustrum sich ja auch noch in die präpyriforme Rinde fortsetzt. Bei einem so charakteristischen Bau der Insel erscheint es aber vollkommen ausgeschlossen, eine ganz anders strukturierte Rinde, wie sie die präpyriforme darstellt, zur Insel hinzurechnen, wie das ROSE getan hat.

Auf einen weiteren Punkt muß ich noch hinweisen, der nicht minder wichtig ist, nämlich auf die bei Pfeil 2 einsetzende starke Aufhellung der Va, die einer Abspaltung der Vb-Schicht gleichkommt. *Eigenartigerweise findet nämlich eine Vereinigung der durch die helle Va abgespaltenen Vb und damit der tieferen Schichten VI und VII mit dem Außenteil der Rindenplatte (I—IV) nicht mehr statt. Die tiefen Schichten sind und bleiben isoliert. Was sich von der Rindenplatte nach der präpyriformen Rinde (Prpy) fortsetzt, sind nur die Außenteile der Rindenplatte, aber auch diese nicht vollkommen, da ja die Körnerschicht und auch wohl die III. Schicht sich rückbilden, so daß also in die präpyriforme Rinde nur Teile des äußeren Teils der Rindenplatte und diese noch modifiziert sich erstrecken.* Auch darauf werden wir im einzelnen noch zurückzukommen haben. Von besonderem Interesse ist schließlich noch in dem zwischen Pfeil 1 und 2 gelegenen Teil der Rinde die unterhalb der I gelegene dunkle, streifenförmige Schicht, die nichts anderes darstellen kann als die II, unter der wieder nur die III gesucht werden darf. Die Behauptung ROSEs, daß sich seine Lamina primaria externa in der Insel nicht differenziere, wird dadurch widerlegt.

Wenn wir nun auf Grund der beim eintägigen Hund unterscheidbaren Teile der Insel nochmals zusammenfassend auf unseren Befund eingehen, so können wir feststellen: Wir verstehen unter Insel ein sich von dem Isocortex deutlich unterscheidendes Gebiet. Oral fällt es dadurch heraus, daß der äußere Teil der Rindenplatte viel weniger differenziert ist als im anstoßenden Isocortex, was auch in einer größeren Schmalheit dieses Rindenteils zum Ausdruck kommt. Außerdem ist aber die VI. Schicht viel weniger scharf betont, was auch in einer mangelhaften Aufhellung der V mitbegründet ist. Durch diese mangelhafte Aufhellung der V und schlechte Betonung der VI gehen die inneren Schichten ohne scharfe Grenze ineinander über. Dieses orale Gebiet, das eine Körnerschicht aufweist, beginnt nur ungefähr mit dem Auftreten des Claustrums. Wir haben mithin oral eine körnerhaltige 7schichtige Rinde vor uns, die granulär ist. Ventral liegt am Übergang zur präpyriformen Rinde ein agranuläres Inselgebiet, das als 6schichtig bezeichnet werden muß. Weiter caudal haben wir dann ein oberes von einem unteren Inselgebiet zu unterscheiden, die beide wesentlich charakteristischer gebaut und mit dem oralen Inselgebiet nicht identisch sind. Das obere Inselgebiet hebt sich in scharfer Form gegen den Isocortex dadurch ab, daß die VI plötzlich ihre Prägnanz verliert, ganz diffus wird (während sie bisher [im Isocortex] scharf betont war), und daß die dreiteilige V in der Vb aus einem dunklen deutlich herausfallenden Streifen besteht, in dem reihenförmig liegend größere Ganglienzellen zu erkennen sind. Oberhalb dieser scharf betonten Vb liegt eine aufgehellte Va, unterhalb eine ebenfalls aufgehellte Vc. Der obere dorsale Teil dieses Inselgebietes ist körnerhaltig, also granulär. Der untere Teil ist es ebenfalls bis auf ein kleineres agranuläres Gebiet.

Noch weiter caudal haben wir schließlich ebenfalls ein oberes von einem unteren Inselgebiet zu unterscheiden. Das obere grenzt wieder an den Isocortex. Es läßt abermals eine Aufhellung der VI und ein Diffuserwerden dieser Schicht erkennen, die V b fällt wieder durch ihre größeren, reihenförmig stehenden Zellen heraus, es fehlt aber die stärkere Aufhellung der Va. Das untere Inselgebiet zeigt diese Va in klassischer Form. Die Aufhellung kommt hier einer Abspaltung der tiefen Schichten Vb, VI und VII gleich, die am Übergang zur präpyriformen Rinde mit den oberen Schichten nicht mehr in Kontakt kommen und verschwinden.

Die bisher unterschiedenen Inseltypen fallen mit dem Claustrum nur so ungefähr zusammen, die mediale und vor allen Dingen auch die caudale Inselgegend liegt mit ihrer Grenze zum Isocortex auf einer Höhe, in der das Claustrum noch nicht seine größte Anschwellung erreicht hat, *so daß folglich das Claustrum als Kriterium für die Inselabgrenzung nicht in Frage kommt.* Die präpyriforme Rinde, die in ihrer Tiefe ebenfalls ein Claustrum erkennen läßt, hat mit den Inseltypen nicht das mindeste zu tun.

Beim 6tägigen Hund stellen wir im Grunde die gleichen Verhältnisse fest. Die Rindenformung ist hier allerdings schon weiter gediehen, so daß sich Einzelheiten besser herausheben.

Die **Abb. 58**, die von einem 6tägigen Hund stammt (Schnitt 316), bringt die orale Inselpartie zur Darstellung. Gegenüber Abb. 55 hat die Rinde nicht unerhebliche Fortschritte in ihrer Entwicklung gemacht. Der äußere Teil der Rindenplatte ist zwischen Sulcus *rh* und *ps* wohl dicht und dunkel gefärbt, aber doch lockerer als in Abb. 55. Unverkennbar kommt die Körnerschicht (IV), die allerdings keinen sehr geschlossenen Eindruck macht, heraus. Auch die II und III heben sich deutlich ab. Der innere Teil der Rindenplatte mit den Schichten V, VI und VII ist aufgehellt, wobei die Aufhellung nach der Tiefe zu immer ausgesprochener wird. Infolgedessen hebt sich die VI. Schicht sehr schlecht gegenüber der Vb ab, was, wie wir ja weiter oben bereits ausgeführt haben, im Gegensatz steht zu dem Isocortex, bei dem gerade die VI gegenüber der aufgehellten V stark betont ist. Wir haben es mithin hier mit einem noch typischeren Inseltypus zu tun, wie dies in dem Schnitt 253, Abb. 55 (eintägiger Hund) zur Darstellung gekommen ist. Dieser Unterschied in beiden Abbildungen liegt hauptsächlich darin, daß wir uns nicht so weit oral befinden wie in Abb. 55. Das Claustrum hebt sich als Kern sui generis sehr deutlich heraus, ebenso die Capsula extrema und die Capsula externa. Bei Pfeil 2 geht die körnerhaltige Insel in eine körnerlose über, wenigstens kommt hier die Körnerschicht nicht irgendwie deutlich zum Vorschein. Es handelt sich hierbei um das von Rose mit *ai* bezeichnete agranuläre Inselfeld. Bei Pfeil 1 mündet die Insel in die präpyriforme Rinde ein.

Sehr scharf ist bei Pfeil 3 auf dem Gyrus coronalis die Grenze der Inselrinde zum Isocortex markiert. Man beachte in erster Linie das starke Nachlassen der VI. Schicht. Auch die IV läßt an Intensität nicht mehr die Ausprägung wie im Isocortex erkennen. Entsprechend unserer Beschreibung beim eintägigen Hund hört das Claustrum beim Auftreten des Isocortex (bei Pfeil 3)

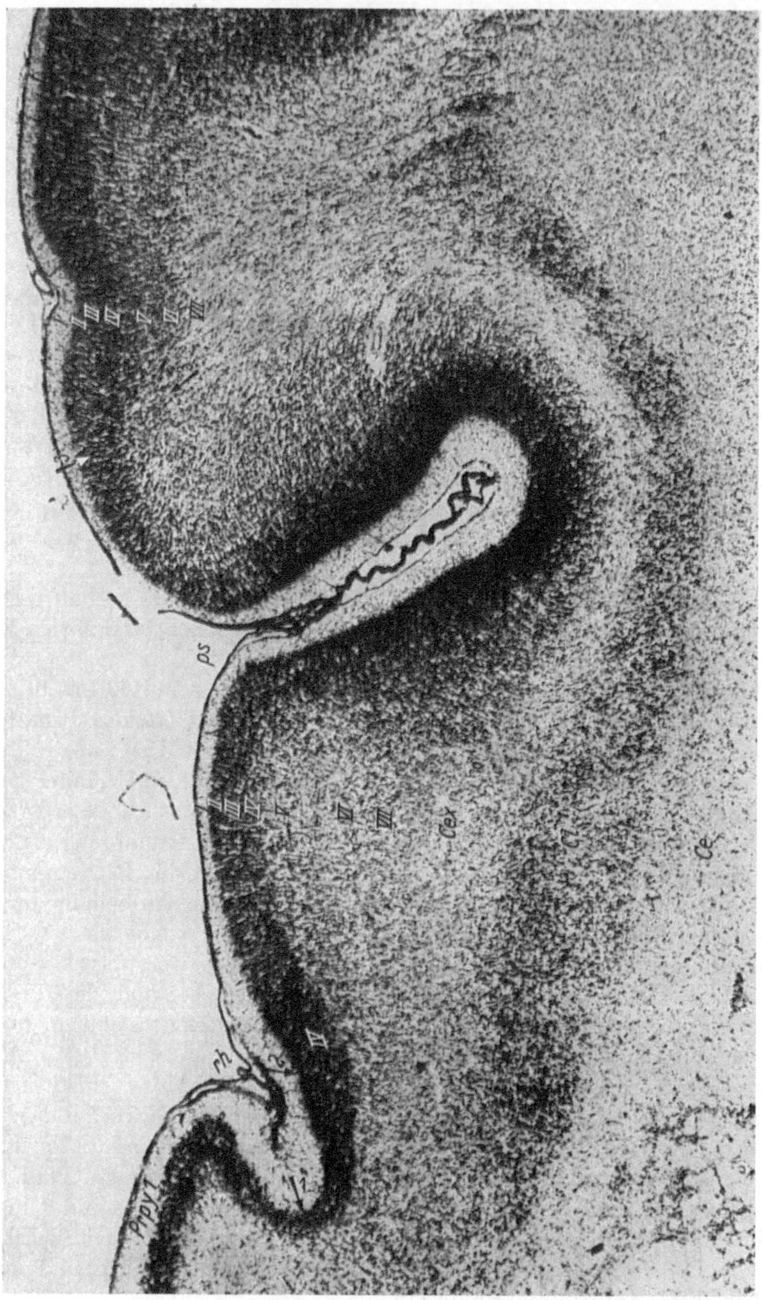

Abb. 58. Schnitt 316. 6 Tage alter Hund. M. B. 15. Vergr. 27mal.

nicht auf, es erreicht erst innerhalb der isocorticalen Rinde seine größte Anschwellung. Vereinzelte Kerne ziehen außerdem noch etwas höher hinauf. Interessant sind auch die Zellzüge, die in dieser Gegend vom Claustrum nach der Rinde ziehen.

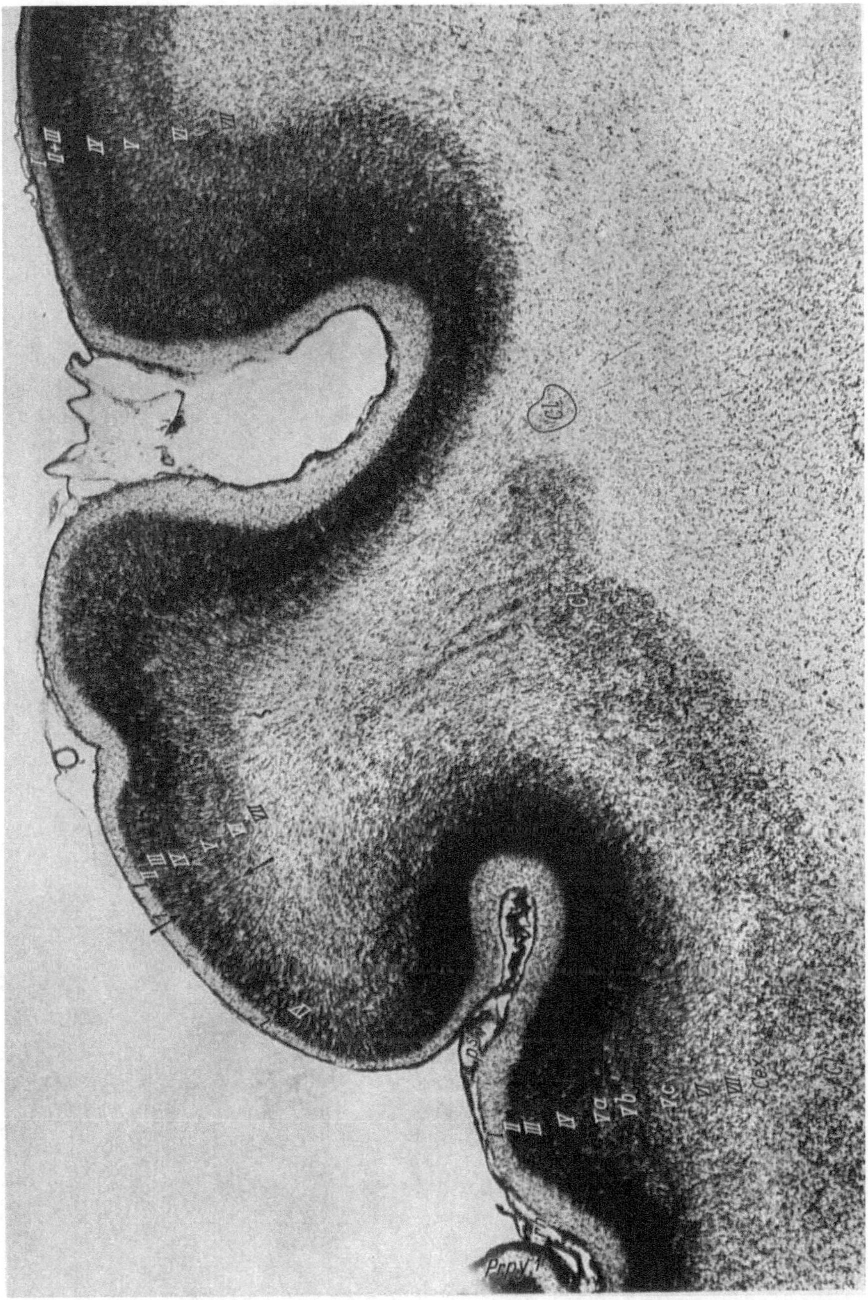

Abb. 59. Schnitt 346. 6 Tage alter Hund. M. B. 15. Vergr. 27mal.

Also auch beim 6tägigen Hund ist das Claustrum kein Index für die Inselrinde.

Abb. 59, die gleichfalls vom 6tägigen Hund stammt (Schnitt 346), zeigt uns die Grenze zwischen dem Isocortex und der Insel auf dem Gyrus coronalis wieder in anschaulichster Form. Wir sehen bei Pfeil 1 diese Grenze dadurch zustande kommen, daß die VI an Intensität plötzlich stark nachläßt, während

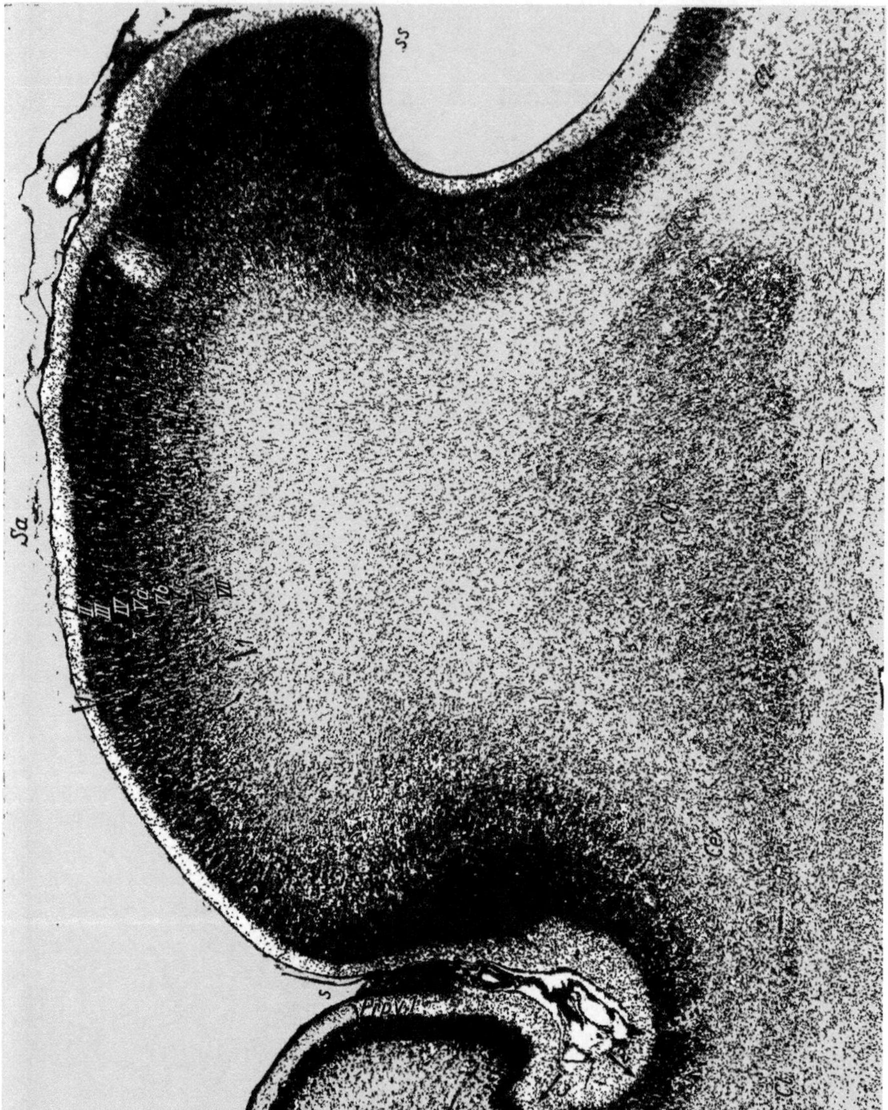

Abb. 60. Schnitt 412. 6 Tage alter Hund. M. B. 15. Vergr. 27mal.

die streifenförmig verlaufende Vb durch eine allerdings hier infolge starker Färbung nicht sehr weitgehende Aufhellung in Va deutlich herausfällt. Alles Charakteristika für die Inselrinde.

Im linken Teil der Abbildung zwischen Sulcus *ps* und *rh* hebt sich die Va trotz der erheblichen Dunkelfärbung deutlicher heraus. Hier ist auch eine Vc, die ebenfalls etwas aufgehellt ist, unverkennbar vorhanden. Über die sonstigen Schichten ist nicht viel zu berichten. Das Claustrum ist sehr markant, die Capsula extrema noch ziemlich zellreich. Die Grenze des Isocortex zur Insel liegt auch hier wieder innerhalb der Claustrumhöhe, so daß das Claustrum als Abgrenzungsprinzip nicht verwendet werden kann. Als besonders interessant möchte ich auch hier hervorheben, daß vom oberen Teil des Claustrums aus stärkere Zellzüge nach der Rinde zu ziehen, was um so mehr auffällt, als nach innen vom Claustrum solche Züge völlig fehlen. Neben dem oberen Ende des Claustrums liegt noch ein kleiner akzessorischer Kern. Daß wir es rechts von Pfeil 1 mit sicherem Isocortex zu tun haben, ergibt sich aus einer Betrachtung der Beschriftung im rechten Teil der Abbildung, also ganz weit vom Claustrum entfernt, von wo aus der 7-Schichtentypus sich ganz einwandfrei bis zur Insel verfolgen läßt, ohne daß eine wesentliche Modifikation (von der Furchenrinde abgesehen) eintritt.

Abb. 60 vom gleichen Hund (Schnitt 412) läßt mit ebenso großer Bestimmtheit den Beginn des Inseltypus bei Pfeil I erkennen. Auch hier unterscheidet sich die isocorticale Rinde von der Inselrinde dadurch, daß in der letzteren die VI an Prägnanz verliert, die Vb durch eine aufgehellte Va und eine ebensolche Vc besonders herausfällt. Ebenso ist die Körnerschicht deutlich bis zu Pfeil 2 zu verfolgen. Hier verschwindet sie, so daß wir es in dem zwischen Pfeil 2 und 3 gelegenen Gebiet mit der agranulären Insel zu tun haben. Bei Pfeil 3 geht die Insel in die präpyriforme Rinde über.

Auch hier sehen wir wieder, daß das Claustrum[1], das noch einige Nebenkerne besitzt, mit der Inselrinde nicht zusammenfällt, sondern erheblich weit in den Isocortex hineinreicht, als Kriterium für die Inselrinde also ausscheidet.

Abb. 61 vom gleichen Hund (Schnitt 544) zeigt uns die ganz caudale Insel, die hier insofern von besonderem Interesse ist, als sie fast im ganzen durch den Schläfenlappen opercularisiert wird. Wir haben in dem Inselgebiet zwischen Pfeil 1 und 3 wieder, wie schon vorne hervorgehoben, die Vb als eigenen dunklen Streifen vor uns, der durch die aufgehellte Va besonders scharf herausfällt. Auch die II und III ist sehr gut differenziert, während die IV nur aus vereinzelten Zellzügen besteht. In dem zwischen Pfeil 1 und 2 gelegenen Gebiet ist die IV deutlicher, hingegen ist die Va hier weniger breit und aufgehellt. Das beim eintägigen Hund beschriebene obere Inselgebiet, in dem die Aufhellung der V wesentlich zurücktritt, ist hier bereits verschwunden. Nach Pfeil 3 zu läßt die Vb ganz erheblich nach, so daß man zwischen Pfeil 3 und 3a nochmals ein kleines Unterfeld abtrennen könnte. Die Capsula externa ist deutlich ausgeprägt, das Claustrum hingegen ein kleiner dünner Kern, der nur im rechten Teil der Abbildung stärker anschwillt. Bei Pfeil 3 geht die Insel wieder in die präpyriforme Rinde über.

Wir sehen also noch ganz caudal, daß die Insel denselben Kriterien unterworfen ist, wie wir dies beschrieben haben, besonders auch unter Berücksichtigung der Tatsache, daß bei Pfeil 1 die VI. Schicht des Isocortex an Intensität plötzlich stark zurücktritt.

Auch sind die Grenzen der Insel nicht an den Verlauf des Claustrums gebunden. Rechts in der Abbildung beobachten wir, wie sich das Claustrum

[1] Siehe Anmerkung 1 S. 118.

in seiner hauptsächlichen Anschwellung in den Schläfenlappen hineinerstreckt. Auf die wichtige Bedeutung der Pfeile 4 und 5 werden wir an Hand der Abb. 62 zurückkommen.

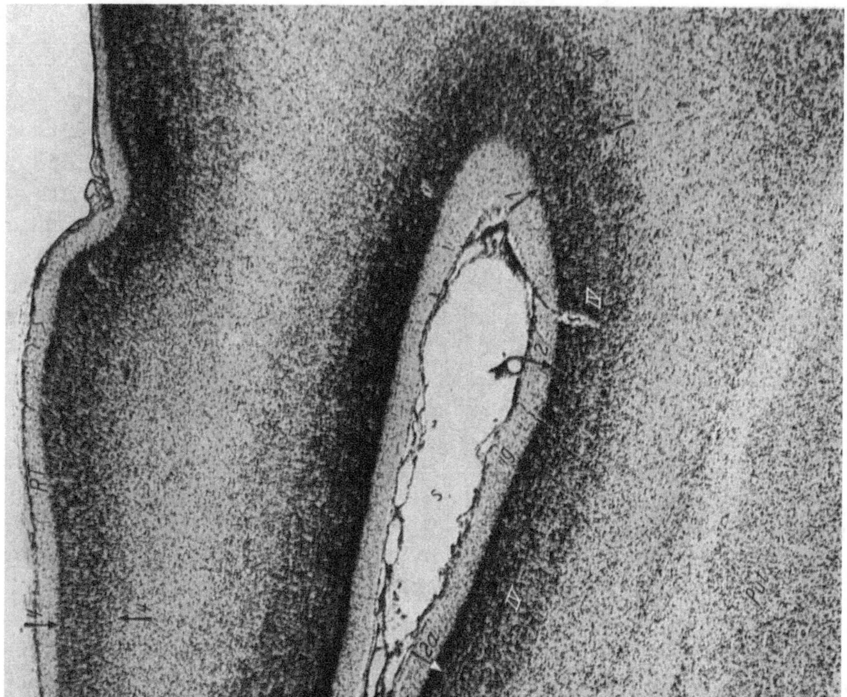

Abb. 62 vom gleichen Hund (Schnitt 556) ist deshalb von besonderem Interesse, weil hier der caudale Inselteil, der, wie wir in Abb. 61 gesehen haben, vom Schläfenlappen opercularisiert war, fast völlig verschwunden ist. Es findet

sich an der mit Insula bezeichneten Stelle die Inselrinde noch gerade in typischer Ausprägung. Es lassen sich die streifenförmige Vb gut erkennen, ebenso die übrigen Schichten I, II, III, IV, Va, VI und VII. Die Insel ist hier fast

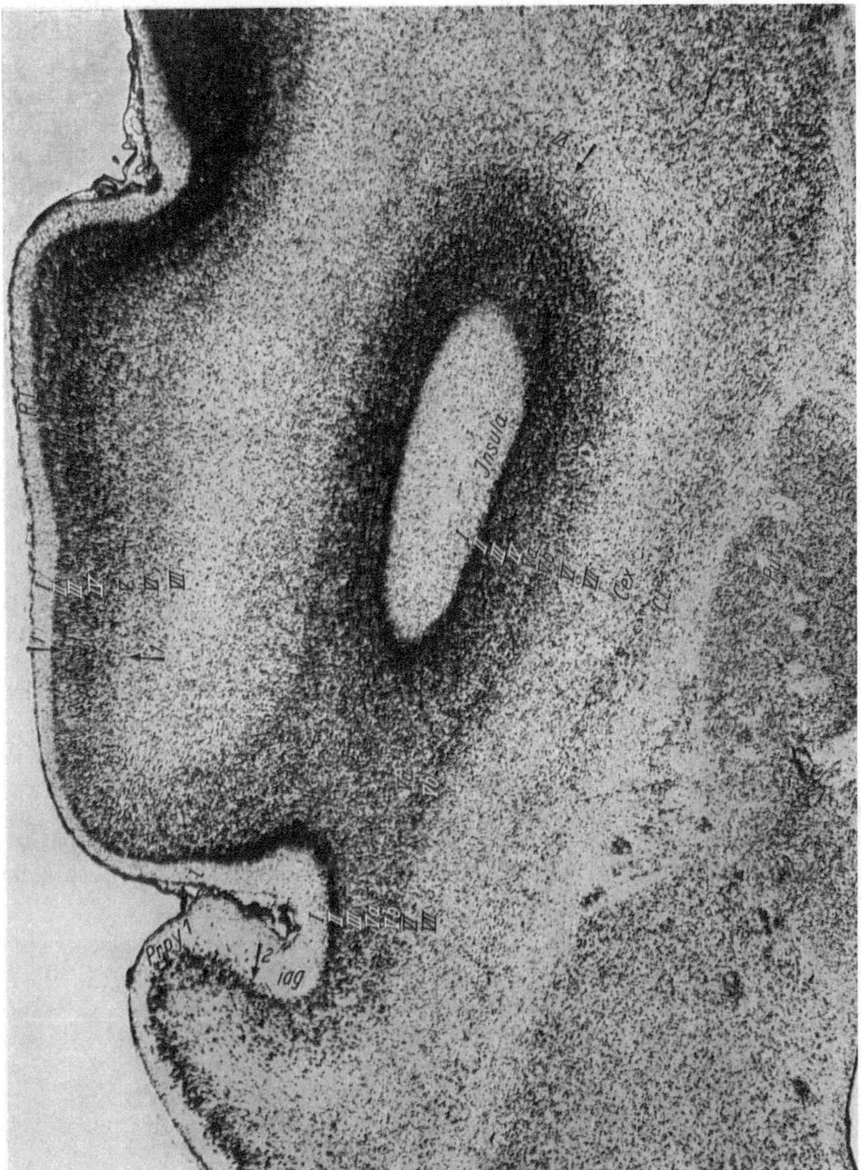

Abb. 62. Schnitt 556. 6 Tage alter Hund. M. B. 15. Vergr. 27mal.

völlig verschwunden. Im Gegensatz hierzu finden wir aber das Claustrum noch kräftig entwickelt, besonders im rechten Teil der Abbildung stellt es einen mächtigen Kern dar. Dieser Kern ist auch dann noch ein mächtiges Gebilde, wenn von der Insel nichts mehr da ist. Schon daraus können wir mit aller

Deutlichkeit schließen, daß das Claustrum als Abgrenzungskriterium für die Insel keinerlei Bedeutung hat, um so weniger, wenn wir bedenken, daß der über dem Claustrum liegende Rindenanteil den Schläfenlappen vom Hund darstellt. Dieser Schläfenlappen zeigt einen aufgeprägten 7-Schichtentypus mit sich deutlich abhebender IV und gut betonter VI bei aufgehellter V. An der Stelle des Pfeiles 1 sehen wir aber überraschenderweise ebenfalls ein plötzliches Aufhören der schärferen Betonung der VI, wir sehen auch ein Hervortreten der dunkleren Vb, wobei allerdings die Va nicht sehr deutlich gelichtet ist. Dieses Gebiet, das auf dem unteren (ventralen) Teil des Schläfenlappens beim Hund liegt, gehört seiner strukturellen Beschaffenheit nach zweifellos ebenfalls der Inselrinde zu, seine Körnerschicht ist wenigstens teilweise in Andeutung vorhanden, wie sich aus Weiterverfolgung der IV nach links über den Pfeil 1 hinaus verfolgen läßt[1]. Von besonderem Interesse ist es nun festzustellen, wie dieser Teil der Insel auf den Schläfenlappen kommt. Wir werden das beim 11tägigen Hund noch genauer aufklären können.

Unter Berücksichtigung dieser hochwichtigen Tatsache verstehen wir nun auch die Bedeutung der Pfeile 4 und 5 in der Abb. 61. Bei Pfeil 4 hört der isocorticale Schläfenlappentyp plötzlich auf, um bei Pfeil 5 wieder einzusetzen, was an der scharfbetonten VI zu erkennen ist. Der zwischen beiden Pfeilen eingeschobene Teil stellt mithin den Rest des Inseltypes dar, der am ventralen Teil des Temporalgebietes liegt.

Zusammenfassend können wir also beim 6tägigen Hund sagen, daß gegenüber dem eintägigen alle Eigenheiten, die wir für die Insel beschrieben haben, vorhanden sind. Das Claustrum liegt sowohl unter isocorticaler als auch unter Inselrinde, ist also kein Unterscheidungsmerkmal für letztere. An der Grenze des Isocortex zur Insel läßt sich ein plötzliches Nachlassen in der Markierung der VI. Schicht feststellen, ebenso ein besonderes Hervortreten der Vb in den caudalen Gebieten, während in den oralen die Schichtung überhaupt undeutlich ist und vor allen Dingen die VI sich gegenüber der V kaum abhebt. Die Vb kann man als eigene Schicht nicht feststellen. Als neu kommt beim 6tägigen Hund hinzu, daß sich ein caudaler Inselteil auf den unteren Schläfenlappen erstreckt. Dieser Inselteil weist ebenfalls alle für eine Inselrinde notwendigen baulichen Eigenheiten auf.

Abb. 63, die von 11tägigem Hund stammt (Schnitt 394), bringt wieder die orale Insel zur Darstellung. Wir sehen auf dem Gyrus coronalis wie der Isocortex bei Pfeil 2 in die Inselrinde übergeht. Wir erkennen das hauptsächlich an dem Nachlassen der VI. Schicht und an dem (hier noch nicht so ausgeprägten) Hervortreten der Vb. In dem zwischen dem Sulcus *rh* und *ps* gelegenen Gebiet vermögen wir alle Schichten zu unterscheiden, insbesondere die IV und die dreigeteilte V. Die Rinde ist im ganzen sehr breit und hat bereits einen hohen Grad an Differenzierung erreicht.

Sehr scharf ausgeprägt ist wieder das Claustrum, das *nicht nur über die Inselrinde hinaus sich in den Isocortex erstreckt,* sondern auch sehr lebhafte Verbindung zu den tiefen Rindenlagen selbst aufweist. Dadurch erscheint die Capsula extrema sehr zellreich.

Bei Pfeil 1 geht die Inselrinde in $Prpy_1$ über.

---

[1] Es bedarf diese Gegend noch des genaueren Studiums.

Abb. 64 vom gleichen Hund (Schnitt 525) führt uns weiter caudal. Wir sehen das Claustrum in der Tiefe des Markes in breiter Ausladung. Darüber

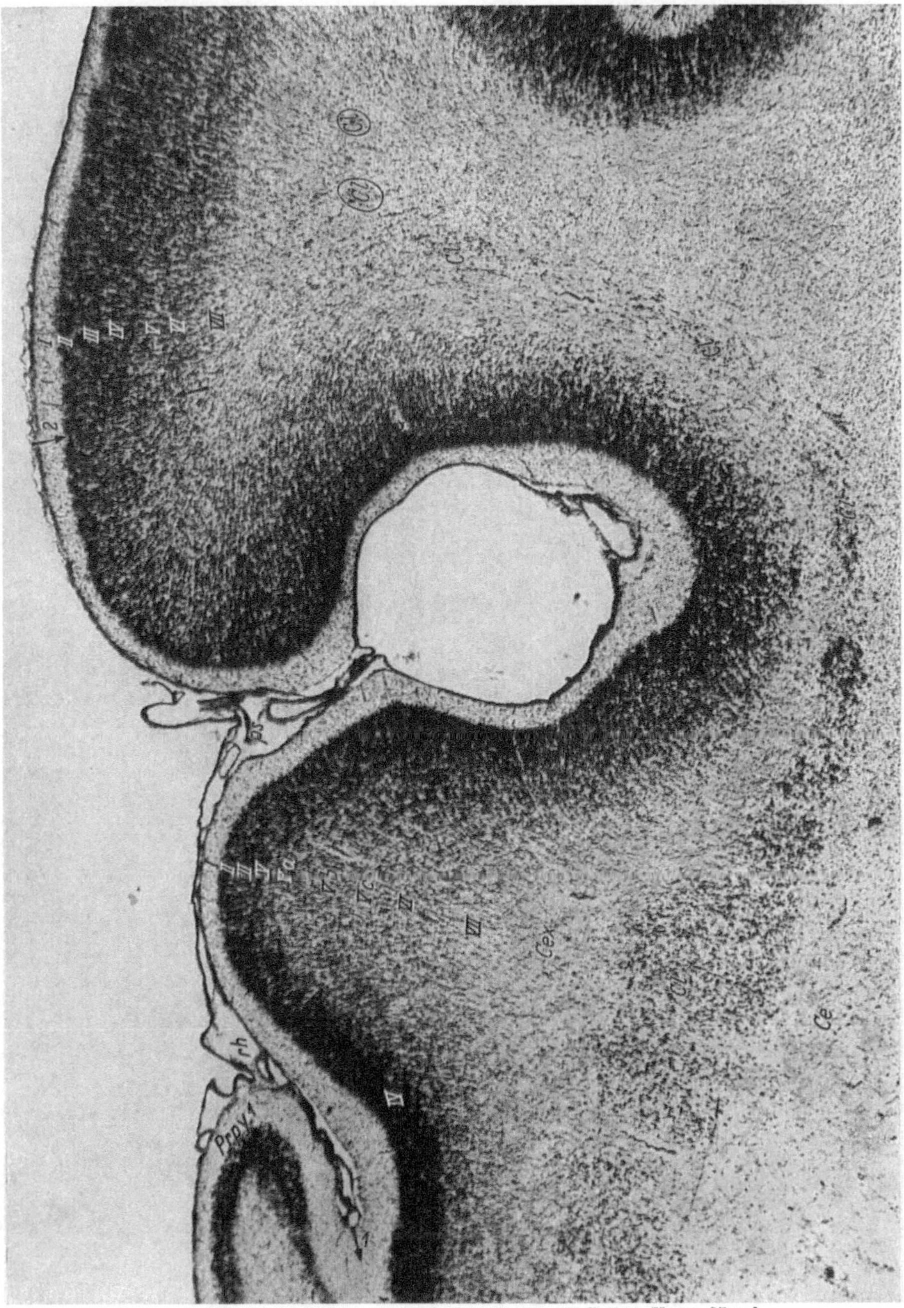

Abb. 63. Schnitt 394. 11 Tage alter Hund. M. B. 20. Vergr. 27mal.

wölbt sich der Windungszug, der etwa in seiner Mitte bei Pfeil 1 die Grenze zwischen Isocortex und Insel in klassischer Form erkennen läßt. Wir sehen

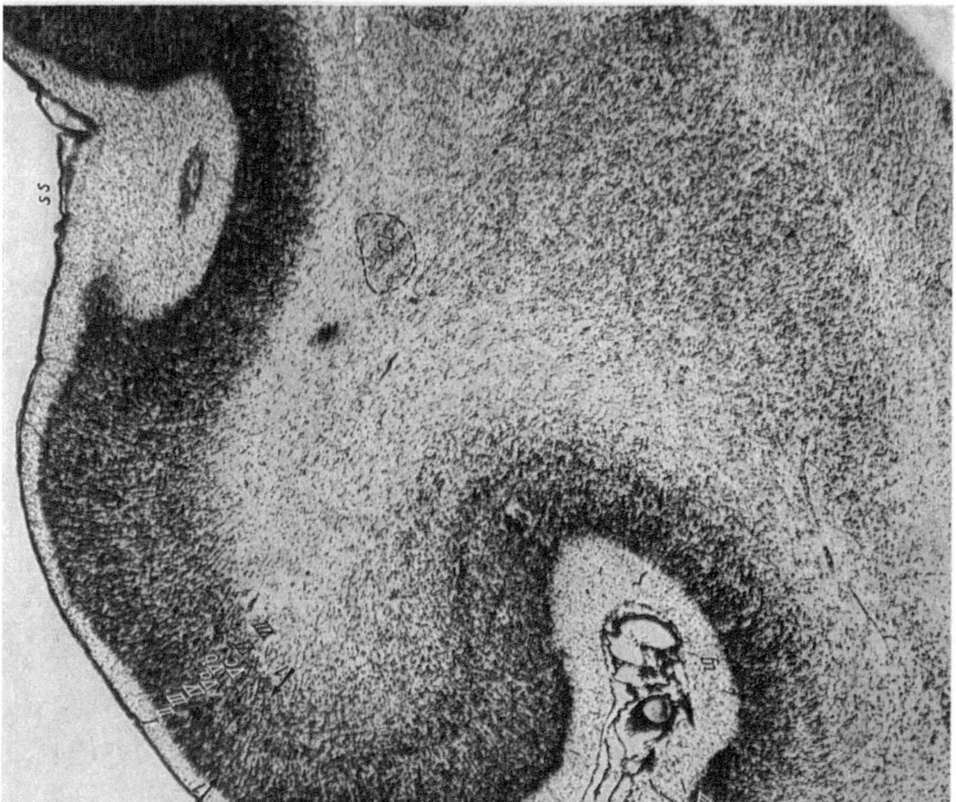

Abb. 64. Schnitt 525. 11 Tage alter Hund. M. B. 20. Vergr. 27mal.

wie die VI des Isocortex plötzlich an Prägnanz verliert und dafür die Vb stärker betont wird. Auch hier liegt die Grenze, wie wir das ja ausgeführt haben, in

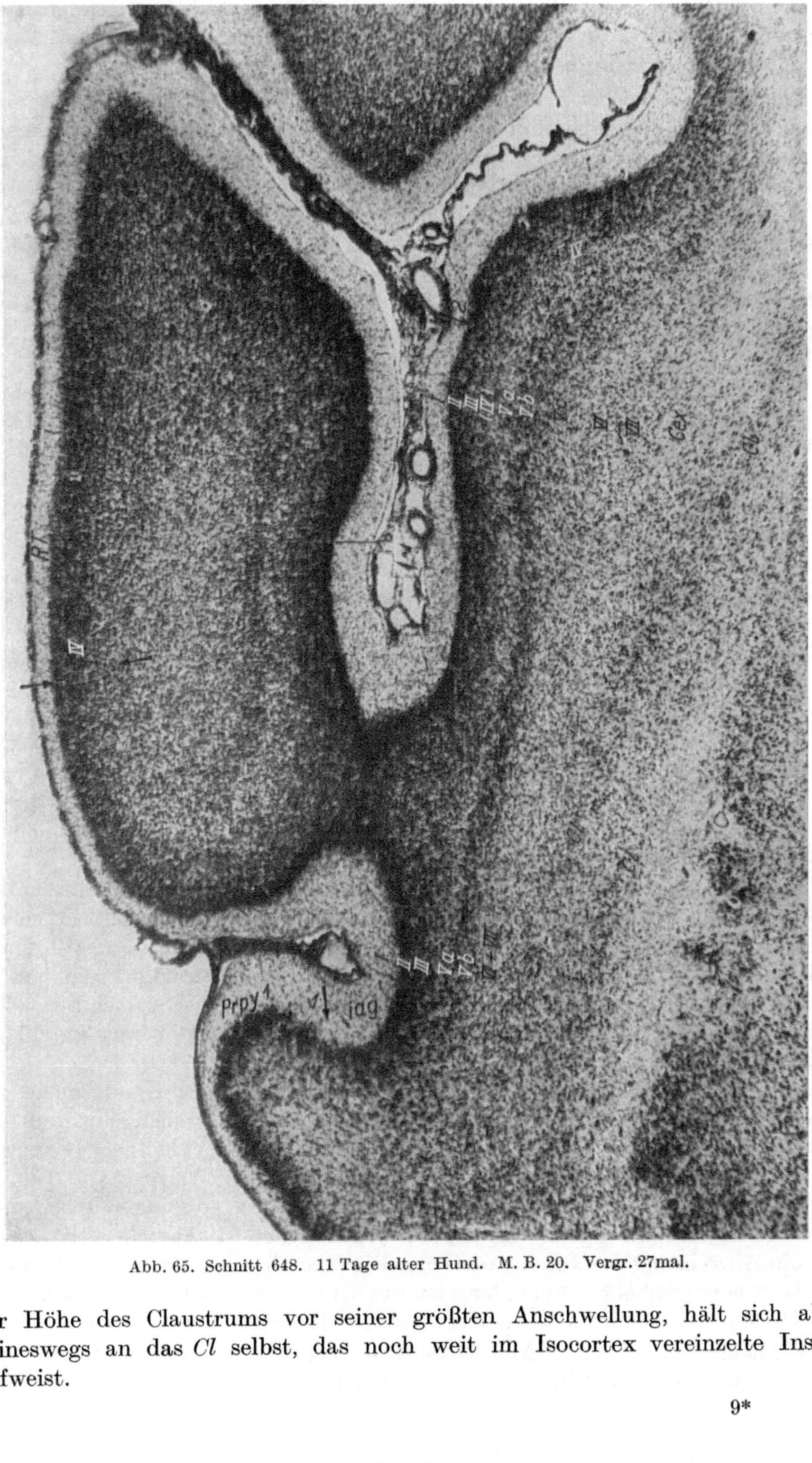

Abb. 65. Schnitt 648. 11 Tage alter Hund. M. B. 20. Vergr. 27mal.

der Höhe des Claustrums vor seiner größten Anschwellung, hält sich aber keineswegs an das *Cl* selbst, das noch weit im Isocortex vereinzelte Inseln aufweist.

Bei Pfeil 2 bzw. rechts davon können wir die Körnerschicht gut differenzieren. Der zwischen Pfeil 2 und 3 gelegene Inselanteil ist agranulär. Bei Pfeil 3 geht die agranuläre Insel in die $Prpy_1$ über.

Abb. 65 vom gleichen Hund (Schnitt 648) stellt die Insel dar, die durch die Temporalregion opercularisiert wird. In der Tiefe sehen wir das Claustrum, darüber die Capsula extrema und über ihr die Rinde. Im rechten Teil der Abbildung stellen wir wieder typische Inselformation fest mit Körnerschicht, heller Va, betonter Vb, heller Vc und wenig hervortretender VI und VII. Am unteren Rand des Schläfengebietes, das hier bereits mit der Insel in Verbindung getreten ist, fehlt vor Pfeil 1 im Inselgebiet die Körnerschicht, das Gebiet ist also agranulär (primär). Die Abspaltung der Vb bleibt bestehen, wenn sie auch nicht mehr so charakteristisch ist wie im rechten Teil der Abbildung.

Von besonderem Interesse ist nun, das wird in der folgenden Abb. 66 deutlicher herauskommen, daß die agranuläre Inselregion am unteren (linken) Rande des Schläfenlappens ansetzt und auf diesen übergreift, wie das in Abb. 66 am linken Bildrand im fertigen Zustand zu sehen ist. Durch die nun einsetzende Verschmelzung von Insel- und Schläfenlappenrinde, kommt der Inseltyp auf den ventralen Schläfenlappen zu liegen.

Der Übergang der agranulären Insel in $Prpy_1$ ist deutlich.

Abb. 66 zeigt vom gleichen Hund, Schnitt 672, bei Pfeil 4 die voll ausgeprägte Grenze des isocorticalen Schläfenlappens gegen das caudale ventrale Inselgebiet. Genau so wie bisher sehen wir an dieser Stelle die stark betonte VI der Temporalregion ganz schwach werden, dafür aber das schärfere Heraustreten der Vb in der Insel. Vom Claustrum ist an dieser Stelle überhaupt nichts zu sehen. Es liegt hier unterhalb des opercularisierten Inselteils zwischen Pfeil 1 und 3. Die Körnerschicht, die im Schläfenlappen sehr breit ist, wird bei Pfeil 4 schwächer, ist aber noch deutlich vorhanden. Ob sie noch weiter ventral, im Inselgebiet, völlig verschwindet, wie es nach Abb. 65 den Eindruck macht, bedarf noch weiterer Untersuchungen.

Die opercularisierte Insel, die wir zwischen Pfeil 1 und 3 vor uns haben, läßt wieder alle Charakteristika erkennen. Sie ist granulär, die Va ist aufgehellt, ebenso die Vc, die Vb ist besonders betont und läßt unschwer eine Vb_1 (großzellig) von einer Vb_2 (kleinzellig) unterscheiden. Das Claustrum zeigt erst im rechten Teil der Abbildung seine größte Anschwellung, es reicht auch hier höher als bis zu Pfeil 5, der die Grenze zwischen Isocortex und oberem granulären Inselteil angibt.

Was die Verhältnisse in der Insel beim **ausgewachsenen Hund** angeht, die ich vergleichsweise ebenfalls studiert habe, so besteht zwischen ihm und dem 11tägigen Hund kein prinzipieller Unterschied. Alle Eigenheiten sind bereits beim 11tägigen Hund nachzuweisen. Auch beim ausgewachsenen Hund unterscheiden wir eine basale agranuläre von einer dorsalen granulären Inselregion. Das Claustrum bildet genau so wie bei jugendlichen Hunden kein Kriterium für die Abgrenzung der Insel. Auch hier liegt die Grenze zum Isocortex mithin in der Claustrumhöhe. Auch hier ist die Insel durch plötzliches Nachlassen der betonten VI und stärkeres Hervortreten der Vb charakterisiert.

Schließlich haben wir in **Abb. 67** die Insel bei einem 7 Monate alten menschlichen Embryo (M.B. 210, Schnitt 1375) dargestellt. Wir sehen in der Tiefe

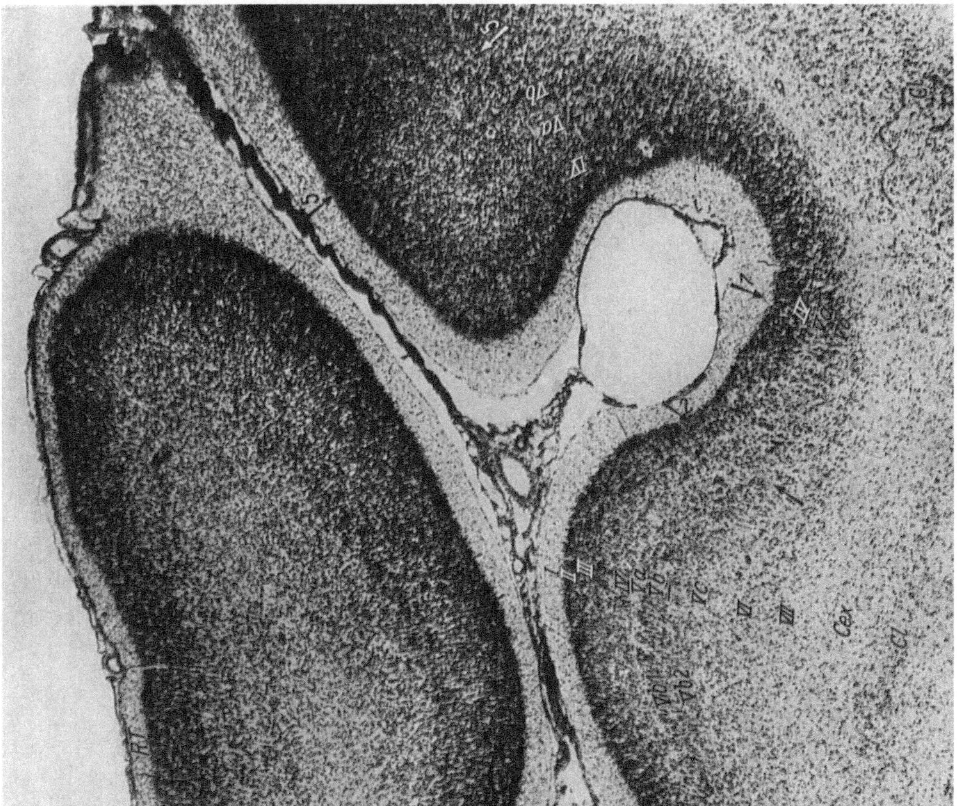

Abb. 66. Schnitt 672. 11 Tage alter Hund. M. B. 20. Vergr. 27mal.

das Caudatum, die innere Kapsel und das langgestreckte Putamen. Nach außerhalb vom Putamen folgt erst die Capsula externa, auf diese das Claustrum und die Capsula extrema.

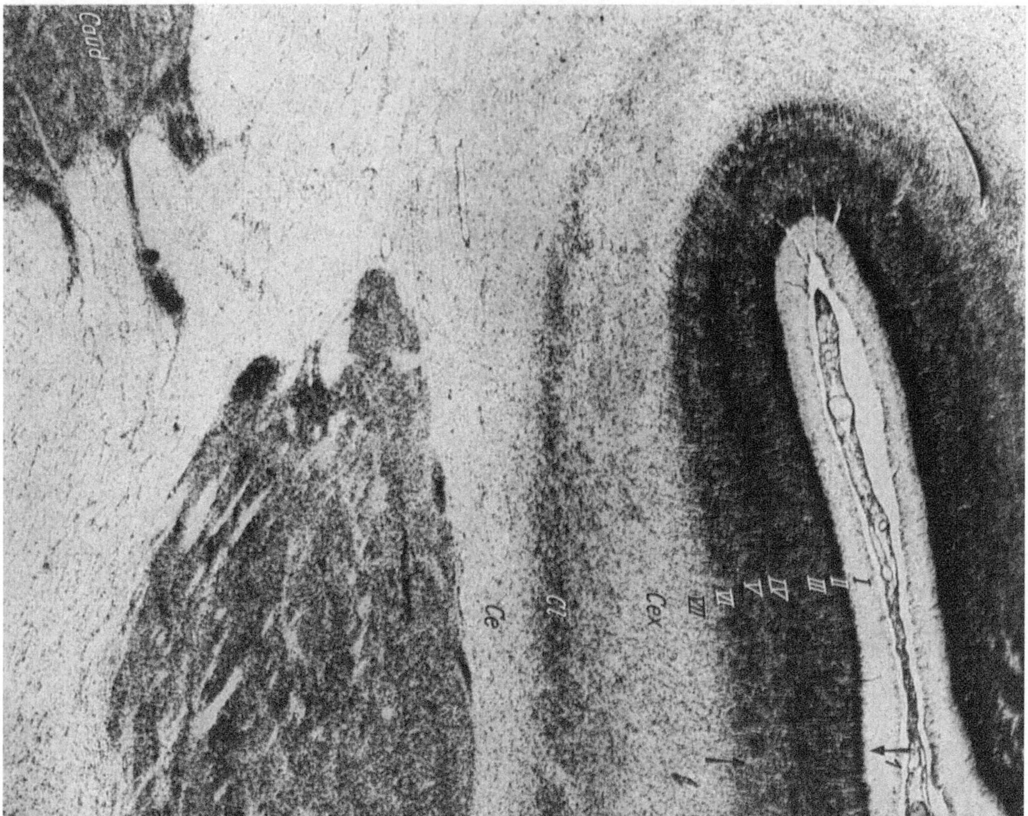

Abb. 67. Schnitt 1375. 7 Monat alter menschlicher Embryo. M. B. 210. Vergr. 20mal.

Die Inselrinde läßt, wie wir das vom Hundegehirn her schon genau kennen, zwei deutlich voneinander unterscheidbare Gebiete erkennen, die bei Pfeil 1 zusammenstoßen. Links resp. nach oben davon liegt eine klassische 7 schichtige isocorticale Rinde, in der sämtliche Rindenteile gut ausgeprägt sind, vor allem auch die II und III, die IV und die VI. Letztere fällt infolge der aufgehellten V stärker heraus und ist infolge ihres Zellreichtums sehr stark betont. Diese Betonung läßt aber bei Pfeil 1 plötzlich nach, wodurch die VI viel heller erscheint. Gleichzeitig tritt eine Auflockerung der IV ein, die Vb, die beim Hundegehirn scharf herausstach, ist hier in ihrer Eigenstellung noch nicht fertig, aber wir erkennen bereits reihenständig größere Pyramidenzellen (besonders rechts resp. unten in der Abbildung). Die aufgehellte Va ist ebenfalls noch nicht deutlicher ausgeprägt, hingegen die sehr helle und ziemlich zellarme Vc.

Wir haben also beim Menschen die gleichen Verhältnisse wie beim Hund. Auch hier ist das Inselgebiet scharf differenziert und ist keineswegs an den Verlauf des Claustrums gebunden. Es ist mithin auch beim Menschen die Koppelung der Inselrinde an den Verlauf der Claustrums falsch.

Fassen wir unsere, in diesem Abschnitt gemachten Ausführungen zusammen, dann stellen wir fest: Die Lehre Roses über den Bicortex, die behauptet, daß die Inselrinde ihr Zellmaterial vermittels eines Streifens X zum Teil aus der Matrix der Stammganglien zum Teil aus der der totoparietinen Rinde (laterale Hemisphärenwand) beziehe, ist falsch. Ebenso falsch die Behauptung, daß die Inselrinde überall dort zu suchen sei, wo in der Tiefe das Claustrum verläuft und falsch die weitere Behauptung, daß das Claustrum sich aus der eigentlichen Rindenplatte abgespalten habe. Demgegenüber konnten wir nachweisen, 1. daß das Claustrum schon beim einem 30 mm langen (SSL.) Embryo angelegt, in diesem Stadium bereits ein selbständiger mehrteiliger Kern ist, und daß ihm die Bedeutung eines subcorticalen Ganglions zukommt, ähnlich wie dem Striatum; 2. daß das Claustrum als Index für die Abgrenzung der Inselrinde völlig unbrauchbar ist. Sowohl beim Hunde als auch beim Menschen liegt dieser Kern sowohl unterhalb der Insel als auch der isocorticalen Rinde. Die Grenze zwischen beiden liegt innerhalb des Claustrumbereichs. 3. Die Rindenplatte der Insel ist in ihrer Ausprägung gegenüber der isocorticalen Rindenplatte zurückgeblieben, sie hinkt gewissermaßen nach. Der Grund dafür ist darin gegeben, daß eine eigentliche Matrix im Hauptteil der Insel fehlt und die Zellen von weit her kommen müssen. Wir konnten in der Zwischenschicht der lateralen Hemisphärenwand mehrere, zum Teil mächtige Zellzüge feststellen, die ihr Material ventral- bzw. ventrobasalwärts senden. Einen X-ähnlichen Zellstrang, der *auch* Zellmaterial aus der Matrix der Stammganglien (Ganglienhügel) erhält, konnten wir bei unserem menschlichen Embryo 2908 nicht nachweisen. Keine einzige Zelle wandert von dem Ganglienhügel nach der lateralen Seite des Putamens. Bei anderen Embryonen haben wir aber eine solche Zellwanderung beobachtet. Sie bedeutet jedoch nichts für Inselrinde Spezifisches. Oral konnten wir hingegen eine rege Wanderung von Zellzügen aus der lateralen Hemisphärenwand in das Putamen verfolgen. Caudal liegen die Verhältnisse gerade umgekehrt. Hier wandern die Zellen nicht von dorsal nach ventral (zu den Stammganglien), sondern von dem caudalen Ganglienhügel (Matrix) aus zur in gleicher Höhe liegenden lateralen Hemisphärenwand oder sogar dorsalwärts.

Es beziehen mithin die Stammganglien ihr Zellmaterial teils aus ihrer eigenen Matrix, teils aus der der lateralen Hemisphärenwand; die Rinde erhält ihr Material teils aus ihrer eigenen Matrix, teils aus der der caudalen Stammganglienanteile (Caudatumschwanz). Es wurde die Frage aufgeworfen, ob dieses zuletzt genannte Zellmaterial überhaupt noch die oberen Rindenanteile (II bis IV) erreicht, oder nicht vielmehr zur Bildung der tiefen Schichten Verwendung findet.

4. Als Inselrinde wurde ein Gebiet beschrieben, das sich sehr markant vom Isocortex unterscheidet. Die im letzteren scharf betonte, dichte und dunkel gefärbte VI. Schicht verliert plötzlich ihre Prägnanz, die IV wird lichter, die V aufgehellter, wobei die Vb als dichter Streifen mit reihenständig angeordneten größeren Pyramidenzellen besonders herausfällt. Die Inselrinde läßt einen granulären und agranulären Teil unterscheiden, daneben auch noch einen schwach granulären oder propeagranulären. Der agranuläre, der als primär agranulär anzusprechen ist, liegt basalwärts und ist identisch mit der von ROSE als *ai* beschriebenen Typen. Er ist 6schichtig. Die granuläre Insel läßt wieder die Trennung in einen dorsalen und einen ventralen Typus zu. Im letzteren kommt es zu einer so starken Aufhellung der Va-Schicht, daß dies einer Abspaltung der tiefen Schichten (Vb, Vc, VI und VII) gleichkommt. Von einer Abspaltung muß man deshalb sprechen, weil eine Wiedervereinigung der tiefen Rindenteile mit den oberen beim Übergang der Inselrinde in das präpyriforme Gebiet nicht mehr stattfindet. Dadurch ziehen nach *Prpy* nur Teile der oberen Rindenschichten, aber diese erleiden teilweise eine mehr minder starke Veränderung. Die präpyriforme Rinde ($Prpy_1$) hat infolgedessen mit der Inselrinde nichts zu tun. Daß in ihrem subcorticalen Mark das Claustrum angetroffen wird, ist nur ein topographisches, aber kein architektonisches Merkmal.

5. Die Inselrinde greift beim Hunde auf den ventralen Teil des Schläfenlappengebietes über und läßt dort dieselben Charakteristika erkennen.

Die Inselrinde besitzt, soweit sie granulär ist, einen 7-Schichtentypus, unterscheidet sich mithin, obgleich sie ihre eigene Morphogenie aufweist, nicht prinzipiell von dem 7-Schichtentypus des Isocortex. Dabei rechnen wir die dreigeteilte V als eine Schicht. Der agranuläre Inseltyp ist 6schichtig. Auch er hat seine eigene Morphogenie. Im myeloarchitektonischen Bild ist er supraradiär. Beim Menschen und Schimpansen greift er, wie ich dies in früheren Arbeiten beschrieben habe, auf den medialen Schläfenlappenpol über.

IV. Die sog. striatale Rinde.

Zu der striatalen Rinde hat ROSE die Regio praepyriformis, das Tuberculum olfactorium, die Regio periamygdalaris, seine Regio diagonalis und das Septum pellucidum gerechnet. Diese Rinde hat ROSE dahin definiert, daß sie überall dort zustande komme, wo die Wand des sekundären Hirnbläschens gleichzeitig sich zum Striatum und zur Hirnrinde entwickle, wobei beide die gleiche Mutterschicht als Ausgangsmaterial benutzten.

Wie wir die striatale Rinde auffassen, haben wir bereits an Hand des Überganges der Inselrinde in die präpyriforme besprochen. Wir haben die

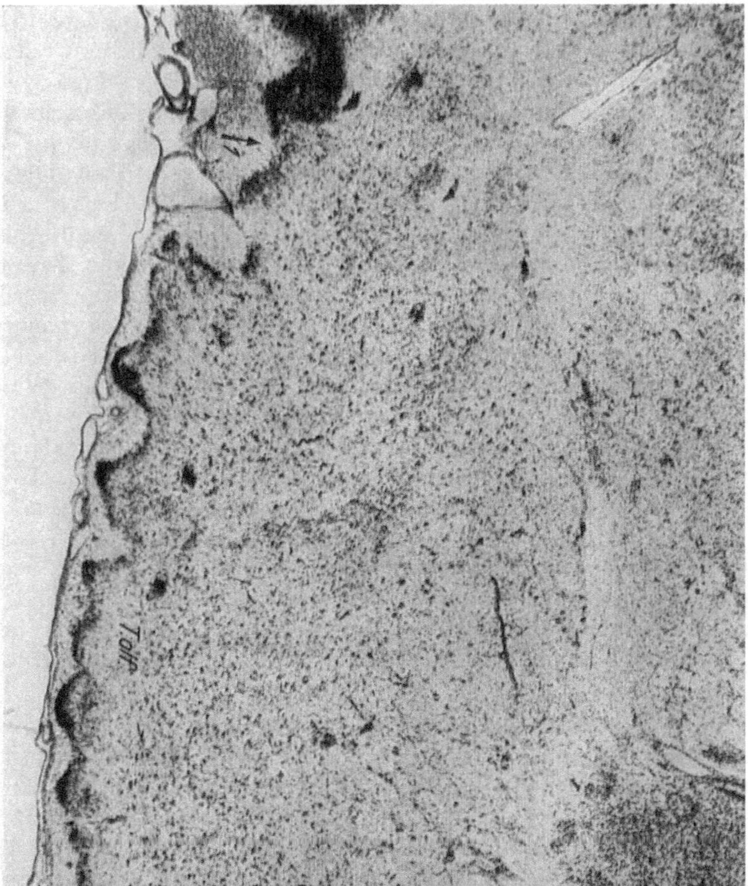

Abb. 68. Schnitt 518. 11 Tage alter Hund. M. B. 20. Vergr. 30mal.

Aufhellung in der Va der Inselrinde als Spaltung dieser Rinde definiert, die verhindert, daß die tiefen Inselschichten Vb, VI und VII in die präpyriforme mit hinüber genommen werden. Die sog. striatale Rinde besteht also unserer Ansicht nach nur aus Teilen der äußeren Rindenschichten, wobei diese ihrerseits natürlich wieder manche Modifikationen erfahren können. Ich verweise auf die entsprechenden Abbildungen in dem Kapitel über die Insel. Daß dabei in der präpyriformen Rinde größere Pyramidenzellen vorkommen, ist natürlich kein Gegenbeweis, da wir solche ja auch sonst in der III. Schicht überall beobachten. Ich erinnere nur an die großen Pyramidenzellen in der vorderen Zentralregion, denen von Economo und Koskinas sogar motorische Funktionen zuschreiben, oder an die Riesenpyramiden in der III am Übergang der Area praeoccipitalis (18 Brodmanns) in die Area 17 Brodmanns (unsere *Regio* striata), eine Stelle, die von Economo und Koskinas als Limes gigantopyramidalis parastriatus ($oB\gamma$) bezeichnet haben. Daß aber in der sog. striatalen Rinde auch kleine Zellformen gefunden werden, dafür ist die **Abb. 68** der überzeugendste Beweis, in der wir die Rinde des Tuberculum olfactorium vor uns haben. Hier sehen wir neben kleineren Pyramidenzellen glomeruliforme Anhäufungen von körnerartigen Zellen. Die tieferen Rindenschichten fehlen hier genau so wie in der präpyriformen Rinde. Noch überzeugender erscheint mir schließlich die Tatsache, daß es auch beim Übergang der subgenual gelegenen Rinde in die sog. striatale zu einer Rückbildung bzw. Abspaltung der tiefen Schichten kommt, ein Befund, der beim Hunde äußerst überzeugend demonstriert werden kann.

Bei dieser Betrachtungsweise fallen Vorstellungen über den primitiveren Bau dieser Gegenden völlig weg. Wir können diesen Begriff auch gar nicht brauchen. Wir sind auch gar nicht der Ansicht, daß diese Rinde deshalb in ihrer Entwicklung zurückbleibt, weil aus der Wand des sekundären Hirnbläschens auch noch die Stammganglien sich bildeten — und die wohl in erster Linie —, so daß für die Rinde gewissermaßen nicht mehr genug Material übrig bliebe. *Jede Rinde bekommt so viel Zellen als sie zu ihrer Entwicklung und Gewährleistung ihrer funktionellen Aufgabe benötigt.* Wo dies zu wenig oder zu viel geschieht, liegen krankhafte Verhältnisse vor. Das zum Aufbau benötigte Material muß aber schon vorher, also vor seiner Ankunft am Bestimmungsort, genauestens definiert bzw. spezialisiert sein; denn woher sollen die Zellen wissen, daß sie einmal nur bis ins Striatum, ein ander Mal bis zur Rinde wandern, daß die einen nur die tiefen, die anderen nur die hohen, wieder andere sämtliche Schichten der Außen- und Innenteile bilden sollen. *Wenn also dann die Zellen so wenige und so feine sind, daß sie nur zur Bildung der Außenschichten oder gar nur von Teilen dieser ausreichen, so ist das kein primitiverer Zustand, sondern der für die funktionellen Aufgaben adäquate.*

Alle Vorstellungen Roses, daß eine solche Rinde nicht mit irgendeiner Schicht oder irgendeinem Teil der Rindenplatte identisch sei, vielmehr sämtlichen Schichten der Rindenplatte entspräche, sind mithin falsch. Die vorhandenen Schichten stellen vielmehr nur die Außenschichten oder Teile von diesen dar, da die anderen funktionell gar nicht gebraucht werden. Für die dieser Rinde allgemein zugeschriebene receptorische Funktion paßt das auch ganz gut.

V. Das Ammonshorn inkl. Fascia dentata.

Bekanntlich hat ROSE behauptet, daß das Ammonshorn eine Rinde sei, die ursprünglich sich genau so entwickle wie die übrige Rinde. Das heißt, die Rindenplatte unterscheide sich in nichts von der Rindenplatte des Isocortex. Erst mit weitgehender Differenzierung komme es in der Rindenplatte zu Unterschieden. Im Ammonshorn trete ein Cortex bistratificatus auf, in dem sich die Rindenplatte nur zur Pyramidenzellenlage entwickle, mithin mit der Lamina zonalis zusammen zweischichtig sei. Diese Rinde könne nun hinsichtlich ihrer Schichten mit keiner anderen Rinde verglichen werden. Die Pyramidenschicht sei infolgedessen nicht irgendeiner Schicht einer anderen Rindenstelle homolog, sondern sie entspreche sämtlichen Schichten der ursprünglichen Rindenplatte, da sie sich ja aus dieser entwickelt habe.

Daß diese Ansicht ROSEs nicht richtig ist, geht aus unseren anläßlich die Besprechung der retrosplenialen Rinde gemachten Ausführungen zwingend hervor. Wir haben dort bei der Beschreibung des Juxtasubiculums in Abb. 19 und ff. dargelegt, daß dieses Gebilde nicht dem ganzen Rindenabschnitt entspricht, sondern nur dessen tiefen Teilen, der V, die teilweise sogar rudimentär ist, aber hauptsächlich der VI und VII. Wir sehen nämlich wie die zwischen Pfeil 2 und 5 gelegene breite, die ganze Wand einnehmende Rinde (Abb. 19) bei Pfeil 2 völlig zusammenrückt, ganz schmal wird und in die granifere retrospleniale Rinde (bei Pfeil 1) einmündet, aber nicht beliebig und diffus, sondern ganz scharf präzisiert in die V., VI. und VII. Schicht. Es werden also die gleichen Schichten ineinander übergeführt. Das läßt mit derselben Klarheit auch noch die Abb. 20 und 24 erkennen. Das Juxtasubiculum führt auf Abb. 19 in das Subiculum über. Ich habe weiter vorne auch schon ausgeführt, daß das Juxtasubiculum oralwärts in die h-Felder einmündet. Es ist mithin das Juxtasubiculum ein Teil des Ammonshorns. Damit können wir also beweisen, daß für das Ammonshorn, wenigstens für das Subiculum und die h-Felder das gleiche gilt. Also auch diese Teile bestehen nur aus den tiefen Rindenschichten. Damit ist natürlich nicht gesagt, daß diese Schichten nun völlig identisch sein müßten mit denen in der 7schichtigen Rinde, keineswegs. Es ist auch nicht gesagt, daß die tiefen Schichten nicht noch weitere Differenzierungen und Vereinfachungen erfahren könnten. Das geht ja schon aus unserer Abb. 19 hervor, bei der wir wiederholt darauf hingewiesen haben, daß die tiefen Schichten des Juxtasubiculums bei Einmündung in die gleichen Schichten (bei Pfeil 1) eine starke Modifikation erleiden. Es soll damit nur soviel behauptet werden, daß im Ammonshorn (von der Fascia dentata abgesehen) die Schichten den tiefen Schichten der übrigen Rinde entsprechen und dabei keine hohen Schichten (II—IV) mitlaufen, ähnlich wie ich das für die hohen Schichten der sog. striatalen Rinde (Praepyriformis und Tuberculum olfactorium) beschrieben habe.

Diesen Befund können wir aber nicht nur am ausgewachsenen Gehirn des Nyctipithecus, sondern auch an dem des heranwachsenden und ausgewachsenen Hundegehirns erheben. Hier werden die Verhältnisse nur insofern modifiziert, als auf unseren Abbildungen zwischen der graniferen retrosplenialen Rinde und dem Ammonshorn noch das Praesubiculum zwischengeschaltet ist. So haben wir in Abb. 40 zwischen Pfeil 3 und 5 die noch nicht ganz fertige granifere retrospleniale Rinde vor uns. Bei Pfeil 5 beginnt das Praesubiculum, das durch die aufgehellte ε II-Schicht (s. Beschreibung bei der entorhinalen Region) charakterisiert wird. Die retrospleniale Rinde wird, wie wir das von früher her kennen,

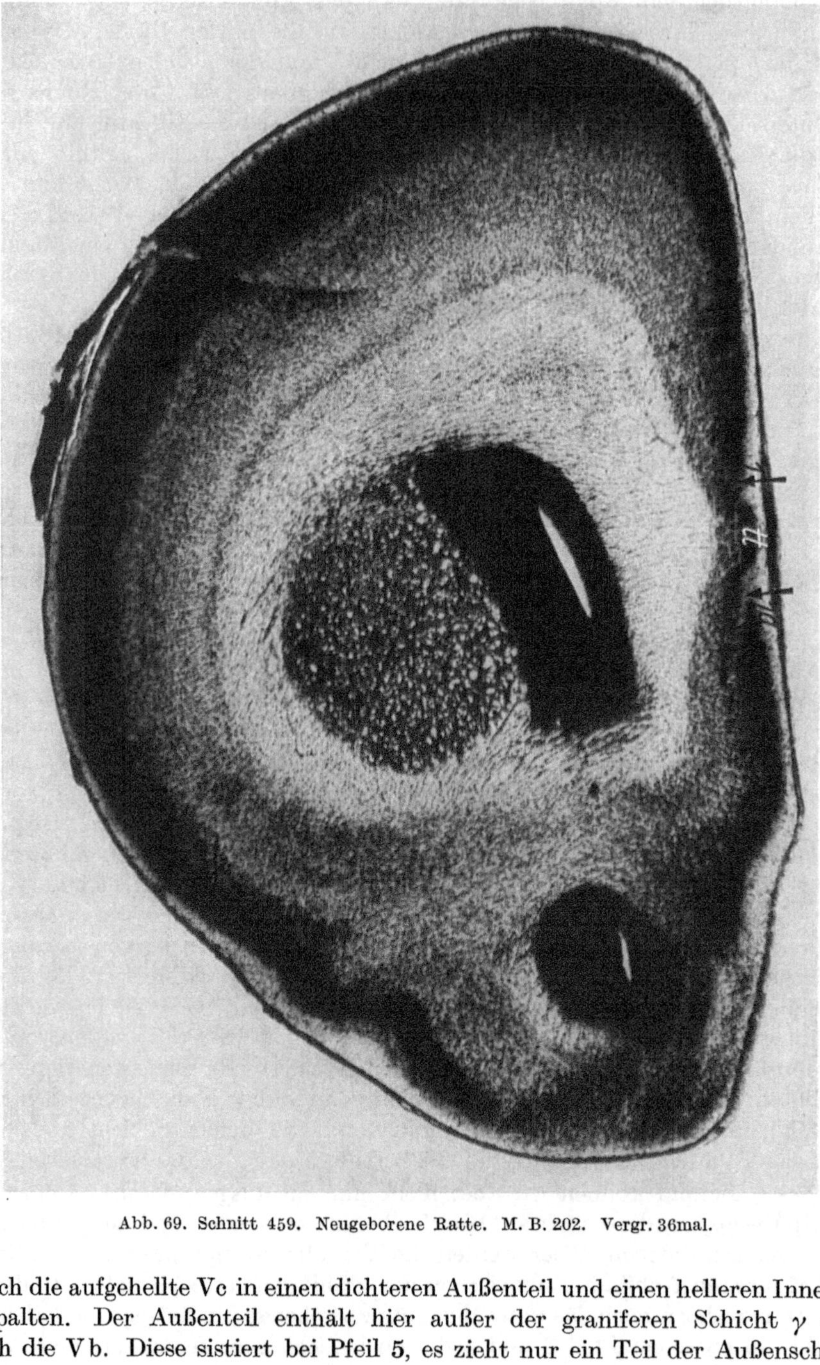

Abb. 69. Schnitt 459. Neugeborene Ratte. M. B. 202. Vergr. 36mal.

durch die aufgehellte Vc in einen dichteren Außenteil und einen helleren Innenteil gespalten. Der Außenteil enthält hier außer der graniferen Schicht γ auch noch die Vb. Diese sistiert bei Pfeil 5, es zieht nur ein Teil der Außenschicht, der aber mit der graniferen γ nicht identisch ist (wie unter anderen auch Abb. 45

bei Pfeil 2 erweist) weiter. Durch das Ansteigen der aufgehellten ε II-Schicht, die bei Pfeil 6 in die I einmündet, werden automatisch die restlichen Außenschichten abgespalten. Was in das Subiculum und die sich anschließenden h-Felder weiterzieht, sind nur die Schichten VI und VII, die sich allerdings modifizieren. Ähnliches ergibt sich auch aus Abb. 41, in der nach außen von Pfeil 5 (links) ε II die hohen von den tiefen Schichten trennt. Das gleiche sehen wir in Abb. 42 bei Pfeil 1, wo — ebenfalls nur die tieferen Schichten — in das Praesubiculum, von den hohen durch ε II getrennt, weitergeführt werden. Von besonderem Interesse ist hier bei Pfeil 1 das plötzliche Sistieren der V b, die im Praesubiculum bereits nicht mehr gebraucht wird, also überflüssig ist. Dies letztere ergibt sich mit der gleichen Anschaulichkeit bei Pfeil 2 in Abb. 45.

Es gibt aber noch einen anderen Prüfstein für die Richtigkeit meiner Darlegungen. Wir wissen, daß sich das Ammonshorn in rudimentärer Form besonders bei den tieferstehenden Säugern oberhalb und unterhalb des Balkens als Taenia tecta findet. Wenn die Schichten des Ammonshorns nur aus den tiefen Rindenanteilen bestehen, dann muß sich das auch bei der Taenia tecta nachweisen lassen. Dafür gibt die **Abb. 69**, die vom Gehirn einer neugeborenen Ratte stammt (M.B. 202, Schnitt 459) ein anschauliches Bild. Wir sehen die Taenia tecta sowohl oberhalb als unterhalb des Balkens. Bei Pfeil 1 und 1a sistiert der äußere Teil der Rindenplatte; der innere Teil steigt aus der Tiefe der Rinde empor und kommt als Taenia tecta (*tt*) direkt unter die I zu liegen. *Also auch hier wird der ganze Rindenquerschnitt bei tt nur durch die tiefen Schichten dargestellt (von der I abgesehen).*

Eine besondere Erwähnung bedarf noch die Fascia dentata, mit deren Morphogenie wir uns bisher noch nicht näher befaßt haben. Ihre Stellung wird dadurch kompliziert, daß über den diffus in ihrem Hilus liegenden Pyramidenzellen unvermittelt eine sehr massive dichte, körnerzellentragende Schicht auftritt, deren Homologie mit der IV des Isocortex oder der γ der graniferen Schicht mir nicht ohne weiteres gegeben erscheint, die aber nur aus dem oberen Teil der Rindenplatte sich entwickelt haben kann. Man könnte den in **Abb. 70** mit x bezeichneten, in dem Außenteil der Rinde verlaufenden Streifen im Verdacht haben, der Vermittler bzw. Träger des zur Bildung des Fascia dentata nötigen Zellmaterials zu sein. In dieser Hinsicht ist die **Abb. 71**, die den Schnitt 414 eines 7,2 cm (SSL.) langen menschlichen Embryos (16/28) darstellt, äußerst instruktiv. Wir haben in der Mitte, dem Ventrikel aufliegend, die Matrix, die sehr dicht und dunkel gefärbt ist. Es folgt dann eine sehr zellreiche breite Zwischenschicht. Diese geht in einen mehr diffusen dunkleren Streifen η[1] über, der bei Pfeil 1 und 1a direkten streifigen Anschluß an die tiefen Teile der Zwischenschicht und in caudaleren Schnitten auch seine Entstehung von dort her einwandfrei nachweisen läßt. Es handelt sich also bei ihm ganz bestimmt um tiefe Rindenanteile. Durch eine schmale helle Schicht ζ ist dieser Streifen von einem dichteren und dunkleren oberhalb gelegenen ε getrennt, der die eigentliche Rindenplatte darstellt. Nach außen davon, also oberhalb der Rindenplatte, sehen wir abermals einen hellen etwas breiteren Streifen δ, den ein ganz lichter, mäßig viel Zellen besitzender Streifen γ, begrenzt. Schließlich folgt nochmals ein heller Streifen β, der dann von einem wieder dunkleren, in

[1] Die Schichtenbezeichnung mit griechischen Buchstaben bedeutet keinerlei Verwandtschaft mit den entsprechenden Schichten in der Entorhinalie.

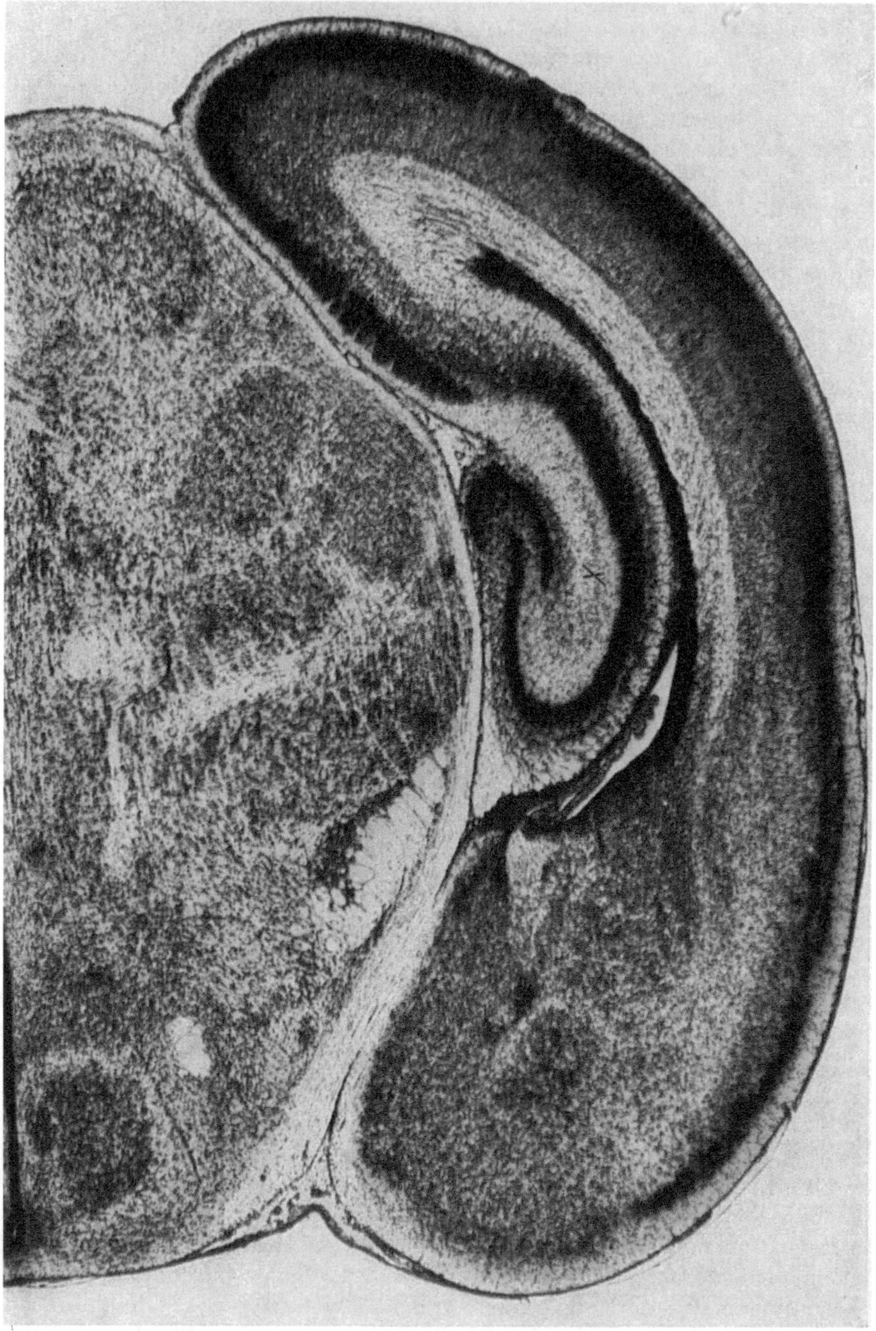

Abb. 70. Schnitt 303. Neugeborene Ratte. M. B. 202. Vergr. 36mal.

der Mitte mehr diffusen, am Rande geschlosseneren Streifen α abgeschlossen wird. Ganz außen liegt dann der Randschleier (I). In dem oberhalb ε gelegenen

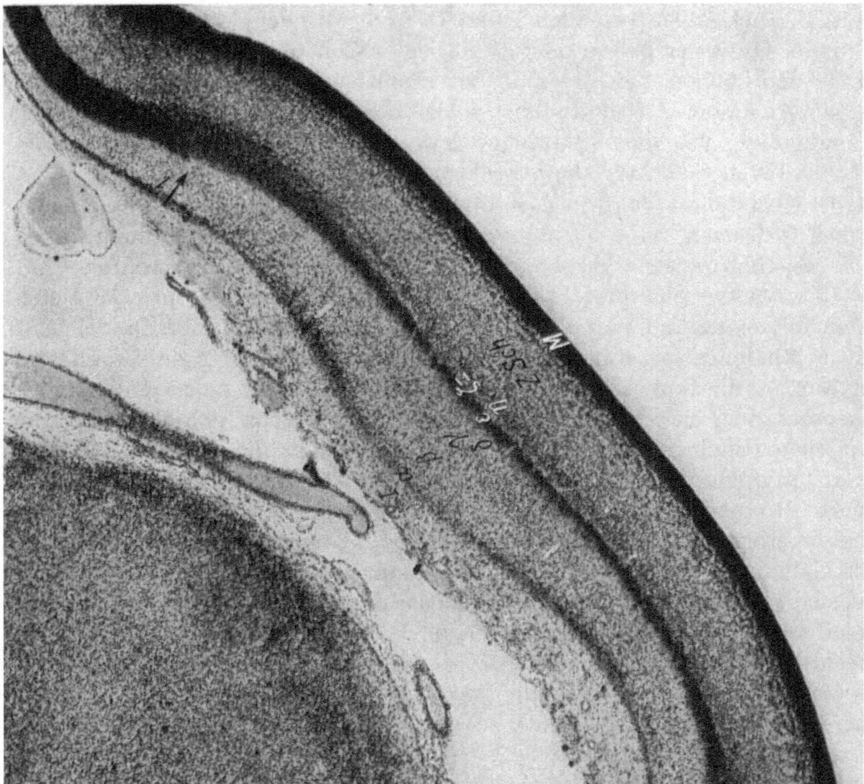

Abb. 71. Schnitt 414. Menschlicher Embryo 16/28. Vergr. 30mal.

Gebiet, zwischen α und γ entsteht nun die Fascia dentata, die von α her ihre Zellen bezieht. Zweifellos wandern aus ε ebenfalls Zellen aus, was in der Abbildung daran zu erkennen ist, daß der obere Rand von ε nicht scharf begrenzt ist (wie z. B. anch außen von Pfeil 1 und 1a in der Rindenplatte). Diese Zellen bilden die im Hilus der Fascia dentata liegenden Zellen. Sicher entwickelt sich die Fascia dentata aus den oberhalb der eigentlichen Rindenplatte gelegenen Schichten. An oraleren Schnitten ist schließlich auch noch in diesem Gehirn gut zu erkennen, wie die eigentliche Rindenplatte im Praesubiculum sistiert und nur die tiefen Schichten die *h*-Felder und das Subiculum bilden.

Mit der Feststellung, daß in das Ammonshorn nur die tiefen Schichten der Rinde sich fortsetzen, habe ich im Prinzip nichts Neues gebracht, wenn auch meine Beweisführung eine ganz andere ist als die früherer Autoren. So hat bereits BRODMANN behauptet, daß sich in das Ammonshorn nur die tiefen Schichten fortsetzen und speziell die VI. BRODMANN sagt dazu: „Die VI fehlt in keinem Rindengebiet, auch nicht in der Defektrinde. Gerade die letztere besteht nur aus Bestandteilen der VI und I." BRODMANN behauptet nämlich im Gegensatz zur Lehre SCHAFFERs und CAJALs, derzufolge sich alle Schichten der typischen Rinde im *C.A.* fortsetzten, daß dies nur die I und die VI tue. Überhaupt sagt BRODMANN, die I und VI finde sich nicht nur in den homogenetischen Rindentypen, sondern im Gegensatz zu den anderen Grundschichten in allen heterogenetischen abortiven oder rudimentären Formationen. Auch ARIENS KAPPERS hat gelehrt, daß die Ammonshornpyramiden in die entsprechenden sog. subgranulären Pyramidenschichten des Neocortex (V), mit der sie offenbar verwandt seien, übergehen. Hier hat allerdings ROSE, und das mit Recht, den Einwand gemacht, daß diese Pyramiden in die tiefe Schicht der Area praesubicularis übergehen. Daß dies jedoch keine zwingende Beweisführung von ROSE ist, geht ja aus unseren obigen Ausführungen gut hervor. Das Problem ist mit der Aufdeckung eines Irrtums von KAPPERS noch nicht erschöpft, sondern nur hinausgeschoben. ROSE glaubte allerdings in dieser Unrichtigkeit einen Beweis für die Richtigkeit seiner Lehre zu sehen, was gleichfalls falsch ist. Schließlich haben auch VON ECONOMO und KOSKINAS die gleiche Ansicht wie BRODMANN und KAPPERS vertreten.

VI. Das Praesubiculum.

Wir haben schon darauf hingewiesen, daß das Praesubiculum durch die ε II-Schicht in einen Außenteil und einen Innenteil getrennt wird. Nun erkennen wir besonders schön in Abb. 40 wie die ε II-Schicht des Praesubiculums bei Pfeil 5 in die V c der graniferen retrosplenialen Rinde einmündet. Dasselbe sehen wir in Abb. 43 am Gehirn des ausgewachsenen Hundes. Besonders eindringlich ist in beiden Abbildungen, daß die V b am Übergang plötzlich aufhört. Damit wird bewiesen: 1. Daß der Außenteil des Praesubiculums den Außenschichten (wenn auch in modifizierter Form) der eigentlichen Rindenplatte entspricht, sein Innenteil den inneren Schichten, die V b ausgenommen. Die aufgehellte zwischen beiden Teilen liegende Schicht kann mithin nur die V c darstellen.

Mit diesem Befund bekommen wir aber wieder Anschluß an die entorhinale Rinde, da wir ja nun behaupten können, daß alle unterhalb von ε II gelegenen Schichten den tiefen Schichten der übrigen Rindenplatte entsprechen müssen. Das wird schließlich dadurch bestätigt, daß sie nicht nur (s. Abb. 16) bei Pfeil 1 in die tiefen Schichten des Isocortex übergehen, sondern daß die nach oben gelegene ε I — und das ist gewissermaßen der Haupttrumpf — in die oberhalb der V gelegenen Schichten einmündet (Pfeil 1, Abb. 16). Damit gehören die γ-Schichten inklusive der δ in der entorhinalen Rinde dem Außenteil der Rindenplatte an. Auch dafür gibt es noch direkte Beweise, wenn wir uns daran erinnern, daß (s. Abb. 14) die γ- und δ-Schichten bei Pfeil 5 nicht nur in den Außenteil des Praesubiculums einmünden, sondern auch noch die ε I-Schicht.

C. Große Zusammenfassung.

Eingangs haben wir den heutigen Stand von der Lehre über die Entwicklung der Hirnrinde dargelegt, haben die BRODMANNschen und vor allem die ROSEschen Befunde und die daraus gezogenen Schlußfolgerungen aufgezeigt. Dabei sind wir vom BRODMANNschen tektogenetischen Grundtypus ausgegangen, haben dann aber in erster Linie unsere Aufmerksamkeit dem sog. Cortex heterogeneticus zugewandt. Wir haben dargelegt, wie ROSE in scheinbarer Fortführung der BRODMANNschen Lehre zu seinem Schizocortex, zum Cortex striatalis, quinquestratificatus, bistratificatus und seinem Cortex pallio-striatalis (Bicortex) gekommen ist. Im Anschluß daran haben wir bereits gewisse Bedenken über die Richtigkeit der ROSEschen Lehre geäußert.

Was den **Schizocortex** angeht, so vermochten wir an Hand von menschlichen Embryonen von 30 mm SSL. bis zu 160 mm nachzuweisen, daß die ROSEsche Lehre vom Schizocortex nicht richtig ist. Von einer zweiten oder akzessorischen Rindenplatte kann in keinem Stadium der Entwicklung die Rede sein. Alle Rindenteilungen und -spaltungen gehen von der eigentlichen Rindenplatte aus, die in der entorhinalen Region in früheren Stadien schmäler ist als die sich zum Isocortex entwickelnde Rindenplatte. Als erstes Entwicklungsstadium finden wir bei einem menschlichen Embryo von 60 mm SSL. das Auftreten einer hellen Schicht δ, die gleichzeitig mit der Abspaltung einer α- und β-Schicht im äußersten Teil der Rindenplatte einhergeht. Diese δ-Schicht, die in späteren Entwicklungsstadien immer mächtiger wird, trennt die Rindenplatte in der entorhinalen Region in einen äußeren und einen inneren Teil. Der äußere besteht, abgesehen von dem Randschleier (der späteren I), aus der α- und β-Schicht (wobei die β die glomeruliform zusammenliegenden Pyramiden enthält) und aus einer γ-Schicht, die ihrerseits alle möglichen Unterteilungen durchmachen kann. Der innere Teil enthält die ε-Schichten, die sich weitgehend aufzuspalten vermögen, in ε I, ε II, ε III und ε IV. Während nun ε II, die ähnlich wie δ eine aufgehellte Schicht darstellt, bis in das Praesubiculum verfolgt werden kann, kommt die δ im Praesubiculum *nie* vor, was übrigens auch daraus sich ergibt, daß im myeloarchitektonischen Bild des erwachsenen Gehirns der dichte Markfaserfilz der entorhinalen Rinde (in der δ-Schicht) im Praesubiculum fehlt. Es sind also die in der Regio entorhinalis und im Praesubiculum anzutreffenden hellen Schichten in keiner Weise identisch. *Beide Regionen haben damit eine differente Morphogenie.* ε II ist allerdings auch stellenweise noch in der entorhinalen Rinde anzutreffen, *steht aber auch dann nie in irgendeinem Zusammenhang mit δ. Beide Schichten verlaufen in einer anderen Ebene.* Man kann also sagen, *daß δ für die entorhinale Rinde, ε II für das Praesubiculum charakteristisch ist,* während ε II auch noch in der ersteren angetroffen wird. *Beide Regionen sind also entgegen* Rose *weder homolog noch anatomisch äquivalent.*

Wenn die δ-Schicht die entorhinale Rinde in einen äußeren und einen inneren Teil spaltet, so ist damit nicht gesagt, daß letzterer nun voll und ganz den tiefen Schichten der isocorticalen Rinde entspräche; deshalb nicht, weil ε I einerseits in die oberhalb der isocorticalen V gelegenen Schichten einmündet (Abb. 16), andererseits in die Außenschichten des Praesubiculums (Abb. 14). Was aber einwärts von ε II liegt, muß als den tiefen Schichten der isocorticalen Rinde irgendwie gleichwertig angesprochen werden, *da dieser Rindenanteil in die entsprechenden Schichten des Isocortex weitergeführt wird* (Abb. 15 und 16).

Wir haben schon erwähnt, daß von der Anlage einer zweiten oder akzessorischen Rindenplatte im Sinne Roses nicht die Rede sein kann. *Die Abspaltung δ bzw. die Aufhellung findet stets in der eigentlichen, einzigen Rindenplatte statt und hier sogar mehr in ihrer äußeren Zone als in der inneren.* Ebensowenig kann die Rede davon sein, wie das Rose annimmt, daß von einem gewissen Zeitpunkt an keine Neuroblasten mehr von der Matrix in den äußeren Teil der Rindenplatte einwandern. Sie tuen dies zu jeder Zeit, auch noch nach Ausbildung der δ-Schicht, denn es wäre ja sonst nicht zu erklären, wie die äußere dünne und schmale γ-Schicht beim 72 mm langen Embryo (Abb. 5) zu der dicken und dichten Schicht beim 160 mm langen Embryo (Abb. 13—18) anwachsen könnte. Es ist überhaupt die Vorstellung falsch, daß die Rindenschichtenbildung erst dann vor sich gehe, wenn alle Neuroblasten aus der Matrix in die Rindenplatte eingewandert sind. Noch zu einem Zeitpunkt, in dem die Differenzierung in der Rindenplatte weit vorgeschritten ist, wandern dauernd Neuroblasten von der Matrix durch die Zwischenschicht in die Rindenplatte. Man kann dabei allerdings vermuten, daß diese Nachzügler hauptsächlich zur Bildung der tiefen Schichten Verwendung finden. Ob und inwieweit sie auch dann noch in die höheren Schichten wandern, bedarf eigenen Studiums. Auch die Art ihrer Differenzierung muß weiter erforscht werden. Ich bin übrigens der Ansicht, daß die Ausführungen von His über die Entwicklung der Hirnrinde in den drei ersten Monaten einer Ergänzung und feineren Differenzierung bedürfen, wie ich beim Studium solcher Gehirne festzustellen Gelegenheit hatte. Diese Fragen hätten mich aber zu weit von meinem Thema abgelenkt und zu viel Zeit beansprucht.

Von besonderer Wichtigkeit ist noch der überraschende Befund, daß die entorhinale Rinde ebenso wie die periamygdalare und praesubiculare schon in früheren embryonalen Stadien eine große Anzahl von Unterfeldern erkennen lassen, was uns zwingt, eine Protarchitektonik von einer Deutero- oder besser Metarchitektonik zu unterscheiden. Die Protarchitektonik hat die Felderentwicklung des embryonalen Gehirns, die Metarchitektonik, die Felderanlage des postembryonalen zum Gegenstand. Durch den Vergleich beider darf man weitestgehende Aufschlüsse über die Wertigkeit der einzelnen Unterfelder erwarten, insbesondere kann dadurch der Streit, was eine Area oder nur eine Modifikation von ihr ist, schnell erledigt werden. Wenn ein Feld schon im embryonalen Stadium angelegt ist, so muß ihm eine Sonderstellung eingeräumt werden.

Für die **limbische** und **retrospleniale Region** (Regio cingularis Brodmanns) hat Rose insofern eine eigene Morphogenie nachweisen zu können geglaubt, als er angenommen hat, daß in beiden die Lamina granularis primaria, die sich im Isocortex in die II—IV (inkl.) Rindenschicht aufspaltet, undifferenziert bleibt. In der limbischen Region sollen sich nur kleinere polymorphe Pyramiden, in der retrosplenialen hingegen körnerähnliche Elemente, was ja wohl (ihre Richtigkeit vorausgesetzt) meines Erachtens auch schon eine Differenzierung darstellen würde, bilden. Diese undifferenzierte II—IV zählt ROSE als 1. Schicht. Es kommt mithin zu einem Rindentypus I, II—IV, V, VI, VII. Das sind zusammen 5 Schichten. Infolgedessen bezeichnet ROSE diese Rinde als Cortex quinquestratificatus und stellt sie dem Cortex septemstratificatus (Isocortex) gegenüber. Durch die ausbleibende Differenzierung der IV entstehen in beiden Regionen *primär agranuläre* Rinden. Trotzdem bezeichnet ROSE aber einen Teil der retrosplenialen Region als „granularis".

Bei seinem **Cortex quinquestraficatus**, den er früher als Mesocortex angesprochen hat, ist ROSE am meisten inkonsequent. Er muß selbst häufig 3 Schichten in seiner Lamina granularis primaria beschreiben, muß wiederholt hervorheben, daß oberhalb der V Körner oder körnerähnliche Elemente liegen. Beim Menschen und Schimpansen beschreibt er eine β-Schicht, die granulär ist. Obwohl er die β-Schicht als granuläre Schicht ablehnt, spricht er sie im myeloarchitektonischen Präparat als äußeren BAILLARGERschen Streifen an. Sie hat aber mit diesem bestimmt nichts zu tun. Von all dem aber abgesehen, nimmt ROSE die Ausdehnung der retrosplenialen Region viel zu klein an. Es ist ihm entgangen, was schon BRODMANN und VON ECONOMO und KOSKINAS richtig gesehen hatten, daß die retrospleniale Region auch auf den Isthmus gyri cinguli übergreift. Das ROSEsche Schema bedarf also auch in diesem Punkte einer Korrektur.

Darüber hinaus konnten wir den Beweis erbringen, daß die ROSEsche Lehre auch hinsichtlich der Morphogenie seines Cortex quinquestratificatus völlig falsch ist. Zunächst haben wir beim jungen Hund nachgewiesen, daß die limbische Region *primär agranulär* ist. Außerdem ist sie mangelhaft geschichtet. Da die retrospleniale im Gegensatz dazu ausgezeichnet geschichtet ist, als Ganzes ursprünglich zweistreifig, später dreistreifig erscheint, muß man die limbische und retrospleniale Region schon aus diesem Grunde von vornherein bei der Einteilung der Hirnrinde trennen. Man muß es noch mehr, *da jede ihre eigene Morphogenie aufweist.*

Die retrospleniale Region entsteht in ganz anderer Form als die limbische, aber auch in anderer als die isocorticale. *Die im Isocortex sich differenzierende Lamina granularis interna (IV) bleibt aus. Dafür bildet sich unabhängig von der IV und in einer höheren Ebene eine körnertragende Schicht* γ, die ich als Lamina granifera angesprochen habe. Diese granifere Schicht steht nicht im Zusammenhang mit der IV, sie muß aber bei der Bezifferung der Schichten mitgerechnet werden, so daß wir auf diese Weise ebenso wie im Isocortex zu einem 7-Schichtenstadium kommen. Diese so entstandene 7schichtige Rinde ist also primär agranulär, da ja die isocorticale Körnerschicht fehlt. Sie aber schlechthin als agranulär zu bezeichnen, geht nicht an, da sie, wenn auch in einer höher als IV gelegenen Schicht körnerhaltig ist. Wir haben deshalb den Terminus „granifer" eingeführt. *Wenn die granifere retrospleniale Rinde, trotz ihres 7-Schichtenstadiums nicht mit der 7schichtigen isocorticalen Rinde morpho-*

genetisch identisch ist, dann kann der tektogenetische Grundtypus BRODMANNs *auch nicht mehr als einheitlich betrachtet werden.*

Die granifere Schicht, die nicht nur beim neugeborenen und ausgewachsenen Hund, sondern auch beim Macacus, Mantelpavian und beim Menschen, ja auch bereits bei der Ratte und beim Kaninchen vorhanden ist, bildet sich im Zustand der Morphogenie als eigene Schicht heraus und konnte von uns erstmals in ihrer Eigenstellung aufgedeckt werden. Zu ihrem Nachweis bedarf es aber gar nicht einmal des jugendlichen Gehirns. Wir haben sie zuerst beim ausgewachsenen Nyctipithecus gefunden und zwar in solch scharfer Ausprägung und Betonung, daß wir sie ursprünglich [1] sogar als Körnerschicht angesprochen haben und glaubten, eine der Regio striata verwandte Weiterentwicklung der IV nachgewiesen zu haben. Schon allein mit diesem Befund war aber die Lehre ROSEs vom Cortex quinquestratificatus schlagend widerlegt; denn *selbst wenn wir die granifere Schicht als modifizierte IV hätten ansehen müssen, hätten wir den unzweifelhaften Nachweis geliefert, daß in der retrosplenialen Region eine ausgezeichnete Differenzierung der Lamina granularis primaria* ROSEs stattfindet.

Die agranuläre Region der retrosplenialen Gegend ist streng genommen schwach granulär. Man kann darüber streiten, ob man sie so oder so bezeichnen will; d. h. als schwach granulär oder tenuigranulär oder als propeagranulär.

Es gibt mithin keinen Cortex quinquestratificatus im Sinne ROSEs. In der limbischen Region fällt primär die IV aus, die übrigen Schichten sind aber wohl entwickelt. In der retrosplenialen Region fällt primär auch die IV aus, dafür bildet sich aber die granifere γ-Schicht. Außerdem kommt es zu einer ganz besonders weitgehenden Differenzierung der V. Schicht, bei der wir, wie in der Insel, eine Va, Vb und Vc unterscheiden können. Va und Vc sind beide aufgehellte Schichten, die Vb ist die Trägerin der größeren Pyramiden. Auch die VI. Schicht ist ursprünglich schlecht differenziert und wenig abgehoben. Es bestehen da gewisse Beziehungen zur Insel, aber während dort die VI wenig betont bleibt, holt sie in der retrosplenialen Region dieses Manko nach.

Die Ansicht ROSEs, daß der Cortex quinquestratificatus eine Vorstufe zu der isocorticalen Rinde darstelle, ist, wie wir gesehen haben, falsch. Von einer solchen kann deshalb keine Rede sein, weil ja die retrospleniale Rinde zum mindesten 7schichtig ist. Man könnte also höchstens die primär agranuläre limbische Region in diesem Sinne auffassen. Daß dies aber ebenfalls nicht zutrifft, werden wir weiter unten noch zu erörtern haben.

Die granifere retrospleniale Rinde hat außer den schon beschriebenen Auffälligkeiten noch andere. So konnten wir z. B. feststellen, daß sie im Verlauf gegen das Tal des Sulcus corporis callosi zu von einer 7schichtigen Rinde unter allmählichem Verlust der vorher stark verkörnelten II und III zu einer 5schichtigen Rinde wird. Dabei steigt gleichzeitig die granifere γ-Schicht an die Oberfläche und kommt direkt unter die I zu liegen. Es entsteht so rein verlaufsmäßig aus einem 7-Schichtentypus ein 5-Schichtentypus (allerdings im anderen Sinne wie das ROSE gemeint hat). Dieser 5-Schichtentypus hat aber, wie die

[1] Siehe BECK: Homologie und anatomische Äquivalenz. Allg. Z. Psychiatr. **110**, H. 1/3, KARL KLEIST-Festschrift.

Abb. 19 beweist, keine eigene Morphogenie, denn die γ-Schicht kommt frühestens bei Pfeil 1a direkt unter die I zu liegen, wahrscheinlich aber erst bei Pfeil 2 oder dicht davor. Die eigenartig gebaute VI setzt jedoch schon bei Pfeil 1 ein, so daß der Schichtenverlust mitten in dem zwischen Pfeil 1 und 1a gelegenen graniferen retrosplenialen Gebiet vor sich geht. Es müßte denn sein, man nähme an, daß Reste der verkörnelten II und III bis zu Pfeil 2 ziehen, einer Annahme, der wohl nichts im Wege steht. Immerhin bleibt eine solch starke Veränderung *innerhalb* eines Feldes auch dann noch auffällig. Wir sehen auf diese Weise innerhalb eines Feldes durch Schichtenverlust aus einem 7-Schichtentypus einen 5-Schichtentypus entstehen, ohne daß wir dafür eine eigene Morphogenie aufweisen können, was im Hinblick auf den tektogenetischen Grundtypus einen ganz überraschenden Befund darstellt.

Aber noch etwas anderes haben wir kennen gelernt. Wir haben gesehen, daß das von uns als Juxtasubiculum bezeichnete Gebiet, von der I abgesehen, in toto nach den tiefen Schichten der retrosplenialen Rinde hinüberführt und dort mit ungemein scharfer Grenze endet. Wir beobachten so, wie die tiefen Schichten, wenn wir jetzt die Sache umgekehrt betrachten, der retrosplenialen Rinde mit scharfer Grenze in ein *neues Feld* überführen, das zunächst völlig in der Tiefe verläuft, sich dann aber sehr schnell an die Oberfläche begibt, den ganzen Rindenquerschnitt einnimmt und schließlich zum Juxtasubiculum, zum Subiculum und zu den *h*-Feldern geworden ist, mit anderen Worten, daß diese Felder *nur aus den tiefen Rindenschichten bestehen.* Das Interessante dabei ist aber, daß in dem gemeinsamen Stück Rinde zwischen Pfeil 1 und 2 der Abb. 19 mit dem Höhertreten der tiefen Schichten gleichzeitig eine Verminderung der hohen Schichten einhergeht, wobei bei Pfeil 2 der völlige Ausgleich geschaffen ist in dem Sinne, daß die hohen Schichten verschwunden, die tiefen ganz an die Oberfläche gekommen sind. Es wird auf diese Weise die Bedeutung sowohl des Verschwindens der hohen Schichten als auch des Vorherrschens der tiefen Schichten doppelt bestimmt. Einen schärferen anatomischen Beweis kann man meines Erachtens nicht mehr verlangen.

Es entsteht auf diese Weise in dem Übergang der retrospienialen Rinde zum Juxtasubiculum, (das eine, wenn auch rudimentäre V aufweist) *einmal durch Fehlen die Außenschichten eine Rinde mit nur tiefen Schichten*, einmal durch mehr minder vollkommene Verdrängung der II und III eine *solche mit überwiegender graniferer* und *schließlich isolierter graniferer* (von der I abgesehen) *Schicht in der Außenpartie.* Dadurch kommt es zu ganz eigenartigen Rindentypen, auf deren Bedeutung wir später noch eingehen werden.

Ich nehme hier vorweg, daß wir beim Übergang der Insel in die präpyriforme Rinde das Umgekehrte beobachten können. Hier wurde von der Rindenplatte der tiefe Anteil abgespalten, die Körnerschicht fiel aus und von dem Rest hat sich wieder nur ein Teil und zwar der oberste erhalten und in die Praepyriformis fortgesetzt. Beim Übergang der präpyriformen Rinde in das Tuberculum olfactorium ist aber eine erneute Verdünnung dieses äußeren Teiles der Rindenplatte aufgetreten, so daß abermals neue Rindenverhältnisse vorliegen, die hinsichtlich des funktionellen Geschehens von weittragender Bedeutung sein müssen.

Für die **Insel** haben wir entgegen Rose ebenfalls eine neue Morphogenie aufgedeckt. Wir konnten beweisen, daß die Lehre Roses, die Insel sei ein

Cortex pallio-striatalis sive bigenitus sive Bicortex ebenfalls falsch ist. Beim Menschen bezieht wohl die Insel einen Teil ihrer Neuroblasten aus der Matrix der Stammganglien und der isocorticalen Rinde. *Es bedeutet dieser Befund aber nichts Besonderes, da er gleichfalls für andere Teile der Rinde, auch der isocorticalen Rinde gilt.* Der von ROSE angeführte Streifen X beweist also gar nichts, um so weniger, *als sogar die Stammganglien Neuroblastenzüge aus der isocorticalen Rindenmatrix bekommen.* Darüber hinaus konnten wir beim Hund beweisen, daß die Insel ihre eigene Morphogenie besitzt, die in der besonderen Betonung der Vb, die zwischen zwei aufgehellten Zonen Va und Vc liegt, ihren Ausdruck findet, sowie in einer plötzlich auftretenden mangelhaften Betonung der VI, die gegenüber der isocorticalen VI sehr stark auffällt (s. Abb. 56, 58, 59, 60, 63 und 64).

Diese Charakteristika sind ganz unverkennbar. Die Insel ist in ihren Hauptteilen granulär und 7schichtig. Daneben gibt es aber auch noch eine 6schichtige primär agranuläre Insel, die wieder ihren eigenen Entwicklungsmodus aufweist. Sie liegt an der Basis des Gehirns. Das Claustrum als Index für die Insel anzunehmen, etwa in dem bisher geläufigen Sinne — ubi Claustrum ibi insula — ist falsch, da der Inseltyp, wie wir ihn als charakteristisch ansehen, weder mit dem Beginn noch mit dem Ende des Claustrums zusammenfällt. Und da, wo er zugleich mit dem Claustrum vorkommt, liegt er nicht in der ganzen Höhe bzw. Ausdehnung des Claustrums, sondern macht schon Halt vor der größten Ausdehnung dieses Kernes. Infolgedessen dringt der Isocortex auch noch in den Bereich des Claustrums vor.

Caudal greift das Claustrum in den Schläfenlappen (beim Hund) über, liegt also hier unter reinem Isocortex. Hingegen erstrecken sich caudale Inselanteile unabhängig vom Claustrumverlauf auf den ventralen Anteil des Schläfenlappens.

Das **Claustrum** entsteht viel früher wie das ROSE nach DE VRIES angenommen hat. Wir konnten es bereits bei einem 30 mm Embryo im Bereich der oralen Stammgangliengebiete aufzeigen. Hier erscheint es zuerst und wächst von da aus nach caudal zu. *Das Claustrum ist kein irgendwie gearteter Teil der Rinde, sondern ein Kern sui generis wie die Stammganglien auch.* Beim Hunde erreicht es eine mächtige Ausdehnung und zerfällt in zahlreiche akzessorische Kerne. Im übrigen habe ich bei einem 2jährigen Gehirn mit Balken- und Fornixmangel, riesigem Hydrocephalus, fehlenden Riechkolben, ausgebliebener Hemisphärentrennung, völlig atypischer Gyrifizierung, fehlender Anlage des Gyrus prae- und postcentralis und entsprechendem Fehlen der Areae 4 und 3, 2 und 1, sowie der Querwindungsfelder[1] BRODMANNs, bei mangelhafter Differenzierung der Inselrinde wie der Rinde überhaupt, ein mächtiges hypertrophisches Claustrum gefunden, das gegen einen Ursprung des Claustrums aus der Inselrinde spricht.

Wenn, wie oben ausgeführt, das Claustrum als Index für die Inselrinde nicht zu gebrauchen ist, dann muß selbstredend auch die Hinzurechnung der präpyriformen Rinde ($Prpy_1$) zur Insel, wie das ROSE getan hat, fallen. Auch das ist nicht aufregend, da zwei so verschiedene Regionen, wie sie die Insel und die präpyriforme Rinde darstellen, nicht zusammengeworfen werden dürfen.

[1] Vgl. dazu meine myeloarchitektonischen Arbeiten über das dorsale Schläfenlappengebiet (Sylvische Furche) beim Menschen und Schimpansen. J. Psychol. u. Neur. **1927—1930**.

Trotz verschiedener Morphogenie kommt es aber bei der granulären Insel nur zu einem 7-Schichtentypus, wenn man die aufgehellte Va und Vc als Unterteile der V anspricht und als eine Schicht rechnet, worüber man ja auch noch diskutieren könnte. *Auf jeden Fall wird dadurch erneut bewiesen (s. auch retrospleniale Rinde), daß der sog. tektogenetische Grundtypus von* BRODMANN *nichts Einheitliches darstellt, mithin auch keine generelle Gültigkeit beanspruchen kann.*

ROSE hat für die äußeren 7 Schichten der Insel (I—VII), die ja nach seiner Ansicht eine andere Morphogenie besitzen als der Isocortex (allerdings in ganz anderem Sinne wie wir das ausgeführt haben) eine anatomische Äquivalenz mit den isocorticalen 7 Schichten, aber keine Homologie angenommen. Wir können beweisen, daß dies nicht richtig ist. Nur die V, VI und VII nehmen einen anderen Entwicklungsgang als die gleichnamigen Schichten im Isocortex. Im agranulären Inselgebiet fällt auch noch IV aus.

Beim Übergang der Inselrinde in die präpyriforme und von da in das Tuberculum olfactorium werden durch eine starke Aufhellung in der V die tiefen Rindenanteile abgespalten, teilweise bilden sich diese auch ohne Abspaltung zurück, so daß sich nur die äußeren Schichten und diese wieder in modifizierter Form in die Regio praepyriformis und das Tuberculum olfactorium fortsetzen.

Die Ansicht ROSES, daß die **striatale oder semiparietine Rinde** (Semicortex) dadurch charakterisiert sei, daß nur *ein Teil* der Hemisphärenwand zum Aufbau der Rinde, der übrige Teil zur Bildung der Stammganglien verwendet würde, ist nur für die rein topographische Betrachtung richtig. In Wirklichkeit handelt es sich, wie wir gerade ausgeführt haben, um ein Gebiet, in dem eben nur bestimmte Teile der äußeren Rinde benötigt werden. Wenn eine höhere Organisation nötig wäre, würde sich dazu genügend Platz finden, selbst unter gleichzeitiger Entwicklung der Stammganglien. Ich halte das Neben- bzw. Übereinanderbestehen von Stammganglien und Rinde für keinen Hinderungsgrund für die Entwicklung nach der einen oder anderen Richtung. Man könnte ja auch den Satz umkehren und behaupten: Weil die semiparietine Rinde (im Sinne ROSES) vorhanden wäre, könnten sich die Stammganglien nicht richtig entwickeln oder zum mindesten nähme sie ihnen einen Teil der Hemisphärenwand weg. Eine solche Behauptung fiele aber ohne weiteres in sich zusammen. Schließlich liegt auch die ganze Inselrinde um die Stammganglien herum und ist doch zu einem 7-Schichtentypus emporgewachsen. Auf das mengenmäßig nur beschränkt zur Verfügung stehende Zellmaterial kann meines Erachtens die Bildung der präpyriformen und olfaktorischen Rinde auch deshalb nicht zurückgeführt werden, weil wir damit in die größten Widersprüche kommen würden. Denn 1. haben wir gesehen, daß die Stammganglien einerseits Zellmaterial aus der lateralen Hemisphärenwand beziehen, andererseits selbst solches dorthin abgeben. 2. Woher sollen die Zellen das eine Mal wissen, daß sie in den Stammganglien zu bleiben, das andere Mal, daß sie über sie hinaus zu wandern haben. 3. Nehmen wir an, daß die Zellen erst an Ort und Stelle ihren Reiz zur Spezifizierung erhalten, warum wandern nur so viele aus als benötigt werden und warum kommt es nicht zu einem Überschuß auf der einen, zu einem Mangel auf der anderen Seite? Woher sollen die einen Zellen wissen, daß sie das Claustrum zu bilden haben, andere die präpyriforme

Rinde, wieder andere das Tuberculum olfactorium? All diese Fragen würden aufgeworfen und bedürften dringend der Beantwortung, wollte man ein rein mechanistisches Moment für die Bildung dieser oder jener Rinde verantwortlich machen.

Die Ansicht Roses, daß es sich bei der Rinde des **Ammonshorns** um eine totoparietine Rinde handele, bei der es in der Rindenplatte nur zur Bildung von 2 Schichten käme, die einzeln mit keiner Schicht des Isocortex verglichen werden könnten, vielmehr zusammen sämtlichen Schichten des Isocortex entsprächen, haben wir bereits bei der Besprechung des Juxtasubiculums widerlegt. Darüber hinaus konnten wir aber nachweisen, daß auch im Subiculum und in den *h*-Feldern sowie in der Taenia tecta nur die tiefen Rindenschichten anzutreffen sind, und daß schließlich die Fascia dentata sich aus den äußeren Teilen der Rindenplatte, ja sogar aus Zellmaterial, das beim 72 mm langen Embryo außerhalb der eigentlichen Rindenplatte liegt, bildet.

Für das **Praesubiculum** vermochten wir den Beweis zu erbringen, daß es durch die ε II-Schicht in einen äußeren und einen inneren Teil getrennt wird. Der äußere entspricht den, wenn auch modifizierten (fehlende IV) Außenschichten der übrigen Rindenplatte, der innere den von V c abwärts liegenden tiefen Rindenschichten. Letzteres wird durch die Einmündung der V c der retrosplenialen graniferen Region in die ε II erwiesen.

D. Entwurf einer neuen Morphogenie der Hirnrindenschichten.

Wir haben gesehen, daß die Lehre Roses über die Histogenese der Hirnrinde in allen Feststellungen nicht richtig ist und sich mithin als Irrlehre erwiesen hat. Man kann in keiner Weise von einem Schizocortex reden, ebensowenig von einem Mesocortex oder Cortex quinquestratificatus, gleichfalls nicht von einem Cortex palliostriatalis oder Cortex bigenitus. Auch die Lehre vom Semicortex ist falsch. Damit steht fest, daß die Entwicklungsgeschichte der Hirnrinde seit Brodmann nicht weitergekommen ist, die Lösung, wie sie Rose anstrebte, nur eine Scheinlösung war. Wir müssen also, wenn wir weiter aufbauen wollen, zunächst zu Brodmann zurück und da einsetzen, wo er aufgehört hat.

Wir können aber auch bei Brodmann nicht stehen bleiben und müssen, nachdem wir neue Erkenntnisse im Entstehungsmechanismus der Hirnrindenschichten aufgedeckt haben, unsererseits Stellung zu der Frage nehmen, wie sich unter diesen neuen Gesichtspunkten die Morphogenie der Rinde verhält. Hat Brodmann recht, oder gibt es bei ihm auch Schwächen in der Beweisführung durch die seine Lehre einer Ergänzung oder gar Korrektur bedarf?

Bekanntlich wurzelt die Brodmannsche Lehre in dem Fundamentalsatz vom ontogenetischen Grundtypus, der, wie wir ja wiederholt schon ausgeführt haben, besagt, daß in der aufsteigenden Säugetierreihe in der Hauptsache eine 6/7-Schichtentypus besteht. Die sog. homogenetische Rinde — der Isocortex — durchläuft ein 6/7-Schichtenstadium, bei dem die wesentlichste Rolle das Auftreten der Lamina granularis interna (der IV. Schicht) etwa im 6. bis 7. Embryonalmonat spielt. Erst wenn diese Körnerschicht aufgetreten ist, kommt es zur Weiterentwicklung, sei es, daß die IV sich zurückbildet, wie in der vorderen Zentralregion (BRODMANNs Area 4 und 6), sei es, daß sie sich weiter differenziert, wie z. B. in der Regio striata (BRODMANNs Area 17), bei der es zu einer Dreiteilung der IV in die IVa, IVb und IVc kommt. Auch alle anderen Modifikationen innerhalb seiner homogenetischen Rinde hat BRODMANN im Sinne einer Weiterdifferenzierung gedeutet, so die der vorderen cingulären[1] und vorderen Inselregion, bei denen es zu einer Rückbildung der IV gekommen sein soll, die der retrosplenialen Region, bei der besonders die II und III eine Rückbildung erfahren haben.

Merkwürdig kommt es dem Unbefangenen dabei vor, daß eine Rinde, die einem agranulären Typus zustrebt, erst granulär gewesen sein muß. Man sollte meinen, daß sie diesen Zustand einfacher haben könnte, und daß die Natur diese „Morphogenesis luxurians“ sich schenken könnte. Ein stichhaltiger Einwand braucht dies allerdings nicht zu sein, wenn man per analogiam an andere verschwenderische Vorgänge in der Natur denkt.

Zuerst nun müssen wir hervorheben, daß die Lehre BRODMANNs, die uns allen so glatt eingegangen war, bei näherer Betrachtung eigentlich schon lange nicht mehr unangefochten dasteht. Schon 1908 hat HALLER[2] die allgemeine Gültigkeit der 6/7-Schichtigkeit nur für den größten Teil der Säugetiere anerkennen wollen. Er war der Ansicht, daß für den anderen Teil als Vorstadium eine 3- bzw. 4-Schichtung bestehe, und daß diese 3schichtige Urarchitektonik der Säugetiere an Zustände bei Amphibien und Reptilien anknüpfe. CAJAL[2] vertrat die Lehre, daß bei den Nagetieren und bei der Maus die Rinde eine erhebliche Vereinfachung erfahre. BRODMANN haben aber diese Widersacher nur in seiner Ansicht bestärkt, daß die Ausgangsform der Cortextektonik für die ganze Mammalierreihe der 6/7schichtige tektogenetische Grundtypus ist, und daß sich auf diese 6/7schichtige Urarchitektonik alle Variationsformen im Rindenbau zurückführen lassen (mit Ausnahme gewisser rudimentärer Rindengebiete).

Schien es so, als ob BRODMANN Recht behalten würde, so wurde doch bald mit dem Nachweis eines *primär* agranulären Typs in der cingulären Region eine klare Bresche in das BRODMANNsche Lehrgebäude geschlagen; denn es konnte damit der 6/7-Schichtentypus als Durchgangsstadium keine generelle Gültigkeit mehr haben, es bedurfte zum mindesten einer Einschränkung. Dazu sind aber jetzt noch neue Einschränkungen gekommen. So konnten wir nachweisen, daß nicht nur die vordere limbische sondern auch die retrospleniale Rinde primär

[1] Einmal (S. 20 seiner Lokalisationslehre) spricht BRODMANN davon, daß zu den Ausnahmen, die den 6schichtigen ontogenetischen Grundtypus nicht durchliefen, mehr oder weniger ausgedehnte, unmittelbar an den Balken anschließende Rindenabschnitte des Gyrus cinguli, hauptsächlich in dessen vorderer Hälfte, sowie am Splenium, gehörten. Späterhin kommt BRODMANN aber leider nicht mehr ausführlicher auf diese Feststellung zurück. Er sagt nur, daß die Rinde der retrosplenialen Hauptregion *teilweise* zu den heterogenetischen Bildungen gehöre, namentlich sei das dem Balken zunächst gelegene Feld 26 eine ganz defekte Rinde im Sinne MEYNERTs, da die II.—V. Schicht hier stark verkümmert sei. In Feld 29 finde sich eine einseitige Entwicklung der inneren Körnerschicht (IV) gleichfalls mit Rückbildung der II. und III. Schicht, und in Feld 30 sei im Gegensatz dazu die innere Körnerschicht zurückgebildet, während die III. und V. Schicht relativ stark ausgebildet seien.

[2] Zitiert nach BRODMANN (Lokalisationslehre).

agranulär ist, letztere im Unterschied zu der vorderen limbischen *aber eine granifere Schicht γ aufweist, die etwas anderes darstellt als die granuläre IV, mit ihr nicht in Zusammenhang steht, aus ihr auch nicht abgeleitet werden kann. Dieser graniferen Schicht muß man die Wertigkeit einer selbständigen Schicht zuerkennen, man muß sie also bei den Rindenschichten mitzählen. Wir haben damit ein neues 6/7-Schichtenstadium vor uns, das sich in seiner Ontogenie von dem isocorticalen 6/7-Schichtenstadium unterscheidet. Wir kennen mithin bereits zwei verschiedene 6/7-Schichtenstadien.*

Aber auch noch nach anderer Richtung wird die Lehre BRODMANNs eingeschränkt. Wir haben nämlich an Hand unserer Ausführungen über die entorhinale Rinde gesehen, daß die Differenzierung zwischen ihr und dem Isocortex schon sehr früh einsetzt, bereits beim Embryo von 55 mm SSL., so daß also schon zu diesem Zeitpunkt ein großer Unterschied zwischen dem Isocortex und der heterogenetischen Rinde besteht. Das spätere 6/7-Schichtenstadium das BRODMANN für den Isocortex ab 5. Monat angenommen hat, ist mithin als Kriterium gewissermaßen überflüssig. Diese Feststellung ist insofern nicht mehr neu, als sie bereits VON ECONOMO und KOSKINAS[1] in ihrem großen Werk getroffen haben und neuerdings (1934) ein so gründlicher Forscher wie LORENTE DE NÓ von sich aus mit seinen Arbeitsmethoden zu dem gleichen Resultat gekommen ist.

Wir stellen also fest, daß die Lehre BRODMANNs nicht nur in einer Richtung an Allgemeingültigkeit eingebüßt hat.

Läßt sich nun unter diesen Gesichtspunkten der tektogenetische Grundtypus noch aufrechterhalten? Das hängt von der Beantwortung der einen großen Frage ab, nämlich der: Wie kommt es dann aber, daß die vordere Zentralregion, also die Area gigantopyramidalis (4) und die Area frontalis agranularis (6) BRODMANNs, die beide im endgültigen Stadium körnerlos sind, eine Körnerschicht im 7. und 8. embryonalen Monat besitzen?

Diese so gewichtige Frage muß, wenn sie im negativen Sinne zu beantworten ist, das Lehrgebäude BRODMANNs völlig erschüttern und uns vor ganz neue Tatsachen und Ausgangspunkte stellen.

In der Tat muß die soeben aufgeworfene Frage verneint werden. Es stimmt (leider) nicht und ist nicht richtig, daß die Areae gigantopyramidalis und frontalis agranularis im embryonalen Zustand durchgehend eine Körnerschicht aufweisen; d. h. in dieser Form ist dies nicht präzise ausgedrückt, da wenigstens die erstere *teilweise* eine Körnerschicht besitzt. In dem „*teilweise*" liegt der Schwerpunkt. BRODMANN hat ja, und daran kann niemand zweifeln, eine Körnerschicht in seiner Area gigantopyramidalis (für seine Area 6 hat er dies, so weit ich sehe, nicht getan, so daß es sich für diese um einen Analogieschluß handelt) beim menschlichen Embryo im 7. und 8. Monat abgebildet, sie muß mithin bestehen; denn wer wollte behaupten, daß sich BRODMANN in der Erkennung dieser Gegenden geirrt hätte. Und sie besteht auch. Allerdings ist, wenn man die erste Veröffentlichung BRODMANNs bzw. die darin als Beweis

[1] VON ECONOMO und KOSKINAS vertreten weiterhin die Ansicht, daß es theoretisch viele Möglichkeiten der Heterotopien gäbe, praktisch genommen reduzierten sie sich aber auf 2, den agranulären Cortex und den granulösen (Koniocortex). Sie unterscheiden also 3 Typen in der isocorticalen Hirnrinde, den agranulären, den granulären und den granulösen Cortex (letzteren allerdings auch im Praesubiculum und in der retrosplenialen Rinde, wobei in der retrosplenialen die Verkörnelung der tiefen Schichten ausbleibt).

angeführten Abbildungen Figur 10 und 11[1] betrachtet, die Ausprägung der Körnerschicht bei weitem nicht so scharf wie in späteren von BRODMANN gebrachten Abbildungen[2], in denen BRODMANN nach Heranreifung seiner Lehre wohl die markantesten und beweiskräftigsten Stellen herausgesucht haben mag. In den soeben zitierten BRODMANNschen Figuren 10 und 11 bringt er vom 7. embryonalen Monat (Mensch) zwei Präparate von verschiedenen Gehirnen, von denen das letztere die Körnerschicht deutlicher erkennen läßt als das erstere. Diese Differenzen erklärt BRODMANN mit der unterschiedlichen Reife. In der nächsten Abb. 12, die von einem menschlichen Embryo im 8. Monat stammt, bezeichnet BRODMANN die zweifellos vorhandene Körnerschicht ebenfalls, in der Textierung sagt er aber, daß die Lamina granularis interna (IV) zurückgebildet sei. BRODMANN will mit dieser Gegenüberstellung zum Ausdruck bringen, daß im 8. Monat der Rückbildungsprozeß der Körnerschicht in der Area gigantopyramidalis bereits im Gange sei. Im Widerspruch dazu bringt BRODMANN dann aber in der ebenfalls oben schon zitierten Abb. 5 seiner Lokalisationslehre wieder ein Präparat zur Abbildung, das von einem menschlichen Fetus im 8. Monat stammt. In der Textierung führt BRODMANN aus: „Die tektogenetische 6-Schichtung als embryonales Durchgangsstadium gut entwickelt. Lamina granularis externa und interna (II. und IV. Schicht) deutlich ausgebildet." Es ist also in dieser Abbildung nicht von einer Rückbildung der IV die Rede, während man nach seinen früheren Ausführungen eine solche eigentlich erwarten sollte.

Kommen wir aber auf die oben gebrachte Behauptung zurück. Wir haben ausgeführt, daß die Ansicht BRODMANNs, die Area gigantopyramidalis weise im 7. embryonalen Monat beim Menschen vorübergehend eine Körnerschicht auf, nur teilweise richtig sei. Zum Beweis bringen wir unsere **Abb. 72, 73** und **74**, die alle vom gleichen menschlichen Embryo im 7. Monat stammen (M.B. 210 meiner Sammlung).

Abb. 72 (Schnitt 600) bringt die Area gigantopyramidalis zur Darstellung. Sie bestätigt die BRODMANNsche Behauptung. Wir haben ein V γ-Schicht, in der die BETZschen Riesenpyramiden in Häufchen zusammenliegend, schon bei schwächerer Vergrößerung sehr eindringlich herauskommen. Oberhalb der V stellen wir aber ebenso unzweifelhaft eine ganz markante IV fest. Dieser Schnitt — und darauf kommt es an — *liegt schon sehr weit caudal.* Gehen wir aber weiter nach vorne, dann ändert sich das Bild wesentlich.

Abb. 73 (Schnitt 1340) verrät durch die Riesenpyramiden in der Vγ, daß wir uns zweifellos ebenfalls noch in der Area gigantopyramidalis befinden (wenn auch die Riesenpyramiden im ganzen etwas kleiner geworden sind; von der Ausprägung einer Körnerschicht kann hier aber schon nicht mehr die Rede sein. Vielleicht könnte man oberhalb der eingezeichneten Ziffer V, die schwache Andeutung einer Körnerschicht gerade noch annehmen, im Vergleich aber zu Abb. 72 würde diese jedoch so weitgehend zurücktreten, daß zwischen beiden Abbildungen ein erheblicher Unterschied bestehen bleibt.

Abb. 74 vollends, die den Schnitt 1165 darstellt, also noch weiter oral liegt als Abb. 73, läßt mit dem besten Willen keine Körnerschicht mehr erkennen. Dabei befinden wir uns aber ebenfalls noch in der Area gigantopyramidalis,

---

[1] BRODMANN: J. Psychol. u. Neur. **6**, Erg.-Heft (1906).

[2] BRODMANN: Vgl. Lokalisationslehre der Großhirnrinde, 1909, Fig. 5, S. 27.

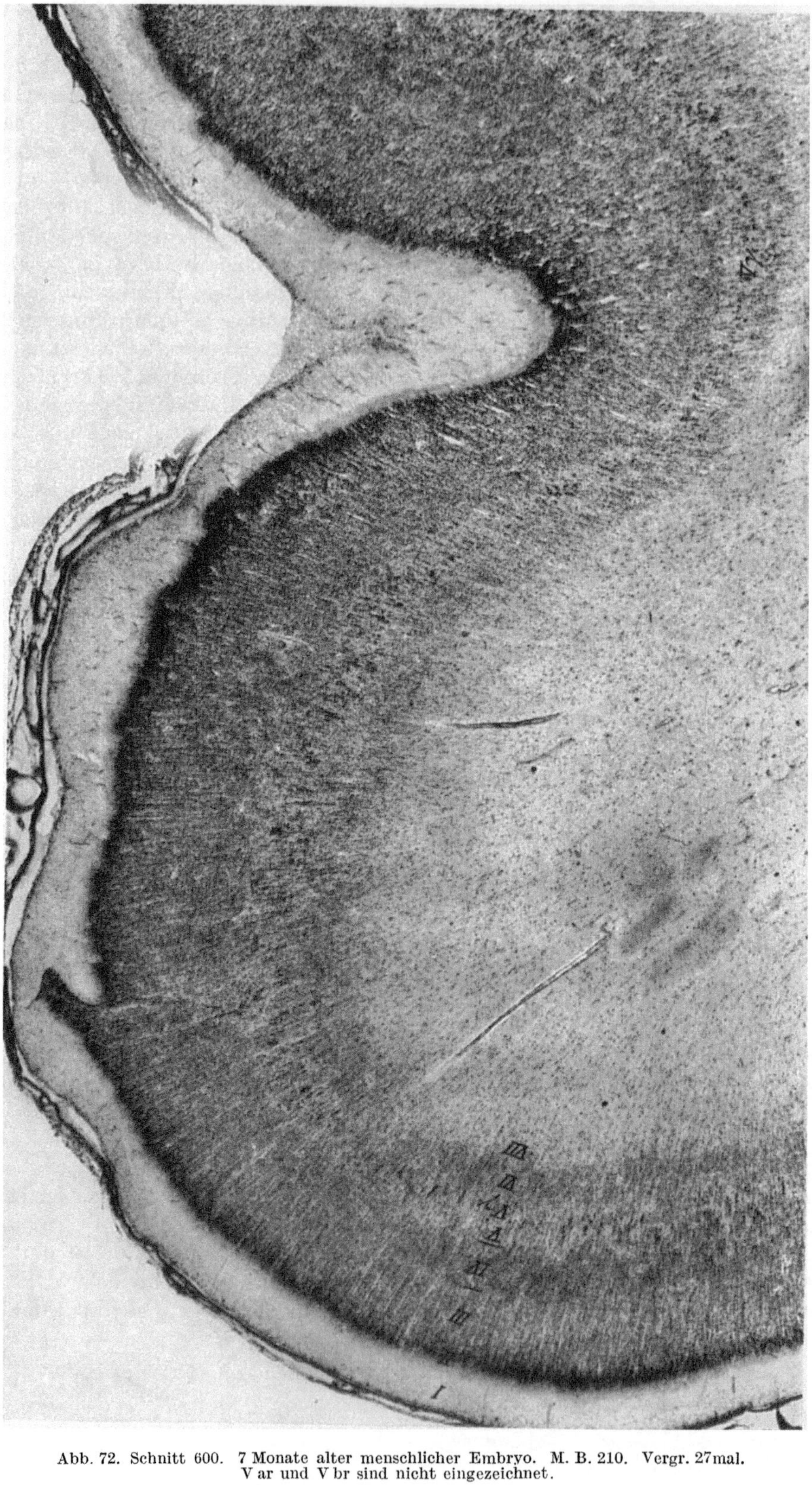

Abb. 72. Schnitt 600. 7 Monate alter menschlicher Embryo. M. B. 210. Vergr. 27mal.
V ar und V br sind nicht eingezeichnet.

wie aus den hier allerdings noch kleineren Riesenpyramiden in der V γ hervorgeht[1].

Wir sehen mithin beim Vergleich dieser drei Abbildungen, daß die Area gigantopyramidalis nicht einheitlich gebaut ist; sie ist caudal granulär und wird oralwärts zusehends mehr und mehr agranulär. Damit haben wir aber aufgedeckt, wieso BRODMANN zu seinen an sich widerspruchsvollen Darstellungen gekommen ist. Er hat nämlich die orale Area gigantopyramidalis nicht von der caudalen unterschieden. Es braucht uns infolgedessen auch nicht zu wundern, wenn er einmal behauptet, beim menschlichen Fetus sei im 8. Monat die Körnerschicht in Rückbildung begriffen, das andere Mal sei sie beim gleichen embryonalen Monat in voller Ausprägung abgebildet. Im ersteren Fall hat er einen Schnitt aus dem oral gelegenen Teil der Area gigantopyramidalis, im zweiten Fall einen aus dem caudal gelegenen genommen.

Unsere Abb. 72—74 sind aber auch noch in anderer Hinsicht von großer Wichtigkeit; *sie bestätigen unsere Behauptung vom intraarealen differenten Bau der Area gigantopyramidalis.* So sehen wir in Abb. 72 unterhalb der scharf ausgeprägten Körnerschicht (IV) und oberhalb der V γ eine aufgehellte Schicht V ar. Auch unterhalb der V γ ist noch eine, wenn auch weniger gut ausgeprägte aufgehellte Schicht V br. Schließlich ist die VI ziemlich geschlossen und hebt sich dadurch deutlich heraus. In Abb. 73 fehlt nicht nur die Körnerschicht (IV), sondern auch der unter ihr und oberhalb der V γ gelegene aufgehellte Streifen V ar, es fehlt aber auch der aufgehellte Streifen unterhalb der V γ V br und es fehlt die Geschlossenheit der VI. Schicht. Diese Eigenheiten kommen in der Abb. 74 noch schärfer heraus. *Wir haben es mithin in der Area gigantopyramidalis von oral nach caudal nicht nur mit unterschiedlichem Verhalten in der Ausprägung der Körnerschicht zu tun, sondern auch mit noch anderen auffallenden Differenzen.* Diese Feststellung halte ich deshalb für wichtig, weil sie darauf hinweist, daß es sich hierbei um Unterschiede handelt, die über die Annahme bloß topistischer Merkmale weit hinausgehen und nicht nur darauf hinweisen, *daß die Area gigantopyramidalis im embryonalen Zustand eine uneinheitliche Morphogenie besitzt, sondern daß auch die im endgültigen Zustand vorhandene Praecentralis agranularis und granularis zwei verschiedene Typen darstellt.* Mit dieser Feststellung kann ich an meine Ausführungen in der Macacusarbeit anschließen, in der ich S. 197 unter anderem ausgeführt habe: „Bei all meinen architektonischen Studien hat sich nämlich herausgestellt, daß die seither übliche Bezeichnung nach Gyri und Sulci durchaus ungenügend ist. So halte ich es z. B. für zweckmäßig, den Sulcus centralis in einzelne Gebiete zu zerlegen und diese eigens zu bezeichnen, da die in seinem Verlauf angrenzenden Gebiete stark variieren und besonders ventral und dorsal Formationen umfassen, die mit der Zentralregion sensu strictiori schon nichts mehr zu tun haben (wie ich in einem Fortbildungsvortrag 1931 darlegen konnte)“. Dem kann ich heute hinzufügen, daß *auch bereits der Gyrus centralis anterior innerhalb der Area gigantopyramidalis schon nicht mehr einheitlich gebaut ist.*

Im Vergleich der Abb. 72—74 könnte nun jemand noch sagen, daß die Unterschiede im Körnergehalt durch die Reifung der verschiedenen Stellen

[1] Wenn aber jemanden annehmen wollte, daß diese Gegend der Area frontalis agranularis entspräche, so würde das für die Diskussion der hier aufgeworfenen Frage gar nichts ausmachen, da ja für diese Region dasselbe gilt, wie für die Area 4 BRODMANNS.

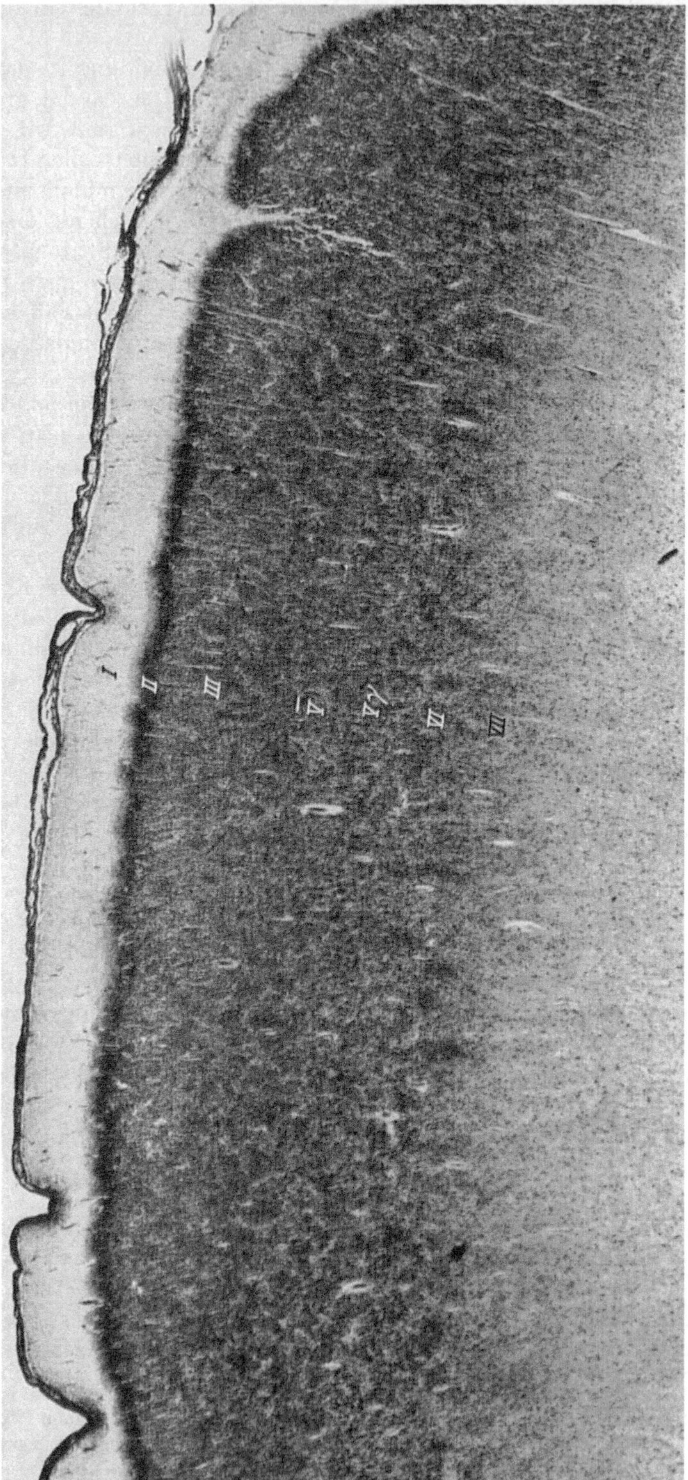
I
II
III

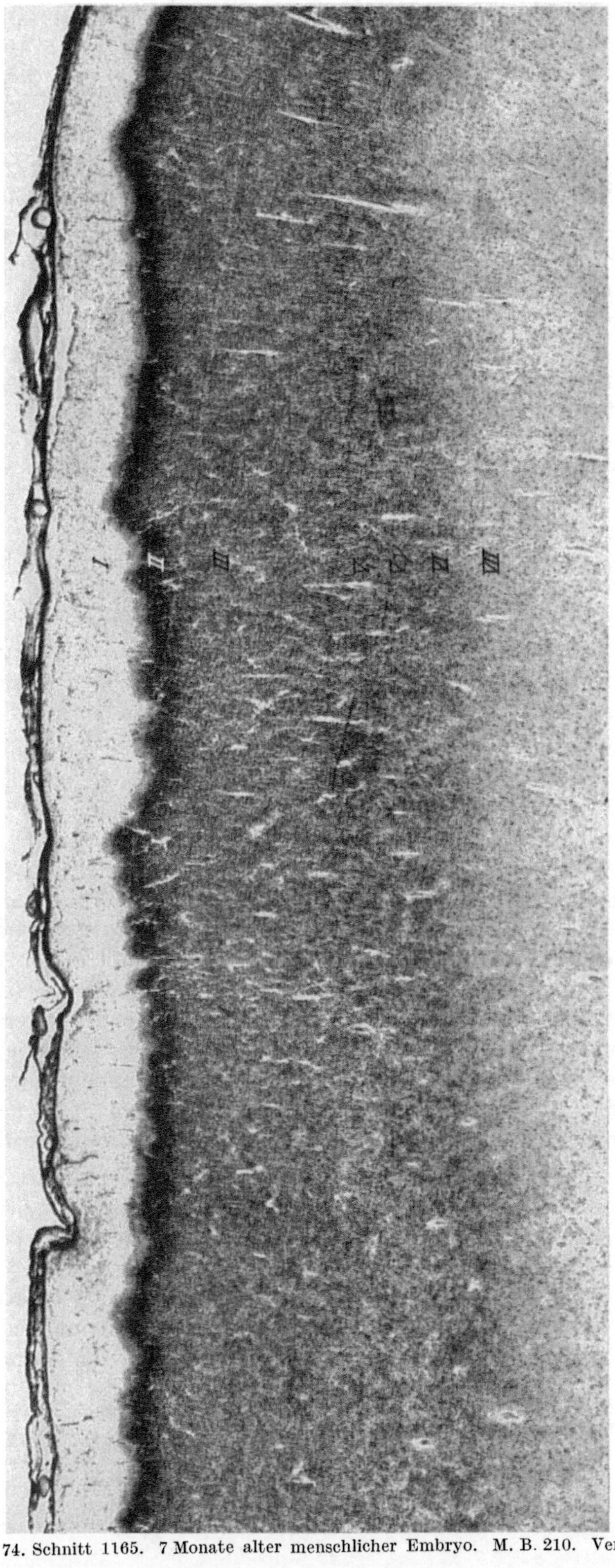

Abb. 74. Schnitt 1165. 7 Monate alter menschlicher Embryo. M. B. 210. Vergr. 27mal.

bedingt sei und Abb. 72 ein weiter fortgeschrittenes Stadium darstelle als Abb. 73 und 74, eine Erklärung, der sich ja auch BRODMANN bereits bedient hat. Davon kann aber nicht die Rede sein, *da bei einem menschlichen Embryo vom 8. Monat die Verhältnisse absolut die gleichen sind,* wovon ich mich überzeugt habe. In der Zeit vom 7.—8. Monat hätten aber die oralen Teile der Area gigantopyramidalis ihr Zurückbleiben in der Ausprägung der Körnerschicht aufholen müssen.

Was nun die Area gigantopyramidalis des ausgewachsenen menschlichen Gehirns angeht, *so sind dort die Verhältnisse die gleichen wie beim Embryo im 7. und 8. Monat.* Daß es dort eine granuläre präzentrale Region gibt, ist mir schon lange bekannt und ich habe sie in Vorträgen in Frankfurt am Main wiederholt demonstriert. ROSE hat sie bei der Maus und beim Kaninchen abgebildet, vor ihm haben bereits VON ECONOMO und KOSKINAS auf ihren Photos von der Area praecentralis, ihrer FA γ die IV eingezeichnet. Aber auch BRODMANN hat diesen Befund bereits zur Abbildung gebracht, er hat nur insofern falsche Schlüsse gezogen, als er die körnerschichthaltige Area gigantopyramidalis als *Übergangszone* zwischen der vorderen und hinteren Zentralwindung angesehen hat, in der sich beide Typen *vermischen.* Er hat aber gerade den Mangel einer Körnerschicht als das Charakteristikum seiner Area 4 angesprochen und dies in seiner 1. Mitteilung[1] (Die Regio Rolandica) so ausgedrückt: „Im jugendlichen Alter und mehr noch beim Fetus ist eine solche Körnerschicht vorhanden. Dadurch ist CAJAL zu dem Irrtum verführt worden, auch dem Gyrus centralis anterior eine Körnerschicht zuzuschreiben.“ Damit ist zugleich hervorgehoben, daß also auch CAJAL die Körnerschicht in der Area praecentralis gesehen hat.

Wenn nun so die Feststellung BRODMANNS, daß der körnerschichthaltige Teil der Area gigantopyramidalis eine Mischzone sei, nicht richtig ist, enthält sie doch insofern einen richtigen Kern, als die Area 4 gerade in der Nähe des Gyrus postcentralis körnerhaltig wird und das um so mehr, je caudaler wir kommen, also je mehr wir uns dem Parietallappen nähern. Aber auch weiter oral lassen sich immer noch mehr minder verstreut Körner im Gebiete der Area gigantopyramidalis finden, ohne die Wertigkeit einer geschlossenen Körnerschicht zu erreichen. Ob ihr oralstes Gebiet und ob vor allem die Area frontalis agranularis (6 BRODMANNS) völlig körnerlos, ob sie insbesondere *primär* agranulär ist (woran man sehr denken muß), habe ich noch nicht näher untersucht[1]. Auffallend ist immerhin, daß BRODMANN, so weit ich sehe, den Beweis des 6schichtigen Durchgangsstadiums für diese gar nicht unternommen hat. Ich glaube auch nicht, daß beim menschlichen Embryo *nach* dem 8. Monat noch eine Körnerschicht in den genannten Gegenden zur Ausbildung kommt[2].

Es bleibt schließlich noch übrig, darauf hinzuweisen, daß der stärkere Körnergehalt des embryonalen Gehirns infolge der Schmalheit der Rinde und des dadurch bedingten Zusammenrückens der Elemente bedingt ist. Mit zunehmender Verbreiterung der Rinde rücken die Elemente weiter auseinander, wodurch eine dichte und geschlossene Schicht, natürlich auch die Körnerschicht, an Prägnanz wesentlich verliert, ja — auch daran muß man denken — sogar die Wertigkeit einer geschlossenen Schicht völlig verlieren kann.

[1] BRODMANN: J. Psychol. u. Neur. 2 (1903).
[2] Untersuchungen darüber sind im Gange.

Wir müssen also von der Tatsache ausgehen, daß der Fundamentalsatz vom tektogenetischen Grundtypus, wie ihn BRODMANN geprägt hat, nicht aufrecht erhalten werden kann. Die 6/7schichtige Rinde ist keineswegs die Urarchitektonik, aus der sich alle anderen Variationen (mit gewissen Ausnahmen) ableiten lassen.

Aber noch ein anderer Einwand scheint mir von grundsätzlicher Bedeutung zu sein. So hat ROSE in seinem Mausatlas behauptet, daß die Area praecentralis der Maus primär agranulär sei, also nicht erst ein 6/7-Schichtenstadium im Sinne BRODMANNs durchlaufe. ROSE rechnet infolgedessen die Area praecentralis agranularis der Maus zu seinem Cortex quinquestratificatus. Einem solchen Vorgehen könnte ich mich auch dann nicht anschließen, wenn die Lehre ROSEs vom Cortex quinquestratificatus richtig wäre; denn dann käme bei der Regio retrosplenialis nach ROSE die 5-Schichtigkeit der Rinde dadurch zustande, daß die II—IV, ROSEs Lamina granularis primaria, undifferenziert bliebe, bzw. sich zu mehr körnerartigen Elementen differenzierte, während in der Area praecentralis agranularis die Körnerschicht primär ausbliebe, was aber zwei ganz verschiedene Vorgänge wären, folglich nicht zu einer Gruppe zusammengefaßt werden dürfte. Aber davon abgesehen, müßte durch eine solche Lehre eine heillose Verwirrung gestiftet werden. Denn solange wir noch auf dem Standpunkt stehen, daß die Entwicklung der Gehirne in der aufsteigenden Säugetierreihe einheitlich ist, können wir doch nicht annehmen, daß dieselbe Region bei dem einen Tier (der Maus) einen 5-Schichtentypus durchmacht und dies sogar nur teilweise, weil ja der granuläre Teil derselben Region einen 6/7-Schichtentypus aufweist, bei dem anderen Tier aber einen richtigen 6/7-Schichtentypus.

Ich bin vielmehr der Ansicht, daß die Sachlage viel einfacher liegt und die Area praecentralis agranularis der embryonalen Maus entweder genau so wie beim Menschen oral primär agranulär ist oder aber, daß der Maus überhaupt das granuläre präzentrale Gebiet der Area 4 BRODMANNs fehlt und es sich bei der von ROSE getroffenen Feststellung um das agranuläre frontale Gebiet (die Area 6 BRODMANNs) handelt. Im letzteren Falle würde die Präzentralregion der Maus doch nicht dasselbe sein wie die des Menschen. Diese Frage muß vorläufig noch offen bleiben. Der Befund ROSEs bedarf der Nachprüfung.

Wir haben also bisher gesehen, daß der 6/7-Schichtentypus BRODMANNs durch die primär agranulären Typen an Allgemeingültigkeit verliert. Er tut dies aber auch dann, wenn wir voraussetzen, daß die oralen Teile der Area praecentralis und die Area frontalis agranularis schwach granulär sind; deshalb nämlich, weil diese, wie unsere Abb. 72—74 beweisen, eine eigene Morphogenie aufweisen. *Wird damit doch bewiesen, daß der tektogenetische Grundtypus in sich schon nichts Einheitliches darstellt.* Diese Uneinheitlichkeit wird aber noch weiter getrieben durch den granulären Inseltypus, der wohl 7schichtig ist, aber gleichfalls seine eigene Morphogenie aufweist. Sie wird noch weiter getrieben durch die Aufdeckung der retrosplenialen graniferen Rindengebiete, die abermals einen, vom isocorticalen abweichenden 7-Schichtentypus mit eigener Morphogenie besitzen.

Mit all diesen Feststellungen wird also die Ausdehnung des tektogenetischen Grundtypus immer mehr eingeschränkt, das von ihm umfaßte Gebiet immer kleiner, seine Allgemeingültigkeit völlig aufgehoben.

Aber damit sind wir noch nicht am Ende. Betrachten wir nämlich die Regio striata hinsichtlich ihrer Einordnung in den tektogenetischen Grundtypus, dann ergeben sich uns ebenfalls nicht unerhebliche Schwierigkeiten. BRODMANN hat bekanntlich die Striata als Weiterentwicklung seiner homogenetischen Rinde angesprochen, in der es durch Schichtenvermehrung [Aufteilung der Lamina granularis interna (IV), in eine IVa, IVb und IVc] zu einer sog. heterotypischen (nicht zu verwechseln mit heterogenetischen) Rinde gekommen sei. Im 6. embryonalen Monat soll die IV noch ein einheitliches Zellband darstellen, das dann bereits im 7. Monat seine charakteristische Aufsplitterung erfahre. Diese Deutung als richtig vorausgesetzt, muß es immerhin auffallen, daß die Striata in der Entwicklung der IV dem Isocortex vorauseilt, da es sich dabei nicht um eine gewöhnliche IV handelt, sondern um eine besonders breite und dichte, was also schon einen Unterschied gegenüber der isocorticalen IV darstellt. Nun sind aber in den letzten Jahren berechtigte Zweifel an der Annahme der Dreiteilung der IV aufgetaucht. So haben VON ECONOMO und KOSKINAS als erste die Ansicht geäußert, die IVa sei durch Verkörnelung der III entstanden, stelle also kein Produkt der IV dar. Andere haben diesen Befund übernommen und ihn sich zu eigen gemacht. Angesichts des von uns aufgedeckten graniferen Typs muß man aber auch daran denken (eigene Forschungen nach dieser Richtung habe ich bereits in die Wege geleitet), daß es sich bei der IVa um eine granifere Schicht ähnlich wie in der Regio retrosplenialis handeln könne, so daß wir in der Striata gleichzeitig einen graniferen und granulären Typus vor uns hätten. Aber die Eigenstellung der Striatarinde wird nicht allein durch die Dreiteilung der IV begründet, sondern auch noch durch die besondere Betonung der VI. Schicht[1], die ein dichtes Zellband darstellt. Dadurch unterscheidet sie sich also gleichfalls wesentlich vom Isocortex. *Mit anderen Worten, die Striata hat ihre eigene vom Isocortex verschiedene Morphogenie.* Das wird besonders an Präparaten deutlich, in denen die IVa noch nicht gebildet ist, die Striata aber doch bereits wegen ihrer auffällig gebildeten V und VI sich gegenüber der umgebenden Rinde abhebt. Das wird auch deutlich beim Vergleich des Embryos vom 7. Monat mit dem vom 8. Monat. Während im ersteren die IVa noch dünn und zart ist, hat sie im letzteren bereits an Dichte und Dicke gewonnen, ein Umstand, der gleichfalls dafür spricht, daß die IVa sich nicht aus der IV (des Isocortex) abgespalten hat, sondern als selbständige Schicht sich entwickelt. Schließlich wollen wir nicht vergessen, daß die Regio striata im myeloarchitektonischen Bild in der IVb einen dichten Markfaserfilz, den sog. GENNARIschen oder VICQ D'AZYRschen Streifen besitzt, durch den das ganze Sehgebiet gegenüber dem Isocortex, insbesondere dem dort in der IV verlaufenden BAILLARGERschen Streifen herausgehoben wird und eine baulich begründete Sonderstellung einnimmt.

Alles weist also darauf hin, der Regio striata eine Sonderstellung gegenüber dem 6/7schichtigen Isocortex bereits in der Ontogenie zuzuteilen. Die Vermutung, daß es sich um eine selbständige Entwicklung handelt, die nicht erst nach der Erreichung des gewöhnlichen 6/7-Schichtenstadiums eintritt, gewinnt dadurch an Wahrscheinlichkeit. Dazu kommt ein neuer, indirekter Beweis. Wir kennen noch eine andere Rinde, bei der in einer aufgehellten zellarmen Schicht ähnlich wie in der IVb der Regio striata ein starker Markfaserstreifen

[1] Diese Schicht erfährt auch in der hinteren Zentralwindung eine besondere Betonung.

verläuft. Es ist dies die entorhinale Rinde, bei der der δ-Schicht diese Eigentümlichkeit zukommt. Durch den Markfaserstreifen und die aufgehellte zellarme Schicht wird zwischen der Regio striata und entorhinalis eine gewisse Verwandtschaft hergestellt. Von dieser entorhinalen Rinde wissen wir aber, daß sie sich viel früher differenziert als der 6/7schichtige Isocortex. Wir dürfen hiermit in Verwertung sämtlicher Eigenarten annehmen, daß auch die Regio striata mit ihrer Differenzierung früher einsetzt als der Isocortex. Diese Annahme ist deshalb von so großer Wichtigkeit, als sie uns die Schlußfolgerung aufzwingt, *daß Rindentypen, die einer höheren Organisation als sie der 6/7schichtige Isocortex aufweist, bereits zu einem früheren Stadium ihre eigenen Wege gehen, zu einem Zeitpunkt, in dem der Isocortex in der Entwicklung noch zurück ist.*

Nehmen wir nach diesen Betrachtungen die Regio striata aus dem tektogenetischen Grundtypus heraus, so erfährt dieser eine weitere, sehr beträchtliche Einschränkung. Gleichzeitig wird aber dargelegt, daß die Morphogenie der Hirnrinde, um zu einem höheren Stadium, als es der 6/7-Schichtentypus darstellt, zu kommen, den letzteren nicht erst zu durchlaufen braucht.

Ähnliches, wenn auch in modifizierter Form, können wir von der Regio retrosplenialis granifera konstatieren. Diese ist zwar im Markfaserbild supraradiär[1], zeigt aber ähnlich wie die Regio entorhinalis und striata einen Markfaserfilz. ROSE hat ihn beim Schimpansen und Menschen abgebildet, aber fälschlich als äußeren BAILLARGERschen Streifen bezeichnet[2]. Dieser Markfaserfilz ist zwar nicht so stark wie der in der Regio entorhinalis und der striata und verläuft, soweit ich dies habe nachprüfen können, innerhalb der graniferen Schicht oder wenigstens eines Teils von ihr. Aber im Zellbild haben wir eine Aufhellung (in der Va), die granifere Schicht liegt in einem höheren Niveau wie die Lamina granularis des Isocortex, es kommt zu einer starken Ausprägung der V, die vielfach in eine Va, Vb und Vc geteilt werden kann. Die granifere Schicht erreicht bei manchen Affen (Nyctipithecus) eine Ausprägung, die in ihrer Struktur unverkennbare Anklänge an die IV der Regio striata aufweist. Wir können mithin an der Tatsache einer inneren Verwandtschaft zwischen der Regio striata und der Regio retrosplenialis sowie der Regio entorhinalis nicht vorüber.

Was nun den Heterocortex angeht, der seine hauptsächlichste Repräsentation in der Regio entorhinalis findet, so haben wir schon ihre frühzeitige andersartige Differenzierung im Vergleich mit dem Isocortex wiederholt hervorgehoben. Bis zu einem gewissen Zeitpunkt hat sie aber die Rindenplatte mit dem Isocortex gemeinsam, bringt diese dann zur Teilung und zeigt, wie wir gesehen haben, im Laufe der Entwicklung teilweise eine sehr feine und weitgehende Differenzierung sowohl ihrer Außen- als auch ihrer Innenschichten. Wie wir oben bereits ausgeführt haben, erreicht sie unverkennbare Anklänge an die Rinde der Regio striata und retrosplenialis granifera, von denen die erstere eine Körnerschicht, die letztere eine körnerhaltige granifere Schicht besitzen.

---

[1] Ich bin der Ansicht und habe dies in meiner Arbeit über den Schläfenlappen des Schimpansen [J. Psychol. u. Neur. 38, H. 5 u. 6, 325 (1929)] schon zum Ausdruck gebracht, daß die Behauptung VOGTS, der supraradiäre Typ komme durch Vordringen der aufgesplitterten Radii bis in die 2. und 1. myeloarchitektonische Schicht, also in die Lamina tangentialis und dysfibrosa zustande, einer Nachprüfung bedarf.

[2] ROSE: J. Psychol. u. Neur. 35, H. 3 u. 4 (1928), Abb. 2, Tafel 20, und Abb. 2, Tafel 25.

Es kommt aber noch hinzu, *daß die Entorhinalis in ihren tiefen Schichten unverkennbar Anschluß an den Isocortex sucht*, mithin es sich grundsätzlich um Funktionen handeln muß, wie sie den tiefen Schichten des Isocortex zukommen. Ferner ist aber von besonderer Wichtigkeit, daß gewisse Schichten — und zwar wieder die tiefen — über die entorhinale Region und das Praesubiculum hinweg, sich isoliert (mit Ausnahme der I) in das Ammonshorn weiter erstrecken, während die oberen Schichten mit dem Praesubiculum ihr Ende finden. Schließlich muß noch hervorgehoben werden, daß die tiefen Schichten der Regio entorhinalis am Übergang zur isocorticalen Rinde durch den Zellstreifen ε I Anschluß an die oberhalb der V gelegenen Schichten der 6/7schichtigen Rinde finden. *Das heißt aber, daß sich auch die entorhinale Rinde trotz ihrer frühzeitigen Entwicklung in den Verband der übrigen Rinde zwanglos einordnet.* Ihre Entwicklung ist nur scheinbar eine andere. In Wirklichkeit hat sie mit der isocorticalen Rinde die eigentliche Rindenplatte bis zu einem gewissen Zeitpunkt gemeinsam, sie nimmt wie der Isocortex ihr Zellmaterial aus der Matrix, bildet eine Zwischenschicht. Sie erreicht die höchste und feinste Differenzierung der ganzen Rinde überhaupt. Sie muß, um damit rechtzeitig zum Ziele zu gelangen, viel früher beginnen, früher noch als die Regio striata, die ein jüngeres Stadium darstellt und infolgedessen an Differenzierung hinter ihr zurückbleibt.

Damit sind wir bei der grundlegenden Tatsache angelangt, daß ein prinzipieller Unterschied zwischen der isocorticalen Rinde und der entorhinalen, der sog. heterogenetischen Rinde Brodmanns *nicht besteht. Die seitherige Vorstellung, daß der 6/7-Schichtentypus, der übrigens gar nicht einheitlich ist, die Regel sei, ist zudem keineswegs berechtigt. Wir haben also auch gar keine Veranlassung, ihn zur Grundlage einer Schichten- bzw. Rindeneinteilung zu machen.* Aber auch das andere, bisher ganz im Vordergrund stehende Kriterium des Vorhandenseins einer Körnerschicht kann hier nicht maßgebend sein; denn wo eine solche fehlt, ist es eigentlich unangebracht, diese als Unterscheidungsmerkmal anzunehmen, um so weniger als sie gar nicht die alleinige Trägerin von Körnern oder körnerähnlichen Elementen ist. Wir müssen uns bei diesen Erwägungen immer wieder vor Augen halten, daß Brodmann zu seinen Begriffen granulär und agranulär nur dadurch gekommen ist, daß er das erstere als Grundlage, das letztere als sekundäres Entwicklungsstadium aus dem ersteren angesehen hat.

Wenn wir keinen prinzipiellen Unterschied zwischen der isocorticalen und der (enthorinalen) heterogenetischen Rinde anerkennen, können wir auch beide Begriffe entbehren. Zum mindesten müssen wir uns bewußt bleiben, daß sie nichts Gegensätzliches bedeuten.

Aber nicht nur diese Termini sind überflüssig, sondern auch die einer primitiven, rudimentären und striatalen = semiparietinen Rinde. Haben wir doch nachgewiesen, daß das Juxtasubiculum und das Subiculum, sowie die *h*-Felder des Ammonshorns keine rudimentären Rindenbildungen darstellen, sondern nur die tiefen Schichten (V) VI und VII enthalten, haben wir ferner nachgewiesen, daß die sog. striatale Rinde durch Abspaltung tieferer, nicht benötigter Teile der 7schichtigen Rinde und Modifizierung der verbleibenden Schichten entsteht.

Durch Schichtenverlust und Schichtengewinn sehen wir so alle Entwicklungsmöglichkeiten von einer 1schichtigen (von der I abgesehen) bis zur 9schichtigen (Regio striata) und mehr (Regio entorhinalis). Der 7-Schichtentypus bildet dabei weder den Ausgang (als tektogenetischer Grundtypus) noch das Durchgangs-, noch das Endstadium. Die Entwicklung der Rinde kann jedes Stadium erreichen, ohne sich an ein Schema zu halten. Damit haben wir die Lehre von der Morphogenie der Hirnrindenschichten auf den denkbar einfachsten Nenner gebracht, in eine natürliche Reihe. Die Rinde entwickelt nur soviel Schichten als sie zu ihrer Funktion braucht. Alle Typen aber gehen von gemeinsamem Material aus, bilden eine mehr minder vollkommene, zunächst homogen aussehende Rindenplatte[1], die sie je nach dem Grade und der Höhe der Funktion differenzieren. Wo einzelne Teile nicht nötig sind, werden diese abgespalten, andere entwickeln sich zu besonderer Höhe, wieder andere werden gar nicht erst gebildet. Die Differenzierung selbst geschieht überall nach den gleichen Gesichtspunkten der Abspaltung, der Aufhellung, der besonderen Betonung einzelner Schichten und dem Verlust von solchen. *Es gibt also keine primitive, rudimentäre oder striatale Rinde, sondern nur eine adäquate. Der 6/7-Schichtentypus ist nicht der Urtypus, aus dem sich alle anderen (mit gewissen Ausnahmen) entwickeln, sondern nur ein Typus von vielen anderen möglichen. Er ist also kein Durchgangsstadium, er steht weder am Anfang noch am Ende der Entwicklung.*

Unter Berücksichtigung unserer Ausführungen müssen wir nun noch einen Schritt weitergehen. Wir haben also gesehen, daß es Rindentypen gibt, die die Höchstzahl von Schichten besitzen, wobei die einzelnen eine wesentliche Differenzierung erfahren können. In erinnere nur an die dreigeteilte V in der Inselrinde und in der retrosplenialen graniferen Region, an das Auftreten der Riesenpyramiden in der V γ-Schicht der präzentralen Region. Wir haben gesehen, daß andere Rindenstellen einzelne Schichten vermissen lassen, so der 5-Schichtentyp in der graniferen retrosplenialen Region, in der die II und III streckenweise fehlt, so die primär agranulären Gebiete, in denen die IV. Schicht ausbleibt. Wir haben ferner gesehen, daß sämtliche Außenschichten (II, III, IV und γ) fehlen können wie in dem Juxtasubiculum, dem Subiculum und den *h*-Feldern des Ammonshorns und wir haben schließlich gesehen, wie auch die tiefen Schichten (V, VI und VII) abgespalten werden und verloren gehen. (Übergang der Inselrinde in die präpyriforme). Damit dürfte aber die Möglichkeit einer Rindenmodifikation noch lange nicht erschöpft sein. Spätere Forschungen werden zur Aufdeckung neuer eigenartig gebauter Rindentypen führen (zu der möglichen Kombination eines graniferen und granulären Typus in der Regio striata nehme ich dabei noch nicht näher Stellung, da dies erst weiterer Forschungen bedarf).

All diese Feststellungen drängen nach einer funktionellen Betrachtungsweise, sie geben in deren Lichte auch ganz bestimmte Hinweise, insbesondere bringen sie die von den Klinikern oft leider allzu stürmisch geforderten funktionellen Leistungen der Rindenfelder und Schichten auf einen gemäßigteren Nenner.

Es ist hier nötig, wieder einmal auf die von vielen Autoren den einzelnen Schichten zugeschriebenen Funktionen kurz hinzuweisen.

Schon lange ist es üblich, von motorischen und sensorischen Feldern zu sprechen. Viele sehen in der mangelhaften Ausbildung oder dem Fehlen der Körnerschicht bei gleichzeitigem Auftreten größerer Pyramidenzellen den Beweis für das Vorliegen einer *motorischen* Funktion, bei stärkerer Entwicklung der Körnerschicht den Beweis für das Vorliegen einer *sensorischen* Funktion. VON

[1] Die Frage ob die Rindenplatte in früheren embryonalen Stadien überall als gleichwertig betrachtet werden muß, bedarf noch näherer Untersuchungen.

ECONOMO und KOSKINAS haben darüber hinaus von *parasensorischen* Feldern gesprochen, KLEIST[1] schreibt gewissen Feldern eine *psychische* Funktion zu, O. VOGT spricht von LENIN, weil dieser in der III. Gehirnschicht auffallend große und besonders zahlreiche große Pyramidenzellen besitzt, als von einem Assoziationsathleten, dessen Wirklichkeitssinn dadurch[2] verständlich sei. HENSCHEN hat von Licht- und Farbenzellen gesprochen und wollte sie auch schon lokalisieren können (was ich allerdings in einer entsprechenden Rezension seiner diesbezüglichen Arbeit zurückgewiesen habe[3]. DE CRINIS will neuerdings mit seiner Methode in allen mit den akustischen Vorgängen in Zusammenhang stehenden Gebieten akustische Spezialzellen nachgewiesen haben (wozu aber seine Methode gar nicht brauchbar ist[4]). Für die meisten dieser eigenartigen funktionellen Schichten oder Felder sind die Autoren aber den Beweis schuldig geblieben, so daß man sich nicht zu wundern braucht, wenn andere (BUMKE) das Schlagwort NISSLs von der Hirnmythologie dem entgegenhalten. Anatomisch betrachtet steht jedenfalls nicht einmal die motorische Funktion der vorderen, und nicht die sensorische der hinteren Zentralregion fest. Wohl hat die Area gigantopyramidalis in der V γ große Pyramidenzellen (BETZ), sie hat aber auch, wie wir das ja genau ausgeführt haben, eine gut ausgeprägte Körnerschicht (wenigstens teilweise). Er müßte sich also zum mindesten um eine Mischung von sensorischen und motorischen Funktionen handeln, wobei die letztere wohl überwiegen könnte. Die hintere Zentralregion hat aber nicht nur eine gut ausgeprägte Körnerschicht, sondern ähnlich wie die Regio striata eine besonders stark betonte und kräftige VI. Schicht neben einer V und VII. Ihre rein sensorische Funktion ist deshalb ebenso wie die der Regio striata höchst unwahrscheinlich.

Für die funktionelle Bedeutung der Rindenschichten und der Felder selbst müssen also andere Kriterien aufgedeckt werden. Den Anfang damit glauben wir mit unseren Befunden gemacht zu haben. So muß ein Feld mit einer graniferen Schicht etwas anderes bedeuten, wie eines mit einer granulären. Das granifere muß ohne die II und III wieder anders funktionieren als mit diesen. Feldern ohne Körnerschicht (primär agranuläre) kommt in erster Linie für die Funktion der Außenschichten im ganzen eine eigenartige Funktion zu. Solche, bei denen nur die Außenschichten und die nur teilweise, oder bei denen nur die Innenschichten (auch nur teilweise) entwickelt sind, müssen sich funktionell wieder ganz prinzipiell von allen anderen unterscheiden. Für diese darf man wohl am ehesten von sensorischen und motorischen Funktionen sprechen, da ihnen nur die eine oder die andere Funktion zukommen wird. Schließlich möchte ich noch auf den weiter vorne erhobenen Befund hinweisen, der die Vermutung nahe legt, daß in gewissen Abschnitten die tiefen Schichten der Hirnrinde ihr Zellmaterial aus der Matrix des Striatums beziehen, und daß auch nach Anlegung der eigentlichen Rindenplatte immer noch Zellmaterial aus der Matrix rindenwärts wandert, was wohl in der Hauptsache zur Bildung der tiefen Schichten

---

[1] KLEIST: Kriegsverletzungen des Gehirns. Leipzig: Johann Ambrosius Barth 1934.

[2] Siehe O. VOGT: 1. Bericht über die Arbeiten des Moskauer Staatsinstituts für Hirnforschung. J. Psychol. u. Neur. **40**, H. 3 u. 4 (1929).

[3] E. BECK: Mschr. Psychol. u. Neur. **77** (1930) unter Buchbesprechungen.

[4] Siehe C. und O. VOGT: Sitz und Wesen der Krankheiten usw. Leipzig: Johann Ambrosius Barth 1937.

Verwendung finden wird. Auf diese Weise können gerade die tiefen Schichten bereits anlagemäßig funktionell etwas anderes bedeuten als die höheren, was ein sehr wesentlicher Faktor ist.

Zum Schlusse möchte ich noch auf einen Punkt hinweisen, den ich weiter vorne schon andeutungsweise berührt habe. Wir benützen zur Orientierung am Gehirn noch die alte Einteilung in Lappen und sprechen von Stirn-, Schläfen-, Parietal- und Occipitallappen. Diese Einteilung ist aber im Sinne der heutigen architektonischen Forschung völlig ungenügend. Als erstes wurde die vordere Zentralregion vom Stirnhirn abgetrennt, die hintere Zentralregion vom Parietalhirn. Neuerdings wird dem Orbitalhirn eine besondere funktionelle (KLEIST[1]) und pathologisch anatomische Bedeutung (SPATZ[2]) zugeschrieben, so daß es ebenfalls aus dem Stirnhirn herausgenommen werden muß, ganz abgesehen von den Inseltypen an der Basis. Der Schläfenlappen ist sowohl beim Menschen als auch beim höheren Affen und beim Hund völlig uneinheitlich. In ihm liegen nicht nur ein Teil der Inseltypen, sondern auch die entorhinale Region, das Praesubiculum und das Subiculum. Wir haben aber gesehen, daß auch schon die vordere Zentralregion, sogar ontogenetisch, nicht einheitlich gebaut ist; ebensowenig ist es die Insel. Ganz kompliziert wird die Einteilung, wenn wir an das caudale Übergangsgebiet von Schläfen-, Temporal-, Parietal- und Occipitalregion betrachten. Noch kompliziertere Verhältnisse treffen wir an, wenn wir in der Säugetierreihe abwärts gehen und zu Gehirnen kommen, die eine andere gyrale Gliederung (Hund, Katze usw.) aufweisen als der Mensch oder gar lissencephal sind. Hier kann man schon überhaupt keinen Rückgriff auf die lappenförmige Hirnrinde der höheren Säuger machen. Im Interesse einer einheitlichen Betrachtungsweise müßte das aber unbedingt möglich sein. Es ist daher unumgänglich, die alten Bezeichnungen fallen zu lassen und die Hirnrinde lediglich nach den Regionen, die sie darstellt, zu benennen. Daß dabei auch die einzelnen Gyri und Sulci einer genaueren Auf- und Unterteilung bedürfen, habe ich bereits in meiner Macacusarbeit wenigstens für die Zentralregion ausgeführt, es geht dies schließlich auch aus dem sehr komplizierten völlig uneinheitlichen Bau des Gyrus cinguli sowie z. B. des Schläfenlappenpols usw. hervor. Ganz zuletzt muß noch darauf hingewiesen werden, daß die Gyrifizierung, von den Hauptfurchen abgesehen, von Gehirn zu Gehirn wechselt, was die Orientierung ungemein erschwert, um so mehr, je größer und umfangreicher ein einzelner Gyrus ist.

---

[1] KLEIST: Siehe Anmerkung 1 S. 166.

[2] SPATZ: Über die Bedeutung der basalen Rinde. Z. Neur. **158**.

Nachtrag zu den Literaturangaben.

LORENTE DE NÓ: Studies on the Strukture of the Cerebral Cortex. J. Psychol. u. Neur. **45**, H. 6.

LORENTE DE NÓ: Studies on the Strukture of the Cerebral Cortex II. Continuation of the Study of the Ammonic System. J. Psychol. u. Neur. **46**, H. 2 u. 3.

GPSR Compliance

The European Union's (EU) General Product Safety Regulation (GPSR) is a set of rules that requires consumer products to be safe and our obligations to ensure this.

If you have any concerns about our products, you can contact us on ProductSafety@springernature.com

In case Publisher is established outside the EU, the EU authorized representative is:

Springer Nature Customer Service Center GmbH
Europaplatz 3
69115 Heidelberg, Germany

Batch number: 10844827

Printed by Printforce, the Netherlands